東京下町の開発と景観

中世編

谷口榮 著

JN128512

雄山閣

東京下町の開発と景観　中世編　目　次

第五章　葛西郡の開発と葛西御厨

一　葛西郡と葛西氏

1　葛飾郡から葛西郡へ

古代の下総国葛飾郡という領域は、前章でも記したように東京都葛飾・江戸川・隅田・江東区域と千葉県市川・松戸・船橋・流山・野田市域や埼玉県三郷・吉川・幸手・越谷・春日部・久喜市や松伏・杉戸町および茨城県古河市・坂東市や五霞・境町まで広がる旧北葛飾郡を含めた、太日川（現在の江戸川筋）の両岸地域を包括した南北に長い広大な地域であった。

奈良時代、日本は律令国家として発展をみせたが、平安時代になると次第に従来の古代国家の枠組みが崩れ、地方行政も動揺をきたしてくる。古代の郡もその行政機能が失われるとともに、荘園の開発が進行し、その結果、郡としての領域が維持できなくなり、分割など地域の再編成が進む。

平安時代の後半、下総国葛飾郡もその郡域が再編制され、葛飾郡北部に下河辺庄（現在の千葉県北西部から埼玉県東部）という大きな荘園が設けられ、葛飾郡南部については太日川を境として、東岸（千葉県側）を葛東郡、

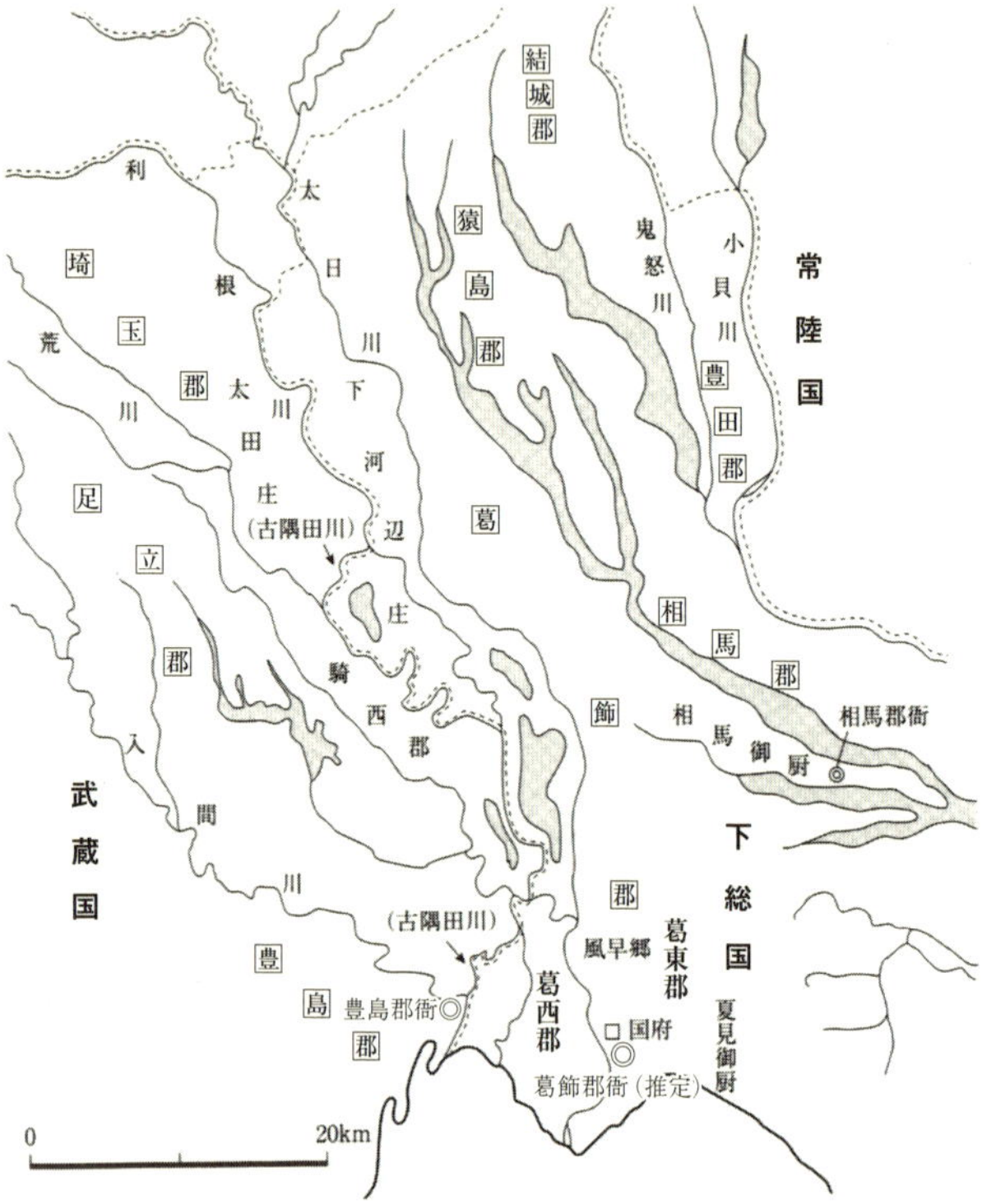

図1　古代・中世の下総国葛飾郡（□□郡は、古代の郡名）

西岸（東京都側）を葛西郡とした（図1）。「葛東」という呼称についてはあまり知られていないが、文永八年（一二七一）とされる「香取社造営所役注文断簡」（「香取神宮文書」三郷中一一二）には「葛西」とともに、「火御子社」のところに「葛東二丁造進之」とあり、「葛東」と「葛西」という領域名が確認できる。

葛西郡の範囲は、東京都東部の隅田川以東に広がる現在の葛飾・江戸川・墨田・江東区を合わせた地域で、近世まで「葛西」という領域名は存続し、近代には東京府南葛飾郡と呼称されたが、昭和七年（一九三二）の市郡併合により区制が布かれて分割され、現在に至っている。

2　秩父平氏と豊島・葛西氏

秩父平氏の起こりは、平良文の流れを汲む平将恒（或いは常将、将常）が武蔵国秩父郡において秩父氏を称したとされ、将恒をもって秩父平氏の成立とみなされている。秩父氏は、秩父から入間川流域、更に東京湾岸に至る地域と武蔵野を南北に縦貫する陸路（後の鎌倉街道上道）に沿って一族を展開させ［川合二〇〇五］、武蔵国を中心に下総国や相模国の一部に勢力を伸ばした。畠山氏、河越氏、江戸氏、豊島氏、葛西氏は秩父氏の同族関係にあるが、将恒の子武基の流れを汲む畠山・河越・江戸氏が秩父氏のなかでも主流派で、豊島・葛西氏は武基の弟武常の流れを汲み、秩父氏のなかでも傍流となる（図2）。

鎌倉御家人として源頼朝の側近く仕え、数々の武功を挙げた葛西三郎清重は、豊島清元を父とし、豊島氏から分立して葛西を名字とした。清重の生家である豊島氏の祖は、「桓武平氏諸流系図」（「中条家文書」北2五・一）によれば、康家からはじまり、その子には長男清元、次男俊経、三男平塚入道がいる。

清元は、三郎を仮名として「豊島権守」を名乗り、史料上、平治元年（一一五九）の半治滝野川合戦から文治五年（一一八九）の奥州合戦までその存在を確認することができる。俊経は、四郎を仮名とし、保元元年（一一五六）の保元の乱に参戦しているが、平塚入道は詳しくはわからないものの、豊島氏ゆかりの平塚神社が鎮座し、後に平塚城が築かれる平塚の地を本拠とすることは、その名からもうかがえよう。

第三世代としては、清元の子有経、成重、清重、助連、有光、家員と、俊経の子遠経が知られ、清元系が本宗家となる。長男有経は、仮名を太郎といい、紀伊国守護、土佐国守護などを歴任している。有経が豊島宗家を継ぎ、三男清重が葛西に入部し、葛西姓を名乗る。清重は、仮名を三郎といい、右兵衛尉、左衛門尉、壱岐守に昇

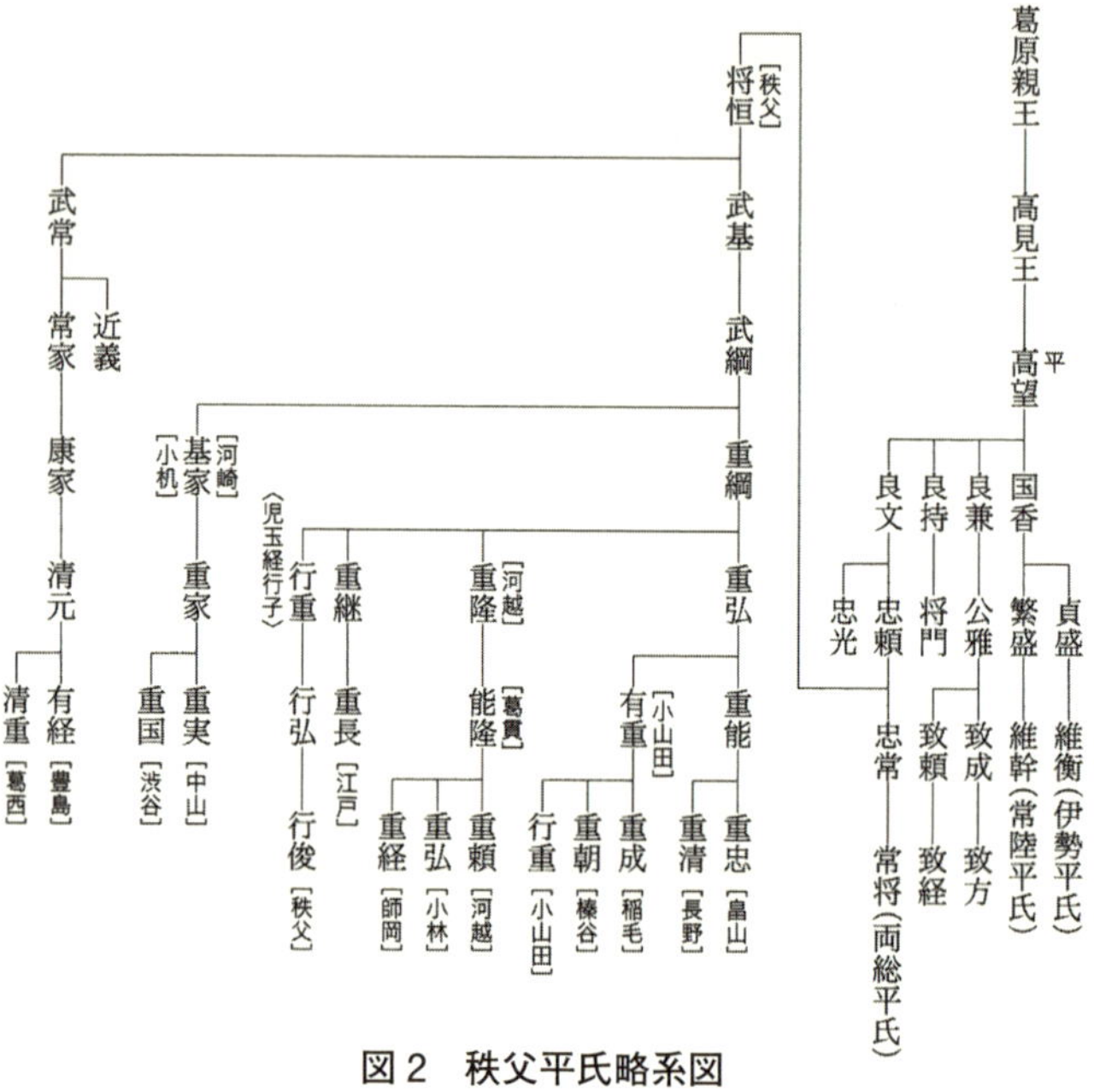

図2　秩父平氏略系図

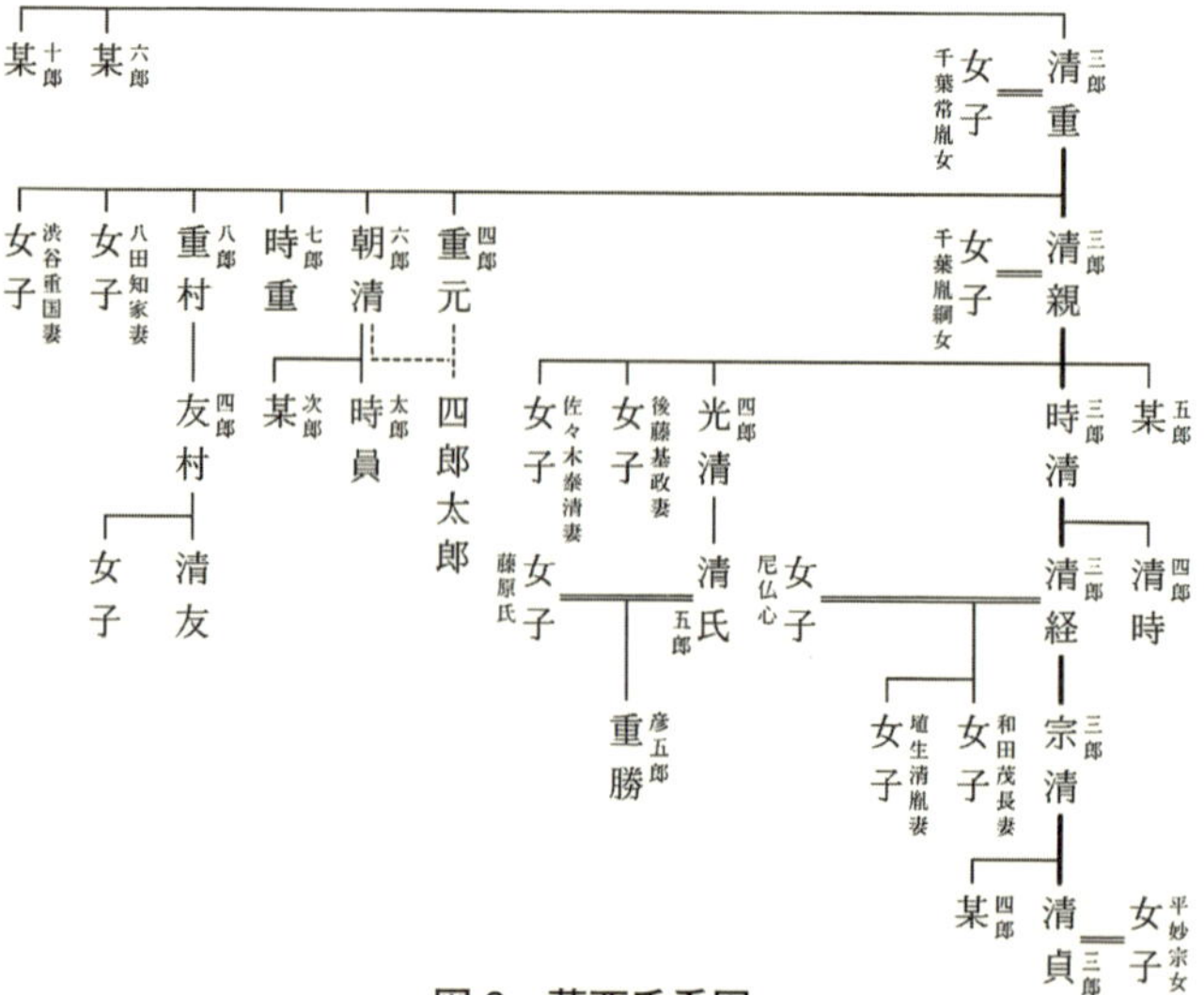

図3　葛西氏系図

図４　葛西清重夫婦画像

進した。この清重をもって関東葛西氏の初代とされる（図３・４）。

清元と清重が親子関係にあり、豊島氏と葛西氏は同族であるが、源頼朝の挙兵によって豊島氏のなかでも清元の弟俊経系は平氏、清元系及び清重は源氏に仕え、異なった運命をたどることになる［今野一九九八ａ］。

３　葛西郡への入部

下総国葛西郡に入部して名字とした武士が葛西氏である。先に記した「桓武平氏諸流系図」は、鎌倉時代末には成立していたとされ、近年注目されている。系図には、清元から四代前の「恒将」の所に「葛西」「次男」「武蔵権守」と記している。恒将は、別系図には将恒或いは常将、将常として見え、恒将（将恒）をもって武蔵平氏（秩父平氏）の成立とみなされる［今野一九九八ａ］。

「桓武平氏諸流系図」に拠れば一一世紀代には

葛西との関係が生じていたことになる。しかし、系図という史料的な問題もあり、葛西との関係は安易に肯定することはできないであろう［今野一九九八ａ］。

系図以外の史料で葛西清重と葛西もしくは下総との関係は、先の文永八年（一二七一）とされる「香取社造営所役注文断簡」の他、香取社遷宮に関わる史料から確認することができる。治承元年（一一七六）の香取社遷宮に伴い、清重の父豊島清元が正神殿雑掌を務めていることが記されている。香取社は下総国一宮であり、その正神殿雑掌を務めることはそう容易いことでは無く、少なくとも清元が下総の国衙機構にも関わりをもち得る有力者であることを意味している。

それを裏付けるように、その後、香取社の遷宮に伴う造営は葛西氏と千葉氏により交互に行われている［長塚一九九八］。この遷宮関係の史料によって、清重の父豊島清元の代に遅くとも治承元年の段階には香取社の造営に関わる下総の有力者としての地位が確立していたことが確認できる［今野一九九八ｂ］。

清元は、「香取社造営所役注文断簡」によって下総国の有力者となっていたことが確認できたが、その基盤とする場所は何処であろうか。それは息子の清重が名字とする葛西郡しかあるまい。葛西郡の年貢を正神殿の造営に充てていることからも［今野一九九八ａ・ｂ］、清元は葛西郡を足場として、下総の国衙機構にも関わり、香取社の遷宮も担当するまでの有力者となったのであろう。

それにしても太日川以東に展開する千葉氏の所領に比べると、葛西郡は面積的にも小規模である。その葛西郡を抑えた清元が香取社の遷宮にまでも関わるようになる背景には、下総の国衙との関係とともに、葛西郡という地域が地政的にも重要であったことがあるのではないだろうか(1)。

父清元が抑えていた葛西郡を継承した清重は、少なくとも『吾妻鏡』に最初に登場する治承四年（一一八〇）

九月三日までには、葛西を名字として名乗っている。つまり治承元年から治承四年までの間に、清元から葛西郡を譲り受け、葛西を名字とし、本家の豊島氏から独立したことになる［谷口二〇一二］。

二　葛西氏の所領支配

1　本貫地と所領

葛西氏の本貫地は、下総国葛西郡であり、現在の東京都葛飾・江戸川・墨田・江東区域（旧南葛飾郡）が該当する。葛西郡は、後に葛西清重によって伊勢神宮に寄進され葛西御厨と呼ばれるようになる。葛西御厨は、葛西猿俣御厨とも呼ばれ、当初は葛西郡の北部に位置する猿俣（葛飾区水元）が御厨として成立し、その後葛西一円が御厨として寄進されたものと考えられている。

葛西氏は、本貫地葛西以外にも治承四年（一一八〇）の源頼朝挙兵後における数々の功績により、各地に所領を授かっていることが『吾妻鏡』などから確認できる。

『吾妻鏡』治承四年十一月十日条によると、清重は佐竹攻めの功績により頼朝から武蔵国丸子庄（神奈川県川崎市）を賜っている。『吾妻鏡』建保元年（一二一三）五月三日条では、清重の息子にあたる葛西六郎（朝清）を「武蔵国住人」としていることから、朝清が武蔵国に所領を持っていたことがわかる。おそらくこれが丸子庄にあたるのではないだろうか。丸子庄以外の武蔵国内の所領については明確ではない(2)。

文治五年（一一八九）九月二十四日には、奥州合戦の功績により平泉郡内の検非違使所の管轄を命じられ、陸奥国伊沢・磐井・牡鹿郡ほか数ヶ所を拝領している。

このほか『吾妻鏡』建長二年（一二五〇）五月二十八日条には、葛西時重が讃岐国法勲寺地頭について、本補・新補の両方を兼ねることを禁止され、どちらか一方を申請すべき旨を命じられる記事があり、現在の香川県丸亀市飯山町にも葛西氏が地頭職を持っていたことが確認できる。

なお『吾妻鏡』建長八年（一二五六）六月二日条に、葛西朝清・時重が奥大道の警護を命じられている。この背景には、朝清・時重の所領が奥大道沿いにあった可能性が高いと考えられているが〔入間田一九九二〕、場所の特定まではされていなかった。私見では、先に記したように少なくとも朝清は丸子庄の可能性が高いと思われる。

このように本貫地の下総国葛西のほかにも、武蔵国や奥州、讃岐などに所領を持っていたことが『吾妻鏡』から確認することができる。既存史料からわかる、葛西氏の所領は下記のとおりである。それ以外にも所領を有していたことと思われるが、詳細は不明である。

下総国葛西庄（御厨）	『鏑矢伊勢宮方記』
武蔵国丸子庄	『吾妻鏡』治承四年十一月十日条
陸奥国岩井郡	『吾妻鏡』文治五年十月二十六日条
陸奥国伊沢郡	『吾妻鏡』文治五年十月二十六日条
陸奥国江刺郡	「中尊寺文書」
陸奥国気仙郡	「余目氏旧記」
陸奥国牡鹿郡	『吾妻鏡』治承五年十月二十六日条
陸奥国興田郡	「余目氏旧記」

陸奥国黄海郡　　「余目氏旧記」
讃岐国法勲寺　　『吾妻鏡』建長二年五月二十八日条
上総国池和田内　　「持明院文書」

奥州平泉の中尊寺所蔵の「正応元年（一二八八）関東下知状」（「中尊寺文書」石巻一四四）には、葛西宗清の代官として、光念・光長、伊豆（葛西）時貞の代官として、重常・青戸二郎重茂らが所領の支配にあたっていたことがわかる。青戸氏は、その名字から葛西の青戸が本貫地とみられ、平泉に代官として赴いたらしい。葛西氏は、遠方の所領には代官を派遣して、所領を管轄していたことが史料からも確認できる［入間田一九九二］。

2　葛西氏の館

葛西氏は、本貫地葛西に館を構え、源頼朝の鎌倉入部以降鎌倉にも屋敷を持ち幕府に仕え、拝領した各地の所領を管轄していた。鎌倉における葛西清重の屋敷は、滑川の東岸の北条氏が最期を迎えた東勝寺が建立された葛西ヶ谷にあったといわれている。その名のとおり、葛西清重の宿所があったことから葛西ヶ谷と呼ばれたという［奥富一九九九］。

葛西氏の屋敷は、葛西ヶ谷以外にもあったことが『吾妻鏡』から知ることができる。『吾妻鏡』仁治二年（一二四一）三月十七日条には、前浜から甘縄にかけて大火があり、千葉介旧宅、秋田城介、伯耆前司（葛西清親）などの御家人の家宅のほか数百の家屋が炎上した記事がある。清親邸は父清重邸の葛西ヶ谷ではなく、鎌倉の別所に屋敷を構えていたことがわかる。

葛西清重あるいは葛西氏の本貫地葛西のどこに本拠となる館があったのであろうか。『葛西志』「巻之一　葛西三郎清重略傳」によると、「西葛西領渋江村西光寺の邊、清重が宅地の跡なりといへど、今その地につき捜窮するに、四邊みな平衍の田畑にして、いさゝか要害の處にあらず、思ふにかの村を清重が住所と云は、全く清重塚あるゆへの説なるへし、よて按に、かの塚より東北の方、二十町餘を隔てゝ、青戸古城蹟と云處あり」と記され、江戸時代には清重の墓所とされる清重塚のある西光寺（葛飾区四つ木）辺りが清重の居所という説が流布していたらしい。

西光寺の縁起によると、嘉禄元年（一二二五）の創建とされ、葛西清重が葛西渋江村に隠居した際、清重の館に親鸞が訪れ逗留したことが切っ掛けとなって、清重が親鸞の弟子となり西光坊と称したのがはじまりという。西光寺の西隣の地には清重塚が今も祀られ、花を手向ける人が絶えない。

西光寺の縁起に親鸞との繋がりが記されていることも興味深い点であるが、ここでは葛西氏の館の所在に絞って考えてみたい。西光寺辺りに清重の館が在ったとする説が流布したのは、『葛西志』に記されていように、清重塚とともに清重所縁の西光寺によるものであろう。しかし、『葛西志』は、西光寺辺りではなく青砥藤綱の居城とされる「青戸古城蹟」、つまり葛西城を清重の館とする説を披歴している。この葛西城を葛西清重もしくは葛西氏の館とする説も江戸時代には広く知られていたようで、宇和島葛西家では葛西城を葛西氏の本城とする言い伝えもあった［安永二〇〇〇・谷口二〇〇九］。

西光寺説は清重塚と清重所縁の西光寺の所在から唱えられ、葛西城説は青砥藤綱の居城という伝えを背景としつつ、西光寺は館を構えるには要害の地ではなく、要害の地であればこそ青砥藤綱の居城が築かれたと『葛西志』は説いている。

以上のように江戸時代からの葛西氏の館の所在についての言い伝えは、西光寺説と葛西城説が代表的な説であったが、次に史料や考古資料などから葛西氏の本貫地葛西での館や施設の所在について検討してみたい。

『吾妻鏡』には、館と考えられる記事はないが、少なくとも葛西氏が管理した屋敷や施設の存在をうかがわせる記事がある。

頼朝は、佐竹攻めの帰りに「今夜彼宅に御止宿」（『吾』治承四・十一・十条）と葛西清重の「宅」に宿泊している。このことから葛西の地に清重の「宅」が所在していることが確認できる。

『吾妻鏡』では、治承四年（一一八〇）一二月一二日以前の段階の「館」の使い分けからすれば、領主クラスでも「館」を用いない場合は、館以外の別の屋敷等の施設を指すものと考えられる。当然清重は、所領の葛西に「館」

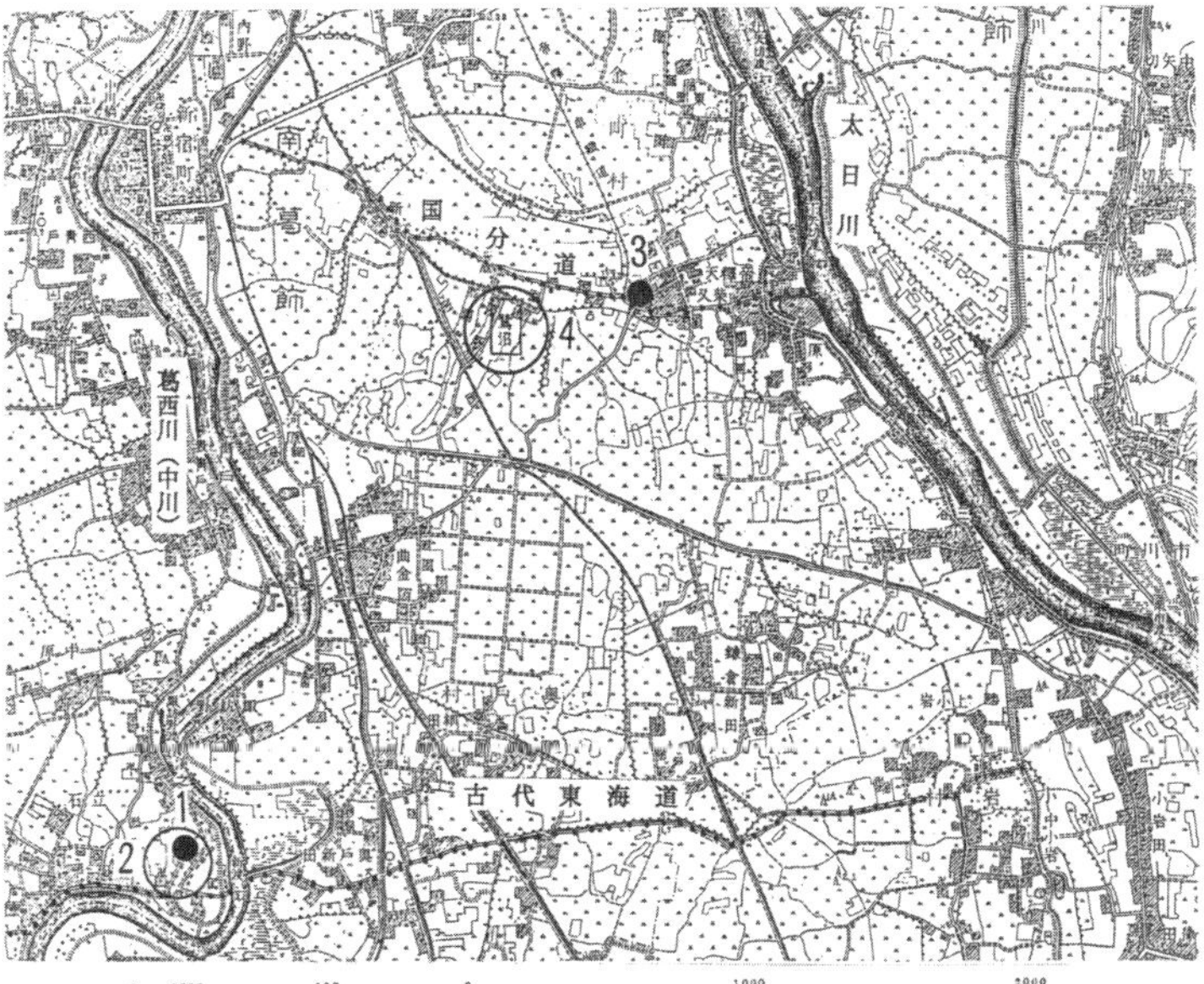

図５　葛西における葛西氏関連図

熊野神社(1)　立石遺跡（葛西氏館候補地）(2)
柴又八幡神社（太井要害候補地）(3)　古録天・古録天東遺跡（葛西氏館候補地）(4)

を構えていたと考えるべきで、頼朝が宿泊したのは清重の館以外の別施設、もしくは一族や家臣の屋敷である可能性もある(3)［谷口二〇〇七］。ただし、清重が治承四年一二月一二日以前に頼朝の御家人となっていれば、これらの推測は成り立たない。つまり、同年一一月一〇日の時点で御家人に列せられていれば、『吾妻鏡』では、館であっても「宅」と表記されたりするので、清重の館に宿泊した可能性も否定できないのである。

また、治承四年の武蔵国入りの際、源頼朝が隅田川以西に勢力を張る江戸重長が与力しないために武蔵国へ軍を進めることができない状況となった時に、隅田川と太日川（太井川ともいう）にはさまれた葛西の地を本拠とする葛西清重に「太井の要害を見る可き由、偽りて重長を誘引せしめ、討ち進す可きの旨、仰せらるる所なり」（『吾』治承四・十・二十八条）と、江戸重長を「太井の要害」へ誘き出して討ち取ってしまうよう命じている。

この「太井の要害」は、その名から太井川という現在の江戸川筋の河川の要衝に設けられた施設を指しているものと理解され、葛西清重が管理していた施設であることは、記事の内容からも肯定できよう。さらに、治承四年十月一日条に見える頼朝軍が集結した「鷺沼御旅館」についても葛西の地に所在したと考えているが、「太井の要害」とあわせ後項で検討することにしたい。

『吾妻鏡』には、葛西氏の本拠となる館の具体的な記事は見られないが、ではどの地点に葛西氏の館を求めることができるのであろうか。筆者は葛飾区立石と葛飾区柴又の二ヶ所を有力候補地と考えている。

まず葛飾区立石については、立石遺跡（図5―2）の存在が注目される。立石遺跡は、平安時代末から鎌倉時代を中心とした遺構・遺物がまとまって出土している［江上一九九三・一九九四］。遺構については、残念ながらまだ積極的に館の存在をうかがわせるものは確認されていないが、出土遺物には鎌倉から持ち込まれたと考えられる手づくねかわらけ［江上編一九九三］や、一一世紀から一二世紀の船載白磁連弁碗、頸部に凸帯のまわる一三世紀前半頃の常滑焼壺などの陶磁器にも優品が認められるなど、[4]葛西地域内でも特異な様相を呈している（図6下）。

次に、立石遺跡が交通の要衝であることも注目される。立石遺跡の立地は、葛西川[5]（中川）右岸にあり、遺跡地内を古代の東海道が通っており、鎌倉時代にも下総と武蔵を連絡する幹線として機能していたと考えられる。つまり、立石遺跡は南北に水上交通、東西に陸上交通が交わる要衝であった。

また、そもそも熊野神社が鎮座することも重要であろう（図6上）。立石の熊野神社は、長保年間（九九九〜一〇〇三）勧請と伝わる東京低地でも熊野神社としては最も古い創建縁起を持つ神社である。この熊野神社と葛西氏との関係を示す史料は今のところ確認できないが、葛西氏や豊島氏は熊野社を信仰しており［吉田一九九七］、どちらかが勧請した可能性があろう。

葛西氏にとって信仰する熊野神社は崇敬な場所であり、立石遺跡の内容と交通の要衝という点を重ね合わせると、立石に本拠としての館を構える条件は揃っているように思う。鎌倉時代を通して立石に館が存在したかどうかなど詳細は不明ではあるが、上記の理由で、立石遺跡が葛西氏の館の有力候補地のひとつと考えられるのである［谷口二〇一二］。

もう一ヶ所の葛飾区柴又は、中世前半の屋敷跡が確認されている古録天・古録天東遺跡［谷口一九九一］の存在が注目される。古録天神社の東方は字名を「鷺沼《さぎぬま》」と称し、考古学的な資料だけでなく、東西方向に発達した微高地に遺跡は占地し、地理的にも国分道が通り、渡河地点のひとつである「がらめきの瀬」と呼ばれる江戸川西岸に連絡する要地であり、葛西氏の館の候補地のひとつとして考えられる［谷口二〇一二］。詳しくは次頁で述べることにしたい。なお西光寺については、葛西氏の館というより縁起にもあるように家督を譲った後の居所と考えられることを付記しておきたい。

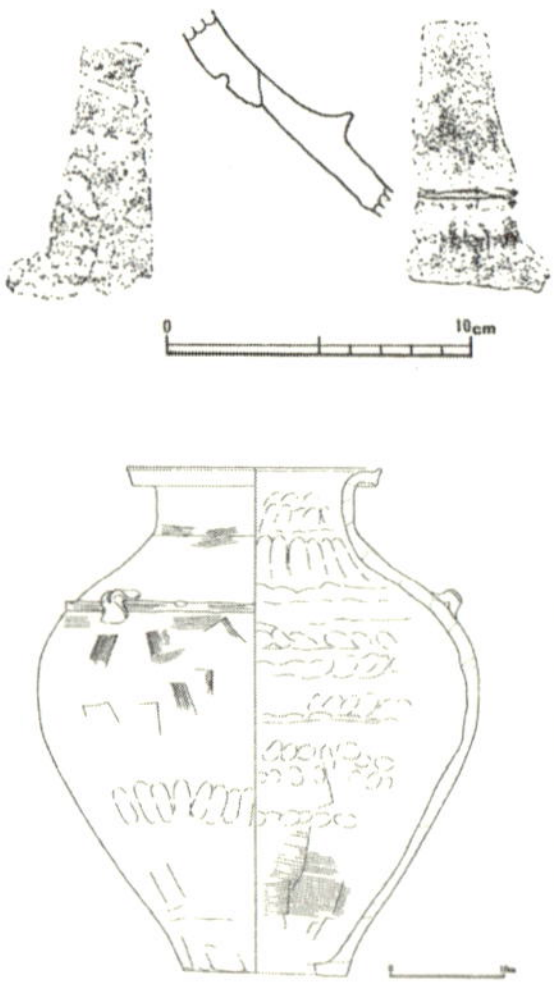

図6　立石熊野神社（上）と立石遺跡出土の船載白磁碗（右下）・常滑焼三耳壺（左下）

船載白磁碗は平安時代末に作られた優品。常滑焼三耳壺は特注品と思われる製品で出土事例は極めて少ない。左下の図は鎌倉市今小路西遺跡から出土した全形がうかがえる資料で参考に掲げた。

3　太井の要害と鷺沼御旅館

ここでは、治承四年の武蔵国入りの際に『吾妻鏡』にみられる「太井の要害」と「鷺沼御旅館」の所在地について考えてみたい。なぜならば、これらの施設は『吾妻鏡』の記事の前後関係から葛西氏に関連する施設と想定されるからである。「太井の要害」については、先に現在の江戸川筋の河川の要衝に設けられた施設であると述べた。しかし、東京低地の江戸川西岸の葛飾・江戸川区地域には基本的に平たく低い土地が広がり、微高地が形成されていたとしても要害と呼べるような地形はみられない。唯一地形的に目立つのは古墳時代後期に築かれた柴又八幡神社古墳（図5―3）である。古墳の上には、現在柴又の鎮守である八幡神社が祀られている。この古墳の調査の際、古代末の遺構・遺物が発見され、古墳の周溝も鎌倉時代に一部掘り直されるなど古墳が改変されていることが確認されている。この柴又八幡神社の地を「太井の要害」と考えたい［谷口二〇一〇］。

次に、治承四年一〇月一日の頼朝軍が集結した「鷺沼御旅館」について考えてみたい。治承四年八月、石橋山で敗れた頼朝は再起をかけて房総へ渡り、下総まで北上して武蔵への進軍を目指したが、隅田川以西に勢力を張る江戸氏が味方につかず、頼朝は足止めをくらってしまう。頼朝の武蔵入りに伴うエピソードは、『義経記』（北2四・一一）、『延慶本平家物語』（北2四・四）、『保暦間記』（北2二・二）でも紹介されている。

通説の解釈に従うと、治承四年十月一日条の記事に見える「鷺沼御旅館」は、千葉県習志野市に所在したと考えられている。例えば、「鷺沼御旅館」を習志野市に比定したのは、江戸時代後半に三島政行が『葛西志』に、「鷺沼といふは千葉郡二之宮庄に属する地にして、今も鷺沼村と唱へり」としてからで、以来その説が踏襲されてきた。そのため、下総国府よりも東方に位置することになり、一旦頼朝軍は東方に後退することになる。そして、一〇月二日に再び西進して太井・隅田川を渡り武蔵入国を果たしたと理解されている。

しかし、「鷺沼御旅館」＝習志野市説に、大きく二つばかり疑問点がある。

一点目は、「鷺沼御旅館」を現在の習志野市に比定した根拠は同市内に「鷺沼村」という場所があるということから有力視されたもので、それ以外に積極的な裏付けが希薄な点である。

二点目として、「鷺沼御旅館」を習志野市に比定した結果、市川の下総国府まで進軍した源頼朝が、習志野辺りまで戻った後に再び一〇月二日に武蔵に軍勢を進めることとなり、なぜ戻るような行動をとったのであろうか。

この疑問点について今野慶信氏は、一四世紀後半頃成立した『保暦間記』（北2三・二）に記されている「須田（隅田）・八切（矢切）ヲ渡テ滝ノ河原ニテ」という記事に注目し、一〇月一日に源頼朝が立ち寄った「鷺沼御旅館」は習志野市ではなく、葛飾区新宿とする考えを提示した［今野一九九六］。

「鷺沼御旅館」を葛飾区内に比定した理由は、「鷺沼」という小字名が葛飾区新宿に認められることによる。この今野説をとることによって、源頼朝は市川からわざわざ習志野まで戻る必要はなく、下総・武蔵国の境界である隅田川の東岸の葛飾区柴又付近に留まったこととなる。

これに対して野口実氏は、頼朝自身は一〇月二日に太日川・隅田川を舟で渡り武蔵国へ入っており、九月一九日に一旦隅田川辺にまで到達した頼朝勢は太井川よりも東方に後退していなければならないとした。また、下総国府は未だ平家方勢力の充満する場所であり、現在の千葉市に在った千葉氏の居館も、結城浜合戦によって被害を受けていたために、下総国府と千葉市の間の習志野市鷺沼の地に陣営を置いたとしている［野口一九九六］。

筆者は、今野氏が説いた「鷺沼御旅館」を葛飾区内に求めることに基本的に賛成である。しかし、「鷺沼」なる地名は、葛飾区新宿ではなく、葛飾区柴又の柴又八幡神社から古録天神社の間、地番でいうと現在の葛飾区柴又一丁目に求めることができる（図5―4）。従って、「鷺沼御旅館」は葛飾区新宿ではなく[6]、現在の葛飾区柴又一丁目に想定することができる［谷口二〇〇四］。

この考えを補強する材料としてまずあげられるのは、柴又の「鷺沼」周辺は、柴又界隈で一番地盤が安定している土地であるとともに、考古学的な資料が確認されていることである。江戸川右岸から高砂にかけて微高地が東西によく発達しており、微高地北側には地名の由来となったと思われる低湿地（旧河道　第三章四参照）が広がっている。この微高地はかつての海岸線に形成された砂州を基盤とするもので、葛飾区柴又二丁目に鎮座する古録天神社周辺に広がる古録天・古録天東遺跡からは、鎌倉時代から室町時代の屋敷跡と考えられる建物群や、船載青磁、瀬戸・美濃焼や常滑焼陶器、南伊勢系土鍋などが発掘されている（図7）［谷口編一九九一］。

これをもって古録天・古録天東遺跡をすぐに「鷺沼御旅館」とすることはできないが、習志野市では鎌倉時代から室町時代の資料が発掘されていない。現状では、地名だけ

図7　古録天東遺跡（建物跡）

でなく、地中の状況からも柴又の方が条件が整っているように思う。

また、矢切から柴又にかけて市川の国府・国分方面へ連なる国分道という古い街道が通っているが、その国分道が古録天・古録天東遺跡内を通過していることも見過すことができない。その街道沿いに「太井の要害」と推定した源家が崇拝した八幡神を祀る「八幡神社」（図5―3）が鎮座していることも、興味を引く。柴又は、渡河地点をひかえ、河川交通と陸上交通の交わる交通の要衝の地であり、その地に旧字名の「鷺沼」が位置しているのである。これらの材料から「鷺沼御旅館」の候補地として柴又の「鷺沼」に注目したいと考えている［谷口二〇一二］。そして、先述したように、この地も葛飾区立石とともに葛西氏の館の可能性が考えられる。

柴又の地に葛西氏の館が所在したかどうかの可否は今後に委ねるとしても、「鷺沼御旅館」の所在地を柴又と仮定すると、『吾妻鏡』のなかに清重に関連する施設として「太井の要害」（『吾』治承四・十・二十八条）、「鷺沼御旅館」（『吾』治承四・十一・一条）、「宅」（『吾』治承四・十一・十条）の三施設が記載されていることになる。三施設の相互の関係は不明瞭な点があるが、葛西の地に館があるだけではなく、それとは別の清重が管理する施設が存在していたことがうかがえる。(7)『吾妻鏡』の葛西氏に関わる諸施設の記事からは、鎌倉武士の領内に所在する諸施設の状況を垣間見ることができるのではないだろうか。

4　武蔵国の東と西を抑える

『吾妻鏡』の記事から源頼朝と葛西清重との関係を見ていくと、頼朝が再起をかけて房総に渡って間もない頃に、清重を「源家において忠節を抽んづる者なり」（『吾』治承四・九・三条）と評し、源家に忠節を尽くす人物としてその名が登場する。その後、清重は鎌倉へ入部して新造の御所に拠った頼朝の寝所警護衆として御家人のなかでも「殊に弓箭に達するの者、亦御隔心無きの輩」を一一人選んでいるが、その中の一人に清重は抜擢されている（『吾』養和元・四・七条）。これらの記事から、いかに頼朝が清重を信頼していたのかがうかがえる。

このような頼朝と清重の関係を前提にすると、『吾妻鏡』治承四年十一月十日条の丸子庄拝領の記事は、まだ平清盛も健在で、平家の勢力が温存していた時期だけに、単に所領を与えたという問題として片づけられないのではないかと考えている。

この丸子庄の問題に絡んで、近年、鈴木沙織氏によって「中世における交通と丸子―丸子地名の特性を探る―」という論文が発表された［鈴木二〇〇八］。各地の丸子地名の検討から、中世における水上・陸上交通の結節点であると述べ、その下地には古代において馬もしくは牧と関係する可能性があると指摘している。

鈴木氏は、清重が頼朝から賜った丸子庄について「奥州合戦の大軍が丸子辺りを通過した可能性は十分考えられる」とし、「初期の幕府にとっても奥州へ向かう中心となる道が通る多摩川の渡河点として、丸子が重要な地点とみなされていたことが考えられる」と述べている。さらに「清重が丸子庄を与えられたという出来事は同志が奥州へと進出する理由を考える一つの鍵となる可能性とともに、丸子庄を領するということが奥州総奉行を継承していく葛西氏全体にとっても重要な意味を持ったことが考えられる」と記している[8]。

果たして丸子庄の宛行が奥州総奉行を継承するという問題としてとらえることができるのであろうか。かつて多摩川沿いの丸子を訪れた時丸子橋辺りから多摩川上流を見渡すと、東岸に多摩川台などの台地が連なり、西岸には丸子の位置する低地が広がるという景観は、江戸川に架けられた市川橋から上流を眺望した景観とまさに同じロケーションであることに驚かされたことを今でも鮮明に覚えている。要するに、葛西氏の本貫地葛西と丸子庄は、河川と低地から構成される同じ景観をしているばかりか、河川と陸上交通が交わる渡河地点という地政的

な点でも同じなのである。(9)

　清重の奥州との関係をことさら強調するよりも、葛西に視野を置き、丸子庄を賜った時期をも含めた比較検討が肝要ではないだろうか。治承四年一一月は、畠山・河越・江戸氏等武蔵国の秩父平氏が頼朝の許に参集したとはいえ、平家は滅亡しておらず、武蔵国は平家知行国であり、まだ武蔵国や周辺地域には不安定な情勢が残っていたことを見過ごしてはならないだろう。

　そこで思い出されるのが『吾妻鏡』治承四年十月二十八日条の「太井の要害」である。清重の管理する施設と考えられる「太井の要害」は、葛西の東の境をなす太日川の沿岸に構えられ、河川とともに渡河地点の陸上交通をも監視にあたっていたのではないだろうか。まさにこの辺りにも入間田宣夫氏が指摘した「江戸湾岸警備隊の隊長」［入間田一九九二］の面目があろう。葛西清重は、葛西に在ってその所領の維持のために「太井の要害」を構え、水上交通と陸上交通とを監視していたのである。それは葛西を維持するためには、太日川だけではなく、葛西の西の境をなす隅田川についても同様に水上交通と陸上交通とを監視する必要があったのではないだろうか。治承四年一〇月二日の頼朝勢の太日・隅田両川渡河にあたって、清重も尽力していることが『沙石集』（北2三・七）などでうかがえることからも、隅田川左岸についても所領維持のための何らかの配慮があった可能性が考えられよう。

　清重が丸子庄を賜って管轄するということは、武蔵国から相模国との陸上交通の連絡と、水上交通による多摩川上流部と海との連絡をも掌握することになるのである。清重は、本領葛西の安堵と丸子庄の宛行を受け、多摩川、隅田川、江戸川（旧太日川）とを連絡する陸上交通と、それら河川と海との水上交通の監視を頼朝から命ぜられていたのではないだろうか。つまり、鈴木氏の説く奥州との関わりではなく、頼朝は信頼のおける清重に、武蔵国の東と西の主要河川の水陸交通の要衝を監視させたのである。(10) 清重は、丸子庄のような河川沿いの低地の開発や管理にあたっても、そのノウハウをすでに持っていたと考えられるのである〔谷口二〇一二〕。

三　葛西御厨と郷村

1　葛西御厨の成立

葛西清重が治めた葛西郡は、後に伊勢神宮に寄進され葛西御厨と呼ばれるようになる。葛西御厨は、葛西猿俣御厨とも呼ばれ、はじめは葛西郡の北部に位置する猿俣（葛飾区水元）が御厨として成立し、その後葛西一円が御厨として寄進されたものと考えられている〔鈴木一九九八〕。寄進の背景は、他の荘園と同じように葛西氏による領主権の強化が目的であろうが、その寄進時期については、議論の余地が残されている。

一般的に葛西御厨が成立したのは、一二世紀後半ないし一三世紀初頭とされるが、鈴木敏弘氏は、建久三年（一一九二）「神領注文」に葛西御厨の記載がなく、建久四年（一一九三）の『神鳳紗』〔三郷中一三四〕に見られることから、建久四年からそう遠くない時期の成立と考えている〔鈴木一九九八〕。

一方、岡田清一氏と今野慶信氏は、それ以前に成立していたと考えている。岡田氏は、豊島清元の下総国葛西への進出は、久寿二年（一一五五）の大蔵合戦で没落したため、武蔵国の失地回復を下総国葛西に求めた可能性があり、平安時代末期の寄進も想定すべきだとしている〔岡田一九九八〕。今野氏は、頼朝の挙兵時に清重のもとに遣わされた中（大中臣）四郎惟重が伊勢祭主の永江（大中臣）蔵人頼隆の子であることから、両者との関係を想定し、当時すでに葛西御厨は成立していたものと考えている［今野一九九八ａ］。

今野氏が指摘した以外にも、『吾妻鏡』寿永元年（一一八二）正月二十八日条には、清重は頼朝の命で伊勢皇大神宮へ馬を献上しており、清重と伊勢との関係は建久四年以前に認められる。また入間田氏が指摘した葛西氏の家紋の三ツ柏が伊勢皇大神宮の神官の紋所にも用いられているという点も、伊勢との関係を考える上で重要な材料となろう［入間田二〇〇四］。これらの状況から建久四年以前に葛西御厨が成立した可能性も否定できないと考えられる。葛西御厨の成立については、先学の研究を踏まえ、今後とも追求していく必要があろう。

鎌倉幕府に御家人として仕えた葛西氏は六代清貞の頃、鎌倉幕府滅亡後に本貫地の葛西を離れて本拠を奥州へと移し北遷する。その後の葛西御厨は、至徳四年（一三八七）の「足利義満御判御教書案」（「上杉文書」三郷一三八）【史料1】に、室町幕府三代将軍足利義満が上杉憲方に葛西御厨内の所領を安堵しており、葛西氏に代わって山内上杉氏が葛西の地を支配していることが確認できる。

【史料1】「至徳四年七月廿九日足利義満御判御教書案」

御判（足利義満）

刑部大輔（上杉憲春）入道々弥跡下総国葛西御厨内・上野国所々・越後国々衙内

事、上杉安房（憲方）入道々合可令領掌之状如件、

至徳四年七月廿九日

上杉憲実退隠に伴って作成されたと思われる「上杉憲実知行目録」（上杉文書）や正長元年（一四二八）の「大石憲重遵行状」（三郷一五九）などに葛西御厨の名が確認できるが、それ以降、葛西御厨の名が記される史料は天文二二年（一五五三）正月に二所皇大神宮（伊勢神宮）から小田原北条氏に出した「天文廿二年正月外宮庁宣写」（「鏑矢伊勢宮方記」葛七四）【史料2】までは見られない。

【史料2】天文廿二年正月外宮庁宣写〈鏑矢伊勢宮方記〉

　廰宣
　　可早任先例、被還着御神領令勤仕神役、当宮
　　御領下総国葛西三十三郷御上分之間事
右、二所皇太神宮御領下総国葛西三十三郷者、往
古以来一円御神税在処為厳重者也、然数年不知
行之間、就之、令取行御神事等歴年闕如、神慮太難
測、彼国属御分国静謐之由承及之間、所詮被還着、
新御寄進令勤仕神役者、可為御神忠専一、殊天下
安全御祈祷何事如之、仍連署如件、以宣
　　天文廿二年癸丑正月日祢宜

正四位下度会神主（花押）
祢宜従四位下度会神主（花押）
祢宜正五位下度会神主（花押）
祢宜正五位下度会神主（花押）
祢宜正五位下度会神主（花押）
祢宜正五位下度会神主（花押）
祢宜正五位下度会神主（花押）
祢宜正五位下度会神主（花押）
祢宜正五位下度会神主（花押）

葛西御厨に関しては、史料的に一五世紀中頃以降確認されないと一般的にはとらえられている［岡田一九九八］。おそらく東国が戦乱の渦にのまれる享徳の乱前後には伊勢神宮の関与は弱まって形骸化したのであろう。天文二二年には再び支配権を回復しようと神宮側が動き出したことを「外宮庁宣写」や、それに関連する北条氏康や北条方の石巻家貞・家種[11]と伊勢神宮側の一㮾兵庫助[12]が交わした一連の書状が物語っている。つまり、天文二二年の段階ではすでに「然数年不知行之間」（「鏑矢伊勢宮方記」葛七四）とあるように、神宮側にとって葛西御厨は支配が及ばない存在となっていたことがわかる。そして、伊勢神宮の回復運動は実を結ばず、再び葛西が伊勢神宮の御厨となることはなかった。

なぜ天文二二年になって、急に形骸化していた葛西御厨に働きかけを行ったのであろうか。次章で触れるが、この外宮丁宣が出される前の、早ければ天文一九年（一五五〇）に古河公方足利晴氏と妻芳春院殿、息子の梅千代王丸が葛西城に御座していた。そして、前年の天文二一年に晴氏は家督を梅千代王丸に移譲するなど、関東公方の御座とともに代替わりをする関東の政治情勢のなかで葛西城及び葛西が注目れていた時期である。おそらく、晴氏や後に関東公方に就任する梅千代王丸の葛西御座を好機と捉えた動きだったのではないかと推察される。

2　葛西御厨の開発（図8〜11・表1）

葛西御厨に関わる研究は多くあるが、ここでは葛西御厨或いは葛西地域における郷村や開発に絞って湯浅治久、長塚孝、中野達也三氏の先行研究に学びながら中世葛西の郷村や開発の状況を探ってみたい。

湯浅氏は、古利根川中流域での中世村落と耕地の状況を明らかにした鈴木哲雄氏の研究を参考にしながら、近世の『武蔵田園簿』の検討から中世における田地開発の高度な進展が特徴であることを指摘し、この田地開発の高度な進展と対応するように村落形成はかなり早期、中世の段階で達成されていたものと想定している。葛西地域の中世の開発は、「最も高台で自然堤防の発達した上之割地区から、堤防上の畠作と周辺低湿地の田作を主とする開発と村落の形成が開始され、徐々に河口地区の下之割地区へとその手が伸びるに至ったと考えられる」とした［湯浅一九九八］。

長塚氏は、「小田原衆所領役帳」を検討すると葛西地域の貫高には高低があり、貫高が高いのは青戸の二〇〇貫二一五文で、青戸を中心にして北部に貫高が多く、下流部になるにつれ郷村の貫高が低くなっているとしている。特に東南部には郷村数があるわりに低く、中川の西側は四〇〜五〇貫文程度に収まってお

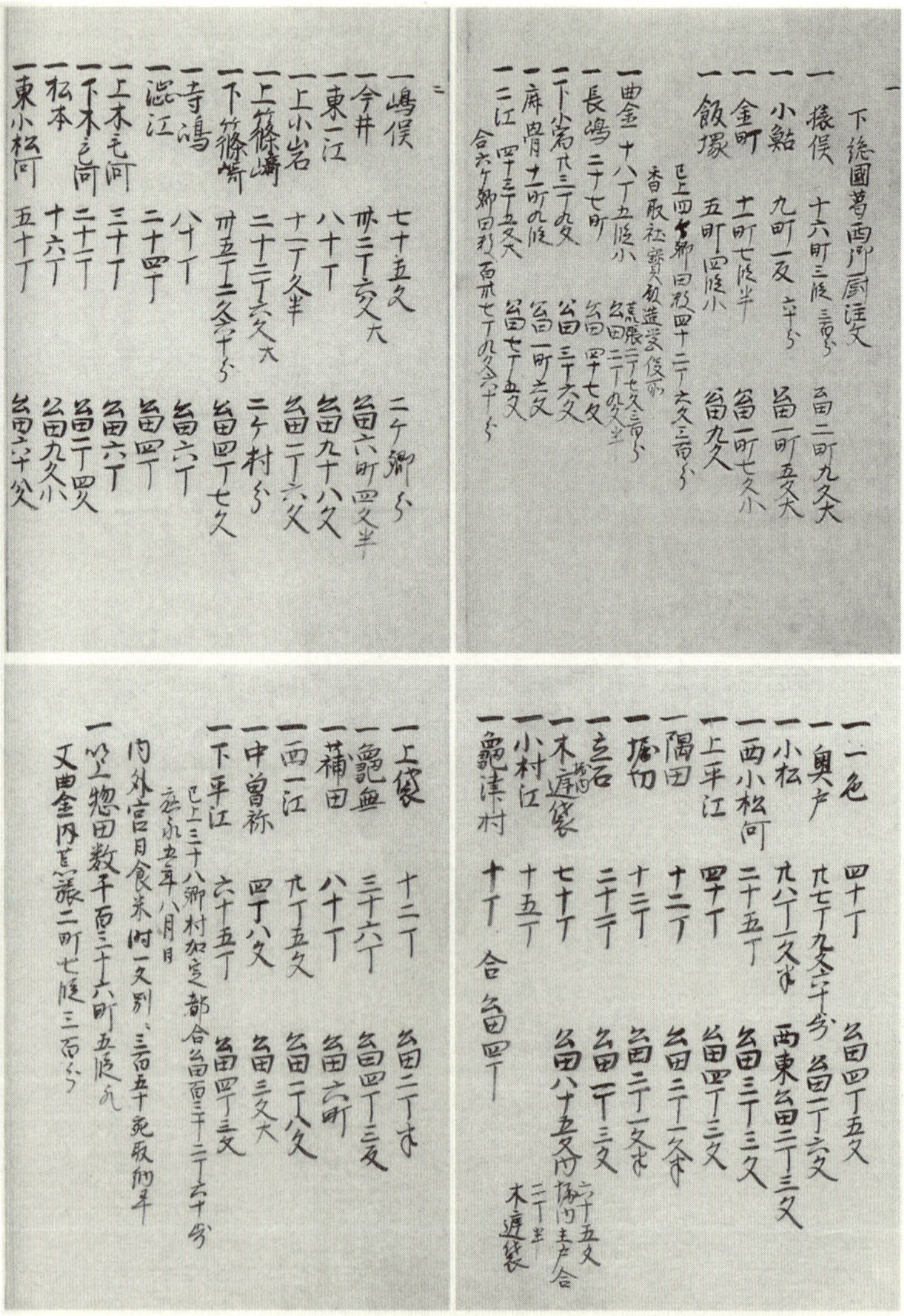

下総國葛西御厨注文
一 猿俣 十六町三段三百歩 公田二町九反大
一 小鮎 九町一反 六十歩 公田一町五反大
一 金町 十一町七段半 公田一町七反小
一 飯塚 五町四段小 公田九反
已上四ヶ郷田数四十二丁六反三百歩
香取社□□□造営役所
一 曲金 十八丁五段小
荒張二丁七反三百歩
公田二丁九反半
一 長嶋 二十七町 公田四十七反
一 下小岩 廿三丁九反 公田三丁六反
一 麻骨 十一町九段 公田一町六反
一 二江 四十三丁五反大 公田七丁五反
合六ヶ郷田数百廿七丁九反六十歩

二
一 嶋俣 七十五反 二ヶ郷分
一 今井 卅三丁六反大 公田六町四反半
一 東一江 八十丁 公田九十八反
一 上小岩 十一丁反半 公田二丁六反
一 上篠崎 二十三丁六反大 二ヶ村分
一 下篠崎 卅五丁二反六十歩 公田四丁七反
一 寺嶋 八十丁 公田六丁
一 澁江 二十四丁 公田四丁
一 上木毛河 三十丁 公田六丁
一 下木毛河 二十丁 公田二丁四反
一 松本 十六丁 公田九反小
一 東小松河 五十丁 公田六十反

一 一色 四十丁 公田四丁五反
一 奥戸 九十七丁九反六十歩 公田二丁六反
一 小松 九十八丁一反半 西東公田三丁三反
一 西小松河 二十五丁 公田三丁三反
一 上平江 四十丁 公田四丁三反
一 陽田 十二丁 公田二丁一反半
一 堀切 十二丁 公田二丁一反半
一 立石 二十丁 公田一丁三反
一 木庭袋 七十丁 公田八十五反内 堀内 六十五反 奥戸合 二丁半 木庭袋
一 小村江 十五丁
一 亀津村 十丁 合公田四丁

一 上袋 十二丁 公田二丁半
一 亀無 三十六丁 公田四丁三反
一 蒲田 八十丁 公田六町
一 西一江 九丁五反 公田二丁八反
一 中曽祢 四丁八反 公田三反大
一 下平江 六十五丁 公田四丁三反
已上三十八郷村加之都合公田百三十二丁六十歩
応永五年八月日
内外宮月食米附一反別、三百五十宛取納之
一 以上惣田数千百三十六町五段九
又曲金内荒張二町七段三百歩

図 8　葛西御厨田数注文写

表1　「葛西御厨田数注文写」と「小田原衆所領役帳」の対比

葛西御厨田数注文			小田原衆所領役帳		
地名	町段歩	公田	地名	貫.文	知行
猿俣	16町3段300歩	2町9段大	猿俣	49	窪寺大蔵丞
小鮎	9町1段60歩	1町5段大	小合	45	遠山丹波守
金町	11町7段半	1町7反小	金町	17	荻野
			金町	4.800	豹徳軒
飯塚	5町4段小	9段	飯塚	93.400	会田中務丞
曲金	18町5段小	2町9段半	曲金	115	遠山丹波守
荒張	2町7段300歩	–	–	–	–
長嶋	27町	47段	長嶋	2	太田新六郎
下小岩	23町9段	36段	小岩	102.250	会田中務丞
鹿骨	11町9段	1町6段	鹿骨	27.750	遠山丹波守
二江	43町5段	7町5段	二之江	18	遠山丹波守
嶋俣	75段	–	柴俣	35	遠山丹波守
今井	32町6段大	6町4段半	今井上下	27.500	遠山丹波守
東一江	80町	98段	東一之江	32	嶋津孫四郎
上小岩	11町段半（ママ）	1町6段	（小岩）		
上篠崎	22町6段大	0	篠崎上下	123.894	遠山丹波守
下篠崎	35町2段60歩	4町7段			
寺嶋	80町	6町	寺嶋	60	行方与次郎
渋江	24町	4町	渋江之郷	39.500	山中内匠助
上木毛河	30町	6町	木毛川	56.350	朝倉平次郎
下木毛河	21町	1町4段			
松本	16町	9段小	松本郷	20	森新三郎
東小松河	50町	68段	東小松川	45	遠山丹波守
一色	40町	4町5段	一色	47	遠山丹波守
奥戸	27町9段60歩	1町6段	奥戸	51.250	会田中務丞
小松	28町1段半	2町3段	小松上下	79.952	遠山丹波守
西小松河	25町	3町3段	西小松川	15.300	太田大膳亮
上平江	40町	4町3段	上平井	35	千葉殿
隅田	12町	2町1段半	–	–	–
堀切	12町	2町1段半	堀切	45	大胡
立石	21町	1町3段	–	–	–
堀内			堀内	45	木内宮内少輔
木庭袋	70町	85段	千葉袋	60	遠山丹波守
青戸			青戸	200.215	遠山丹波守
–	–	–	葛西川	20	遠山丹波守
小村江	15町	0	小村井	65	遠山丹波守
亀津村	10町	4町	–	–	–
上袋	12町	2町半	–	–	–
亀無	36町	4町3段	亀梨	113.824	遠山丹波守
蒲田	80町	6町	–	–	–
西一江	20町5段	1町8段	西一之江	25.750	遠山丹波守
中曽祢	4町8段	3段大	–	–	–
下平江	65町	4町3段	下平井郷	100	小幡源次郎

※丁、反、分の表記はそれぞれ町、段、歩に統一。360歩＝1段、10段＝1町。1000文＝1貫。

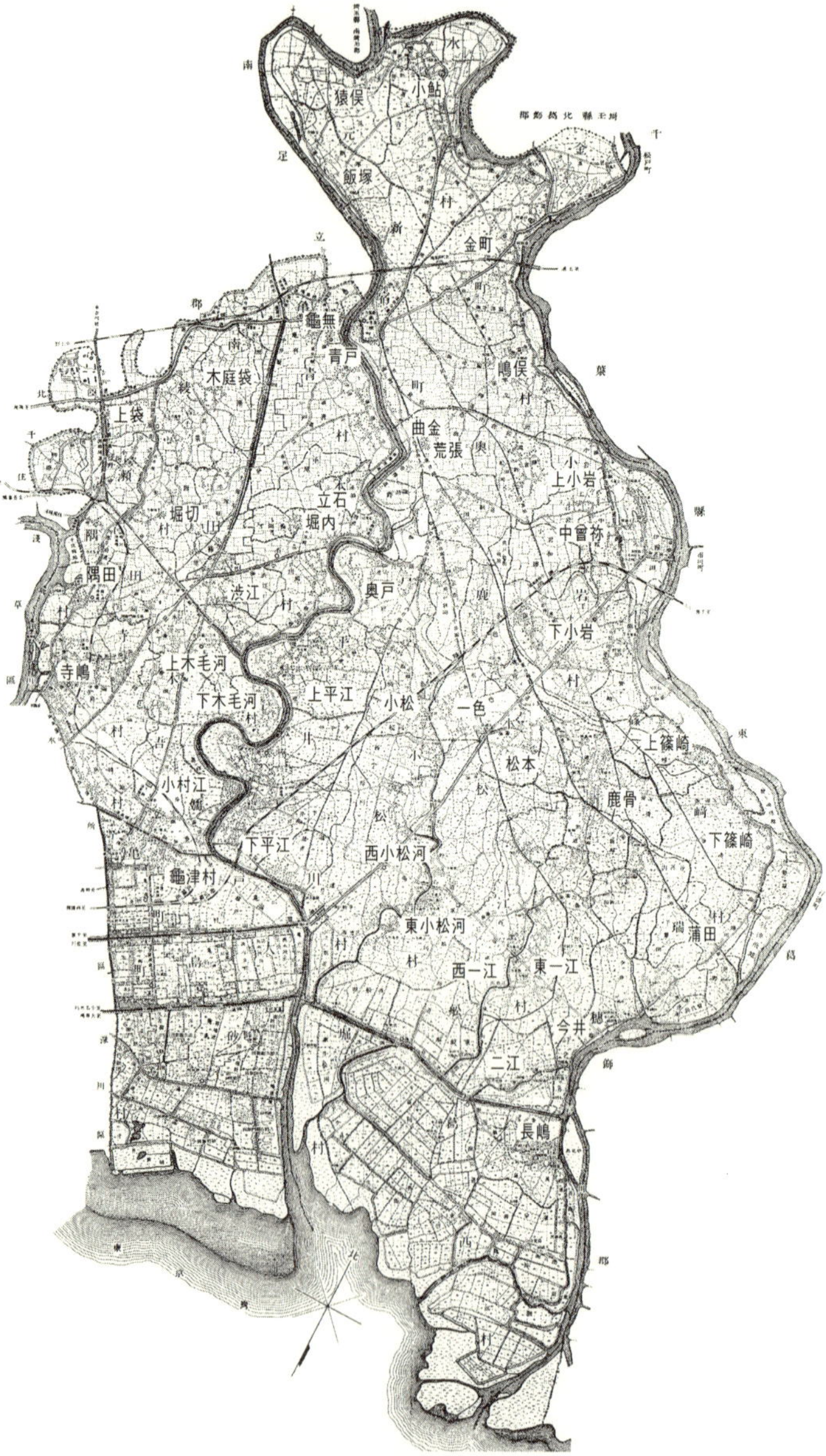

図９　葛西御厨の郷村分布

「葛西御厨田数注文写」に記載されている
郷村名を明治38年「東京府南葛飾郡図」上に落としたもの。

り、全体的に北高南低の様相であるとし、近世初期の傾向に近いとした。東西に分けて見ると中川沿岸に五〇～一〇〇貫文以上の比較的貫高が高い郷村が集まっていると述べ、一六世紀中期では江戸川西岸よりも中川沿岸の方が開発は進んでおり、このような傾向は、葛西地域だけの特徴ではなく、葛西の北に隣接する下河辺庄も同様な様相を呈していると指摘している［長塚一九九八］。

中野氏は、「葛西御厨田数注文写」では、三六ほどの集落が神宮側によって把握され、中川の東側に中規模な集落が多く、大規模な村はどこか一ヶ所に集中しているわけではなく散在しており、小規模な村は江戸川の西側に多い傾向があるとした。「小田原衆所領役帳」では、三〇ヶ村と多少数の上では減少しているが、ほぼ同じような村の数であり、中世段階では、開発はあまり進んでいなかったと捉えている。近世になって開発が進み、近世前期で耕地の内訳は、八〇・八パーセントが田で占められ、その状況をそのまま中世にトレースできないが、大体の傾向として田の方が優勢だったと考えられるとし、そのなかにあって北東部の金町・柴又・小合地域は田率の低い地域であると述べている［中野一九九五］。

湯浅・長塚・中野氏の研究は、手法的には萩原龍夫氏が『文京区史』第一巻で試みた中世史料と近世史料とを比較検討するやり方を採用しており［萩原一九六七］、本地域の基礎的な中世史料である応永五年（一三九八）の「葛西御厨田数注文写」と、永禄二年（一五五九）の「小田原衆所領役帳」とともに、近世の『武蔵田園簿』『元禄郷帳』などを用いて検討がなされている。

三氏の研究を要約すると、「葛西御厨田数注文写」に見られるように、すでに応永五年段階には葛西地域の開発は進んでいたことは明らかであり、湯浅氏は中世における田地開発の高度な進展と村落形成を評価し、葛西地域における開発と村落の形成は、上之割地区から河口部の下之割地区、つまり北部から始まり次第に南部へと移行していったと想定している［湯浅一九九八］。長塚氏は「小田原衆所領役帳」から一六世紀中期は全体的に北高南低の様相であるとしながらも、上流部での様相を加味して江戸川西岸よりも中川沿岸の方が開発は進んでいる西高東低と評価している［長塚一九九八］。中野氏は、中世の二つの史料を比較すると応永五年から永禄二年にかけて開発はあまり進んでいなかったと指摘する［中野一九九五］。

また、耕作は自然堤防上に畠作、周辺の低湿地では田作が行われ、中野氏は全体として耕地は田が多く展開しているが、金町・柴又・小合地域は畠が他の地域に比べて多いとした［中野一九九五］。

3　御厨内の構造と郷村の分布

まず確認しなければならないのは、葛西及び葛西御厨の範囲である。図9は明治三八年（一九〇五）の東京府南葛飾郡の地図で、江戸時代に武蔵国葛飾郡葛西領と呼ばれた範囲と同じ広がりを持つ。葛西及び葛西御厨も近世の葛西領に収まるが、「葛西御厨田数注文写」と「小田原衆所領役帳」［佐脇一九九八］を基にすると、龜津村（江東区亀戸）よりも南部海側の陸域、長嶋（江戸川区葛西）の南部の海側の陸域は、中世段階ではまだ十分に陸化していなかった地域で、葛西および葛西御厨内の郷村の形成は見られない地域であったと思われる。つまり、南部の寺嶋・龜津村・長嶋を結んだラインが海岸線であったと想定されるのである。

葛西御厨は、大きく見ると古利根川が猿俣（葛飾区水元）で東西に分流するところから、東は江戸川（太日川）が境となり、西は葛西川が龜無（葛飾区亀有）で南流する葛西川と西流する古隅田川に分流し、その古隅田川が隅田川と合流し、さらに寺嶋までの隅田川の流れが西の境となり、南側は海岸線がその境となっていた。河川と海とに囲まれた葛西御厨内には、木庭袋のところに書かれている堀内、主戸（青戸の誤記）などを合わせると、

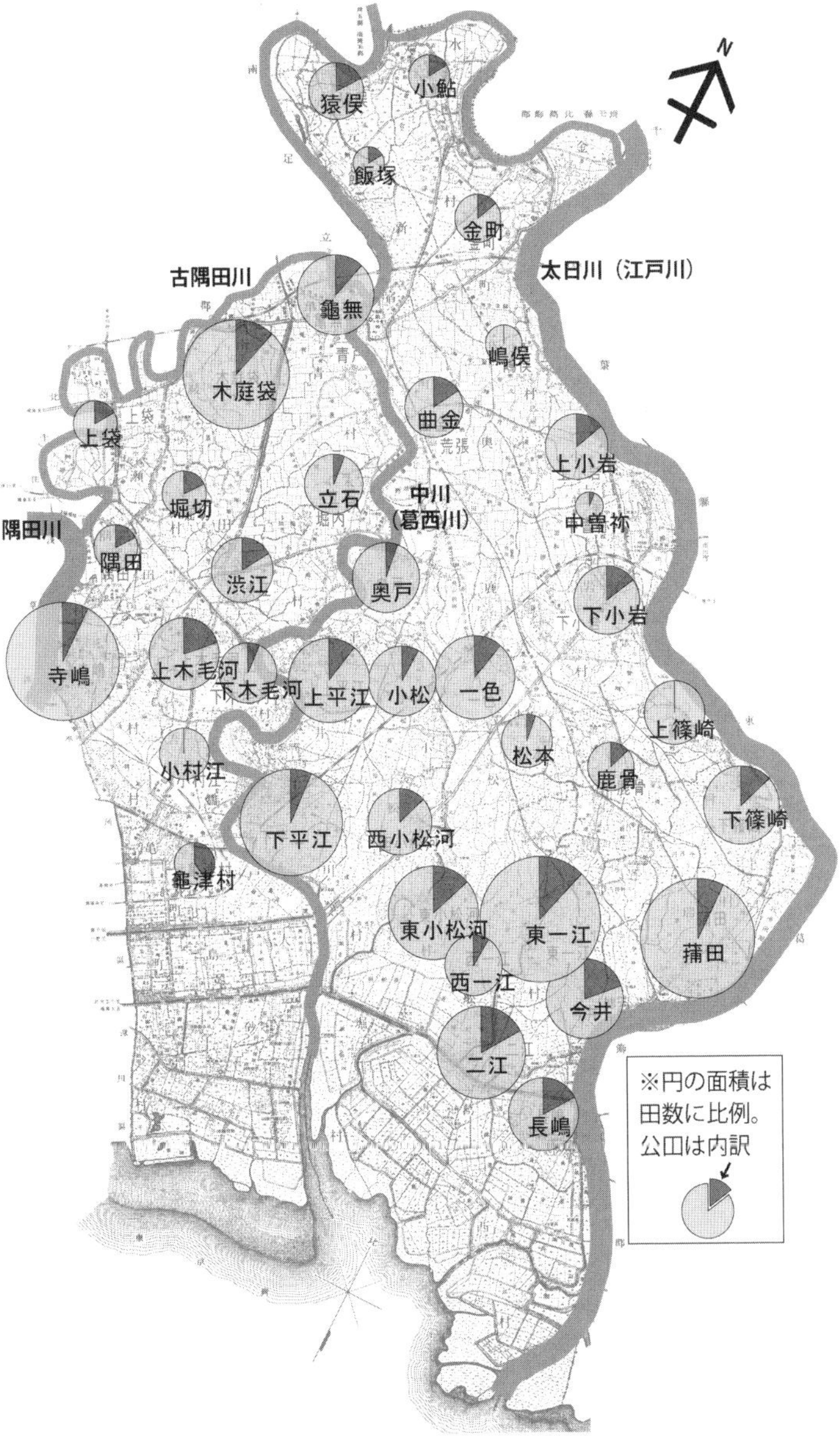

図 10　「葛西御厨田数注文写」の村落と耕地

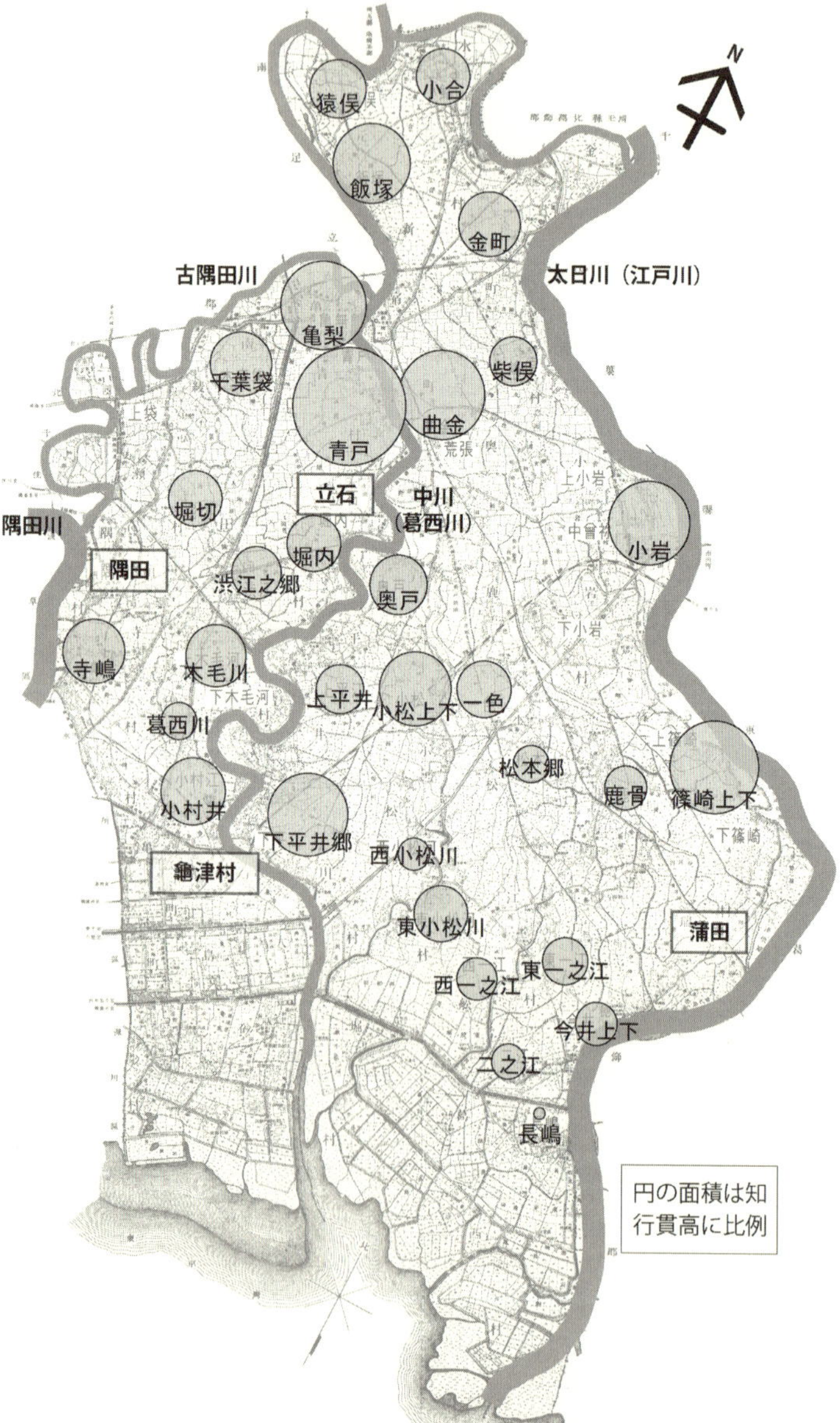

図 11　「小田原衆所領役帳」の葛西地域の知行地と貫高

都合四〇の郷村が存在したことが確認できる。[13]

「小田原衆所領役帳」には、「葛西御厨田数注文写」よりも少ない三二の村が確認できる。この村の減少については、中野氏が「小田原衆所領役帳」に記されていなくとも、近世の『武蔵田園簿』に再び「葛西御厨田数注文写」の村が現われているのは、村が「小田原衆所領役帳」に消滅しているのではなく、作成した小田原北条氏側の問題が反映しているとし［中野一九九五］、長塚氏は「小田原衆所領役帳」に見えない隅田、亀津、蒲田（鎌田）などは、小田原北条氏の直轄領であったと考えている［長塚一九九八］。黒田基樹氏も給人所領の設定のみられない墨田・亀戸・新宿・谷河内・鎌田・桑川の六郷村は北条氏の直轄領であったと推定している［黒田二〇〇一］。

次に、御厨内の構造について考えてみたい。岡田清一氏は、香取社造営に関する史料の整理から葛西御厨は、上葛西と下葛西の二地域からなり、上葛西は猿俣郷、下葛西は葛西郡に当ると述べている［岡田一九九八］。

長塚孝氏は、いわゆる葛西御厨が「葛西猿俣御厨」（『神鳳抄』）とも記され、香取社造営に関する史料から葛西郡と猿俣郷が個別に官米負担しているなど、岡田氏と同じく葛西郡と猿俣郷の二つの地域からなっていたと説いている［長塚一九九八］。さらに「葛西御厨田数注文写」の冒頭に猿俣・小鮎・金町・飯塚の四つの郷が「香取社宝殿造営所」として括られており、「葛西御厨」という呼称が定着しても、葛西郡と猿俣郷の位置関係は在地構造によって保たれていたと述べている。その地域的な繋がりは天正一八年（一五九〇）の「浅野長吉取次状」（「葛西神社文書」葛一三四）によると、飯塚・猿俣・小合、金町、柴又の五村が協力して秀吉の朱印状を求めており、柴又以外の村は「葛西御厨田数注文写」に見える猿俣郷のまとまりが認められるとした［長塚一九九八］。

ここで改めて「葛西御厨田数注文写」から御厨内の郷村の様子を記載順に確認してみたい（図8・10）。なぜならば、すでに拙稿でも指摘していることであるが、書かれている郷村の順序や位置関係は葛西地域の開発や支配の状況などを知る上で極めて重要な意味を持つと考えられるからである〔谷口一九九七〕。

冒頭に記されている香取神宮宝殿造営所の四郷とされる猿俣、小鮎、金町、飯塚は、いずれも葛飾区北部の水元、金町地域に属し、四郷は隣接しており、中世を通してその関係は維持されることが、先ほども触れたように長塚氏によって指摘されている〔長塚一九九八〕。

次に、合わせて六箇郷として括られる曲金、荒張、下小岩、長嶋、二江、鹿骨は、荒張のみ比定地が定かではないが、他の郷は先の四箇郷の南側、葛西川（現在の中川筋）と太日川（現在の江戸川筋）の間に収まっている。おそらく荒張も史料の末尾に「又曲金内荒張」とあるので、曲金のある葛西川と太日川の間に位置するものと判断される。

次に嶋俣以下都合三〇の郷村が記されている。嶋俣以下の郷村は、一見意味もなく羅列されているかのようであるが、記載されている順番に位置を確認していくと、いくつかのまとまりがあることがわかる。

嶋俣、今井、東一江、上小岩、上・下篠崎は、先の四箇郷の南側の葛西川と太日川の間にあり、太日川の西岸に沿って分布している。南部の東一江、上・下篠崎は一之江境川西岸には広がらず、太日川と一之江境川の間に収まっている。

寺嶋、澁江、上木毛河、下木毛河は、隅田川と葛西川の間、それも立石道（古代東海道）よりも南側にまとまっている。

松本、東小松河、一色は、立石道よりも南側の小松川境川に沿う東岸地域に位置している。

奥戸、小松、西小松河、上平江も立石道よりも南側の葛西川と小松川境川の間にまとまっている。

隅田、堀切、木庭袋は、隅田川・古隅田川と葛西川との間、それも立石道よりも北側に位置している。木庭袋の下に書かれている青戸と堀内のうち、堀内は立石付近と考えられており［長塚一九九八］、双方とも先の範囲内に収まっている。

小村江、飯津村、上袋、飯無、蒲田、西一江、中曾禰、下平江は、まとまりが無いように見えるが、いずれも河川との関わりが強い地域である。上袋は、一説に葛飾区水元とするが［鈴木一九九七］、私見では古隅田川の蛇行した流路沿いの葛飾区小菅柳原付近と考えられる。仮に、その前提で考えると、小村江、飯津村、飯無は葛西川の西岸沿いに位置し、小村江、飯津村は葛西川の河口部、飯無はその上流部の古隅田川と葛西川の分流地点にあり、古隅田川と入間川の合流付近に上袋が位置することになる。

一方、西一江は小松川境川西岸の河口部、下平江は葛西川東岸の河口部、蒲田は太日川沿いにあり、対岸には一四世紀後半に関が置かれた行徳が位置している。中曾禰は、字名から江戸川区小岩付近とされ、太日川沿いに位置する。

このように「葛西御厨田数注文写」の郷村の記載は、嶋俣以下は無作為に羅列されているように見えるが、以上見てきたように郷村どうしの地域的なまとまりや離れていても河川で結ばれる関係など共通する地理的関係が反映されているものと読み取れるのである。

ただし、このような御厨内の地域的な繋がりが、「小田原衆所領役帳」段階ではどのようなものであったのかは不明である。今後の検討が必要であろう。

図12は、遺跡や遺物などの考古資料から東京低地における中世村落の状況を示すために、明治から戦前までの地図を用いて自然堤防や砂州などの微高地の範囲を求め、陸域と低湿地の分布図を作成したものである。さらにその図をベースに東京低地の主だった中世遺跡と地中から発見された出土板碑の位置を落とした。出土板碑のほ

図 12　東京低地の主な中世遺跡分布

表2　東京低地の主な中世遺跡一覧

	遺跡名	遺跡の概要	主な出土資料	区
1	大手町二丁目	単独出土	梵鐘	千代田
2	日本橋本石町一丁目	貝塚	土器　内耳土鍋　土錘	中央
3	浅草寺	中世墓	陶磁器　瓦　かわらけ　板碑　石塔類	台東
4	中里	溝状遺構	陶磁器　かわらけ	北
5	石浜城	城跡		荒川
6	伊興経塚	経塚	経筒　仏具　渡来銭　星兜鉢	足立
7	中曽根城	城跡（堀）		足立
8	西新井七丁目	単独出土	渡来銭	足立
9	葛西城	城跡（堀 溝 井戸 土坑 建物跡）	陶磁器　かわらけ　内耳土鍋　南伊勢系土鍋　漆器　木製品　茶臼　板碑　石塔類　渡来銭	葛飾
10	上千葉	単独出土	渡来銭	葛飾
		溝	陶磁器　かわらけ　内耳土鍋　漆器　木製品	
11	伝葛西清重館跡	館跡？		葛飾
12	立石	屋敷跡（溝 土坑 建物跡）	陶磁器　かわらけ　木製品	葛飾
13	半田稲荷	経塚？	和鏡	葛飾
14	古録天・古録天東	屋敷跡（溝 井戸 建物跡）	陶磁器　南伊勢系土鍋	葛飾
15	柴又河川敷	古戦場跡	刀	葛飾
16	鬼塚	塚（土坑）	陶磁器　ハマグリ	葛飾
		集落	陶磁器　南伊勢系土鍋　板碑	
17	鹿島山貝塚	貝塚	陶器　石臼	江戸川
18	上小岩	集落	陶磁器　板碑	江戸川
19	道ケ島貝塚	貝塚		江戸川
20	松江橋貝塚	貝塚	陶磁器　渡来銭	江戸川

とんどは微高地上から発見されたもので、遺跡も同様に微高地上に位置する。基本的には、微高地上は居住域として利用され、あるいは畠地が設けられ、微高地周辺の低湿地には水田などが展開していた。農村的な景観をイメージしてしまうかもしれないが、江戸川区には鹿島山貝塚・道ケ島貝塚・松江橋貝塚の三つの中世の貝塚が所在しており、葛西地域の海に近い南部での生業活動の一端を物語っている。

東京低地の中世遺跡の状況については、拙稿をご参照いただくとして［谷口一九九八］、ここでは葛西の中世遺跡の主なものを概観しておきたい。中世前半では、柴又微高地上に立地する古録天・古録天東遺跡で、一三〜一五世紀の遺構・遺物がまとまって確認されており、屋敷跡と考えられる建物群が発見されている。中川西岸の微高地に立地する立石遺跡では、鎌倉から搬入されたと考えられる手づくねかわらけが出土し、鎌倉でしか出土例のない常滑焼三耳壺破片が確認されている。中川東岸には鬼塚と呼ばれる塚や、その周りに広がる鬼塚遺跡があり、南伊勢系土鍋・滑石製石鍋・船載磁器・国産陶器・管状土錘など一三〜一四世紀の資料がまとまって出土している。先に記したように、古録天・古録天東遺跡と立石遺跡は、ともに葛西氏の館跡の候補地として有力視される。

その他、中世後半の遺跡には葛西城があるが、それ以外の遺跡として上千葉遺跡と柴又帝釈天遺跡がある。両遺跡とも土地を区画する大型な溝（堀）が発見され、埋め戻しに際してかわらけや陶磁器類の一括廃棄がみられる。遺構自体は一六世紀代のものであるが、埋め戻し行為は、中世ではなく一七世紀前半とされ、第七章で改めて取り上げたい。

図10の「葛西御厨田数注文写」の郷村名を落とした図と重ね合わせると、一四世紀末の段階で、江東区亀戸から南方はまだ海域であったが、葛西地域はほぼ陸化して生活域として利用されていたことが、史料や板碑の出土も含めた遺跡の分布からも確認することができよう。

4　地名から探る郷村の風景

中世の「葛西御厨田数注文写」と「小田原衆所領役帳」の二つの史料は、前項までに記してきたように葛西および葛西御厨内の郷村の状況を伝えてくれる史料として貴重である。この二つの史料は、それだけではなく郷村名がどのように転訛したのかを知る上でも有効な史料なのである。ここでは地名の転訛と地名の持つ意味から郷村の風景を探ってみたい。

東京低地の地名を調べてみると「江」「井」「戸」などの付く地名も多い。「葛西御厨田数注文写」の「江」「井」の付く地名をあげてみると小村江、上平江、下平江、西一江、東一江、二江、渋江、今井がある。「葛西御厨田数注文写」から一六一年後の「小田原衆所領役帳」の段階では、これらの地名のうち小村江が小村井に、上平江、下平江が上平井、下平井に変化しており、「江」から「井」に表記が転訛していることが確認できる。注意しておきたいのは、渋江以外、「江」あるいは「井」の付く地名がいずれも入江や河口付近に分布する地理的な地名であり、景観復元や土地の形成状況などを知る手掛かりとなることである。

「戸」のつく地名は、「葛西御厨田数注文写」と「小田原衆所領役帳」ともに奥戸、青戸が確認できる（表1）。ちなみに隅田川以西には今戸（台東区）、花川戸（台東区）、そして江戸（千代田区）など戸のつく地名があり、いずれも「戸」のつく地名は河川や河口付近に分布している（図11）。この「戸」は、後で取り上げる応永三三年（一四二六）「藤原（奥津）家定寄進状」（「浄光寺文書」三郷一五六）と応永三三年「上杉憲実浄光寺別当職補任状」（「鶴岡八幡宮文書」三郷一五六）の二通の文書によって、浄光寺の寺領と薬師堂別当職を鎌倉の相承院に寄進する藤原家定なる武士の名字が奥津であることが知られる。奥津氏は、現在の葛飾区奥戸を本貫地とする武士と見られ、「奥津」→「奥戸」への地名の転訛が想定される。また、龜津村が現在の江東区亀戸となっているように、東京低地に分布する「戸」地名は、「津」から転訛したものである［谷口一九九八］。つまり「戸」は「津」を意味し、「渡」にも通じ、対岸へ渡るところという意味もあり、「戸」のつく地名は水上交通の要衝であり、経済活動を物語る地名としてとらえることができる。

このように中世の二つの史料に記された郷村の地名は、南部の水辺環境や水上交通の場が展開する葛西御厨や、その後の葛西の郷村風景を復元する有効な情報となるのである。

四　水環境と生活

1　河川の管理

葛西の地は、古利根川水系の末端にあり、関東の諸河川が集中するため海と内陸を結ぶ関東の玄関口として水上交通の重要な位置にあった。「戸」のつく地名も、おそらくその多くは上流部に荘園が開発される平安時代末期から鎌倉時代にかけて、年貢の輸送や連絡の確保のために整備されたものと考えられる［谷口一九九八］。

葛西地域における水系的な河川交通の管理状況は、一四世紀中頃から一五世紀初頭にかけて香取社が管理した河関によって知ることができる。文和元年（一三五四）から応永一四年（一四〇七）の間、古利根川筋には猿俣関（葛飾区水元）、その上流部に大堺関（埼玉県八潮市）、戸崎関（埼玉県三郷市）が設けられ、太日川筋に行徳関（千葉県市川市）と長島関（東京都江戸川区）が置かれていたことが史料上確認できる［鈴木二〇〇五］。

これらの河関の配置を俯瞰すると、江戸内海と下総国との河川交通を合理的に掌握していた様子が読み取れる。隅田川から古隅田川や葛西川を遡上する古利根川筋を使うと必ず猿俣関に行き当たる。また太日川筋を遡上しようとしても行徳・長島関を必ず通過しなくてはならないのである。逆に内陸の下総方面から河川を使って江戸内海を目指しても、同じように必ず猿俣・行徳・長島関のいずれか河関を通過しなくてはならないのである。つまり、香取社は古利根川筋の猿俣関と太日川筋の行徳・長島関を設けることで、河川を使った江戸内海から下総との連絡を完全に管制下に置くことができたのである。

この他に、河川管理に関わる施設として、『吾妻鏡』治承四年（一一八〇）九月二十九日条の記事が注目される。治承四年の武蔵国入りの際、源頼朝が隅田川以西に勢力を張る江戸重長が与力しないために武蔵国へ軍を進めることができない状況となった時に、隅田川と太日川（太井川）にはさまれた葛西の地を本拠とする葛西清重に「太井の要害を見る可き由、偽りて重長を誘引せしめ、討ち進す可きの旨、仰せらるる所なり」と、江戸重長を太井の要害へ誘き出して討ち取ってしまうよう命じている。

この「太井の要害」は、その名から太井川という現在の江戸川筋の河川の要衝に設けられた、葛西清重が管理していた施設と考えられ、柴又八幡神社がその推定地であることは、すでに記したとおりである。葛西清重は、葛西の所領の維持のために「太井の要害」を構え、水上交通と陸上交通とを監視していたのである。

2　香取社と鎌倉府

古利根川水系の猿俣・戸崎・大堺・彦名・鶴ヶ曽根の関や、太日川水系の行徳・長島関は一四世紀後半までは下総一宮の香取社によって管理されていた。その後、一五世紀初頭の応永一四年（一四〇七）「大中臣幸房陳状案」（「香取旧大禰宜家文書」三郷三一七）【史料3】の戸崎関に関わる史料を最後に旧利根川の関と香取社との関係を示す史料は見えなくなる。応永廿六年（一四一九）「足利持氏御判御教書」（「鶴岡八幡宮文書」三郷三一八）【史料4】の段階では、彦名関が鎌倉の鶴岡八幡宮によって管理されている。

いかに鎌倉府にとって旧利根川水系が重要な地域であったかは、すでに直轄領の分布から山田邦明氏［山田一九九五］や長塚氏［長塚一九九八］によって指摘されているとおりである。古利根川水系の河関の管理が一五世紀になって香取社から鶴岡八幡宮へ移行する背景には、古利根川水系が鎌倉府の直轄領形成と連動した動きととらえることができ、鎌倉府が古利根川水系沿いの土地のみならず河川交通をも掌握していった様子をうかがうことができる。また、応永廿六年（一四一九）「足利持氏御判御教書」（「鶴岡八幡宮文書」三郷三一八）【史料4】では、彦名関での「狼藉輩」の「停止違乱」を命じており、鎌倉府が古利根川水系の河川交通を維持すべく努力している姿が読み取れる。

【史料3】「応永十四年卯月日大中臣幸房陳状案」〈香取旧大禰宜家文書〉

香取社大祢宜幸房（大中臣）謹言上、
　欲早当社領下総国風早庄内戸崎関務、任公家関東御判、雖令知
　行、号御倉役不弁関務間、尽闕如御神役畢、如先例被免御倉役、
　全関務、弥致御祈祷精誠事、
副進　一巻　長者宣并京都御推挙・関東御教書・同御使山名・安富状・
　　　　　　千葉介渡状等
　　　一通　物忌代押書等
右、於彼関務者、被閣長日護摩、同神前御燈油料所処、近年一向
号御倉役、不弁関務之間、令退転御祈祷畢、此之段欲言上刻、物忌
代石神入道久阿、准新関雖申掠、即誤登存、任公家関東御判、如
新関不可破之由、出押書畢、其上去応永二年仁、先御管領（上杉朝宗）御時、
如此依致直訴、令一社同心、背本所御成敗、独立致濫訴之条、無謂

之旨就歎申、為難儀之間、無本所御挙并社家推挙者、不可致訴訟
之由、押書状分明也、此上者無本所御挙・同社家推挙者、訴訟
不可被入聞召、然者如先例被破御蔵役、専関務奉成御神事、弥為
致武運長久御祈祷精誠、恐々言上如件、

応永十二年卯月　日

【史料4】「応永廿六年九月十五日足利持氏御判御教書」〈鶴岡八幡宮文書〉

鶴岡八幡宮領下総国下河辺庄彦名河関事、
於当社者、崇敬依異于他、諸役免除之処、動
狼藉之輩在之云々、太無謂、所詮任往古之例、向後
固令停止違乱、可被全関務之状如件、

（足利持氏）
応永廿六年九月十五日　（花押）

（尊運）
社務権少僧都御房

葛西御厨内における河川管理に関する具体的な動きを知る史料として、「応永卅三年（一四二六）正月十一日藤原（奥津）家定寄進状」（「浄光寺文書」三郷一五五）【史料5】がある。奥津家定が所領と薬師堂別当職を鎌倉鶴岡八幡宮の高僧相承院珍誉法に寄進するという文書で、この寄進行為を奥津氏の主である上杉憲実が補任した

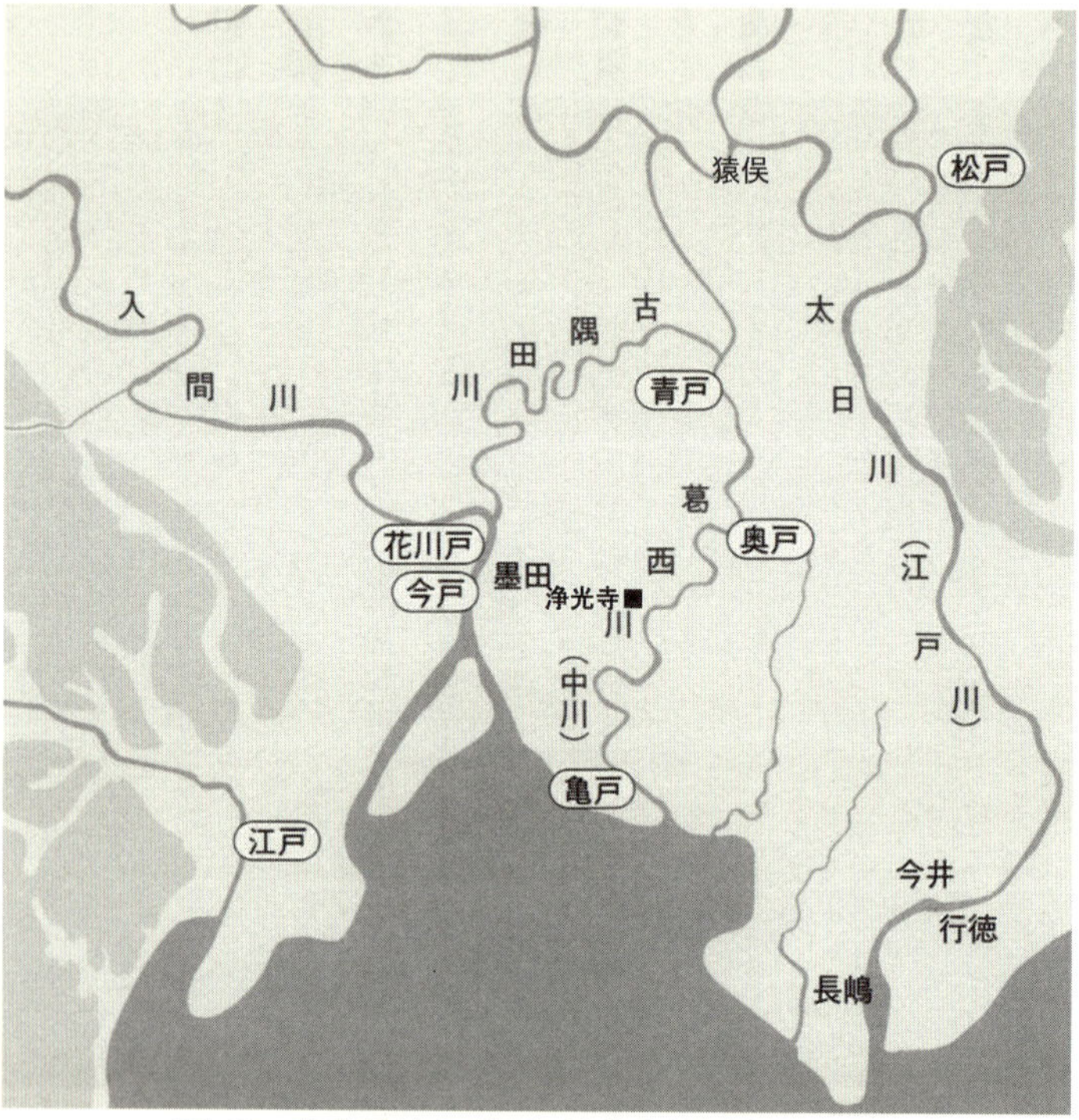

図13　東京低地の「戸」地名と河川交通の要衝

「応永卅三年六月十三日上杉憲実補任状」（「相承院文書」三郷一五六）【史料6】が鶴岡八幡宮に所蔵されている。

佐藤博信氏は、奥津氏を「上木毛河郷支配のみならず、奥津という河川（中川）交通と江戸湾を結ぶ津を舞台に商業・流通を生業とした氏族」ととらえ、寄進行為について「富の源泉をめぐる鎌倉府・鎌倉寺社の積極的な参加」として注目し、その背景には「諸階層間の対立と矛盾が潜んでいた」と述べている［佐藤二〇〇〇］。

奥津氏の所領は、本拠の奥戸は葛西川の左岸にあり、浄光寺のある上木毛河郷は葛西川の対岸に位置する（図13）。つまり、家定の所領は葛西川の両岸を抑える形になっており、葛西川の河川交通を掌握していたと考えられるのである。奥津家定の相承院への寄進行為は、当時の河川交通を舞台とした権益に関わるものであり、その権益を統括する立場が薬師堂別当職であったものと考えられる［谷口二〇〇〇］。

そして、奥津家定が浄光寺の寺領だけでなく、薬師堂別当職を鶴岡八幡宮の相承院へ寄進する行為は、家定側からの申し出だけでなく、御屋形である上杉憲実の旧利根川水系の河川交通を押さえようとする意思が働いているとみることはできないであろうか。葛西川の河川交通を抑えることで、猿俣と龜津村との交通を確保するだけでなく、下河辺庄から葛西御厨に至る古利根川の河川交通をより確かなものにできたはずである。

一方、家定側にしても、寄進する事情があったのであろう。相承院へ寄進した同じ年の九月には、足利持氏が上杉憲実に葛西御厨領家職上分米の沙汰を命じており（「足利持氏御教書写」鏑矢伊勢宮方記　三郷一五七）、葛西御厨においても農民闘争が展開していたことが知られ、先の応永廿六年の彦名関でも見られたように、古利根川水系沿いに不安定な状況が生じていたことがうかがえる。そのような状況下で、鶴岡八幡宮に寄進することは、関東内陸部から鎌倉への河川交通を確保することができ鶴岡八幡宮にとっても有益なことであり、家定にとっても上杉憲実や鎌倉府の後ろ盾によって自身の所領と河川交通の権益を守るための行為だったのではないだろうか。

以上のように、二通の史料や当時の古利根川水系の状況などから、奥津家定の寄進行為は河川交通の権益に関わるもので、鎌倉府や上杉憲実側と奥津家定側の相互の思惑によって寄進がなされたものと考えられるのである［谷口二〇〇〇］。

【史料5】「応永卅三年正月十一日藤原家定寄進状」〈浄光寺文書〉

下総国葛西庄上木毛河郷内薬師堂（浄光寺）別当職・同寺領等事、家定知行内
之間、進置候上者、曽不可有異変相違之儀、何様御屋形御判送可有
申沙汰候、於御祈祷等者、不可有懈怠候也、仍寄進申状如件、

応永卅三年正月十一日　　　（奥津）藤原家定（花押）

（鶴岡八幡宮寺）相承院

【史料6】応永卅三年六月十三日上杉憲実補任状〈相承院文書〉

補任

下総国葛西御厨上木毛河郷内薬師堂号浄光寺別当職并寺領等事、

右、任奥津右衛門五郎家定申請之旨、所補任之状如件、

応永卅三年六月十三日

（上杉憲実）安房守（花押）

（鶴岡八幡宮寺）相承院法印御房（珍誉）

3　堤のめぐる風景

葛西地域の中世景観の構成要素として堤にいち早く注目したのは萩原龍夫氏かもしれない。萩原氏は、連歌師の宗長が著した『東路のつと』のなかで、永正六年（一五〇九）に葛西を訪れた宗長が「市川・隅田川二つの中の庄なり、大堤四方廻りて、山路を行く心地し侍りしなり」（北二・五五）という記述に着目し、自然堤防と築堤とのよく発達した葛西の地貌を強く印象に刻み込んでいると記している［萩原一九七六］。

葛西における戦国期の堤に関する史料は、『東路のつと』のほかに、小田原北条氏関連の史料がある。天正七年（一五七九）とされる「己卯二月九日付北条家印判状」（「遠山文書」北一・四七〇）によれば、小田原北条氏が遠山政景や高城下野守らに対して葛西堤の修築を命じたものであり、宗長の記録と合わせ、確かに葛西の戦国期は河川に沿って堤がめぐらされており、堤の維持管理が行われていたことがわかる。

低地という立地環境にあって、開発を進めるには堤をめぐらせることが基本的な手法といえよう。湯浅氏は、葛西地域は古利根川中流域での村落景観と同様に大河川の間の低地に形成された自然堤防上に村落が展開するもので、堤が村落形成と開発に果たした役割について注目している［湯浅二〇〇五］。湯浅氏の言う古利根川中流域での村落景観とは、原田信男氏の利根川中流域における荘園の村落景観の研究によって導き出された三つの類型に分類された村落景観のうちの人工堤防型村落を指しており、葛西地域を古利根川末流や太日川などによって形成された自然堤防上に人工堤防が築かれ、堤内に田畠と多くの集落を設けていたものと考えている［原田一九八八］。しかし、原田氏が太田荘と下河辺荘の検討から人工堤防型村落の形成を鎌倉時代とするが、湯浅氏は葛西における人工堤防の構築は史料的には戦国期に確認できるのみで、鎌倉時代まではさかのぼる可能性については否定的な見解を示している［湯浅二〇〇五］。

葛西では、堤を築いた開発は鎌倉時代には行われなかったのであろうか。湯浅氏の見解を検討する前に、葛西地域の上流部にあたる古利根川中流域における開発の様子を確認しておきたい。『吾妻鏡』によると、建久五年（一一九四）十一月二日条に「武蔵国太田庄堤修固事」とあり、建長五年（一二五三）八月二十九日条には「下総国下河辺庄堤可築固之由」と幕府主導によって太田荘と下河辺荘の旧利根川の両岸に築堤工事が行われたことが記されている。また、埼玉県杉戸町では鎌倉時代の堤が発見され発掘調査が行われている［青木二〇〇五］。堤が築かれているところは、かつての利根川本流によって形成された東岸の河畔砂丘上で、この埼玉県杉戸町と宮代町の境を流れる旧利根川筋は古代・中世の下総国（杉戸町側）と武蔵国（宮代町側）との境界ともなっており、発掘地点は旧下河辺荘に属する。

興味深いのは、発掘調査が行われた堤跡付近の当時の状況が「万福寺百姓等申状」（「金沢文庫古文書」五三八五）から知ることができることである。原田氏［原田一九八八］・鈴木氏［鈴木二〇〇五］がすでに指摘しているように、申状によると四度にわたる堤工事のために、耕作がままならず、代官への給金や夏祭りの費用を工事費へ当てるなど、百姓は妻子と別れを覚悟しなければならない状況であり、築堤に伴う労働と費用の軽減を訴えている。幕府主導とはいえ、築堤が住民に負担を掛けて進められていた。

話を葛西に戻すと、近年、葛西の鎌倉時代の堤や開発について、直接的な史料ではないが重要な新知見が得られている。東大寺図書館に所蔵されている「大乗玄論註釈」の紙背に武蔵国太田荘に関する新出史料二点が畠山聡氏によって紹介されている［畠山二〇〇二］。この二点の史料は、正応六年（一二九三）八月以前に幕府要人から醍醐寺へ提出された公験類に紛れ込んだものが、「大乗玄論註釈」の反古紙として利用されたものと考えられている。史料の内容は、武蔵国丸子庄を管轄する葛西左衛門尉なる人物が認めた太田荘にある堤の修固に関するもので、鎌倉幕府が東国行政権と御家人役を行使して堤修固を行っていたことがわかる。つまり、この史料から葛西氏一族は築堤や修固などの土木技術を持った武士であり、実際に葛西の上流部にあたる太田荘と下河辺荘で工事に携わる立場にあったのである。

鈴木氏も太田荘と下河辺荘の事例から、灌漑技術や堤の修固に関わる労働編成や課役体制が成立していたことを指摘しており［鈴木二〇〇五］、新出史料の内容を重ね合わせると、中世の葛西における景観の構成要素となる堤と、築堤による低地開発は、葛西氏によって少なくとも鎌倉時代には行われていたと考えたい［谷口二〇一三］。葛西清重が源頼朝からの武蔵国丸子庄を拝領するのも（『吾』治承四年十一月十日条）、前項で述べたように、河川沿いの低地の開発や河川管理を行うためのノウハウを持った武士と考えられるのである。

4　蘆荻のある風景

葦は河川の多い東京低地では、川辺の植生を代表する植物であり、『更級日記』にも、乗馬した人の持つ弓が隠れるほど蘆荻が繁茂していると太日川と隅田川の間を通過する様子を描写しており、古代から東京低地の景観を特徴付ける植物であった。また、宗長も『東路のつと』（北2三・五五）のなかで「葛西の庄を半日計よしあしをしのくおりしも、霜枯ハ難波の浦にかよひて、かくれて住し里々見えたり」、「あしの枯葉の雪のうちはらひ」と、枯れた葦の姿が寒々とした冬の葛西の川辺風景を伝えている。

葛西において葦は、生活資源としてもかかせないものであったようだ。宗長は、「此処は炭薪などまれにして、芦を折りたき豆腐をやきて一盃をすすめしは、都の柳もいかでをよぶべからとぞ興に入侍し」と、葛西では炭薪が乏しく、葦を薪がわりにして豆腐を焼いて食している。低地では、森林が発達しないために、薪など木材資源に乏しい環境なのである。

葛飾区柴又に所在する古録天東遺跡で発掘された古墳時代後期の住居跡の調査において、葦を燃料として使っていることが判明しており［江上一九九五］、この地域では少なくとも古墳時代後期から葦を生活資源として活用する低地環境ならではの葦の利用方法があった。

また、「香取社造営所役注文断簡」（「香取神宮文書」三郷中一一二）には、猿俣郷が本役となる宝殿のところに「葦葺」とあり、猿俣の葦が使われていたかは不明であるが屋根葺きの素材として葦が利用されていることが確認できる。そのほか農耕や漁労にも葦がかかせない素材であったことは民俗事例からも確認することができ、葦は古くから低地に暮らす人々の生活と深く関わっていたのである［谷口二〇一三］。

5　生業の風景

今まで見てきたように、中世の葛西は、自然堤防上では畠作、その周りの低湿地では稲作が行われてきたというイメージがもたれている。要するに生業活動的には、農業が強く意識されているようである。しかし、近・現代の葛西地域がそうであったように、葛西浦と呼ばれる南面に広がる海や河川などの淡水域を漁場とする漁労活動も忘れてはならない生業活動として重要である。

鈴木哲雄氏は、『彦火々出見尊絵巻』の御厨領主という支配者側から描かれた漁村風景を基に葛西御厨の風景をトレースし、「多くの田や畠が生産活動の中心になりつつあったものと推定されますが、その地域性からして本来的な御厨の風景、漁村の風景が点在していた」としている［鈴木二〇〇五］。

資料的に、漁労活動を物語るものとしては、例えば、江戸川区に所在する鹿島山貝塚、道ケ島貝塚、松江橋貝塚や、中世遺跡から出土する小型の管状土錘も漁労活動を裏付ける重要な資料である。中世遺跡から出土する貝も、この地域での漁労活動をうかがわせる資料として注目される［谷口一九九八］。葛西城からは戦国期のハマグリが多く出土している。これを分析した金子浩昌氏によると、食されているハマグリは比較的大きさがまとまっており、商品として選別されていた可能性があると指摘している［金子一九八七］。

また鬼塚には、中世の塚の面にハマグリを主体とする貝層の堆積が確認されている［谷口二〇〇八］。葛西城や鬼塚で出土した貝類がどこで捕獲され、どのような形でもたらされたかは明確ではないが、葛西地域に所在する中世貝塚は、貝類の捕獲や漁労の実態を探る情報を秘めていると思われ、今後の調査が期待される。

考古資料のほかに中世葛西の漁労活動をうかがわせるものとして、『吾妻鏡』の記事がある。「畠山次郎（重忠）・葛西兵衛尉以下、鵜を愛するの輩、別して仰せによつて供奉せしむと云々」（『吾』正治二・七・一条）とあり、葛西清重は「鵜を愛するの輩」として、清重は特に選ばれて頼家の相模川遊覧に供奉している。当時の武士は、弓箭や騎馬だけでなく、鵜飼も武芸のひとつとして愛好しており、この記事から清重は葛西で鵜飼に興じて技を磨いていたのであろう。

『義経記』（北2四・一一）にも、「今井、栗川、龜無、うしま（牛島）[14]」から数千艘もの「海人の釣舟」を調達して隅田川へ船橋を架ける場面があり、数には誇張もあろうが、隅田川から太日川周辺の生業の様子をうかがわせている。

また、海に関連する生業として『東路のつと』に見られる豆腐の記事も興味深い。ニガリの入手などを考えた場合、どこでニガリが造られたのであろうか。太日川を隔てた対岸に位置する行徳の塩田は遅くとも江戸初期には行われていたことが知られている。また、隅田川を隔てて葛西の対岸にある浅草近くの鳥越は、『北国紀行』（北2三・四五）で「海村」と記されている。そもそも浅草寺の縁起には、推古天皇の治世のこととして檜前浜成・竹成の漁師の兄弟が登場するなど、葛西の周辺には海を生業の場とした風景が展開している。葛西だけでなく、また中世に限ることなく、周辺の臨海にも視野を広げ中世前後の時代にも目配りした検討が今後必要であろう。

一般的には、葛西における漁労は慶長・元和の頃に海辺に近い村々に移住してきた人々によって開始されたといわれ、それ以前は、日常の糧として貝や魚をとったり、なかには漁師を専業とするものもあったであろうが、大部分は農業を兼ねていたものと考えられている［黒沢一九七六］。中世の葛西も農業が主体であったと思われるが、淡水域では管状土錘を用いた網漁や鵜飼なども行われており、南部では貝塚が形成されていることから漁村的風景が強かったものと思われるのである。

また、中世前半の御厨的風景としては、葛西猿俣御厨と呼ばれていることから、鈴木哲雄氏は魚介類を供祭物とする本来的な御厨段階があったと想定している［鈴木二〇〇五］。葛西の場合は、海を舞台とした贄ではなく、「小鮎」地名や『吾妻鏡』の記事に見える清重の鵜飼などから鮎が贄として献上されていた可能性が考えられるのである［谷口二〇一三］。

6　葛西を襲った災害

葛西地域は河川に囲まれており、なおかつ低地帯なために洪水の頻発地域といえる。その辺りを史料で確認してみたい。康永二年（一三四三）「妙円送状写」（「鏑矢伊勢宮方記」三郷一三一）【史料7】によると、葛西御厨内で「かんはち（旱魃）」や「洪水」によって、「神税御上分物并先例御公事物等」の徴収に「難渋」している様子がうかがえる。この時は、妙円によって神税と公事物が何とか集められ伊勢神宮に進上されている。

【史料7】康永二年十月十三日妙円送状写〈康永二年十月十三日〉

下総国葛西御厨神税御上分物并先例御公事物等之代銭合佰伍十参
貫文、且慥進上仕候、当年ハかんはち（旱魃）と申、度々の洪水ニ候之
間、諸郷難渋ニ候を催促しあつめ、其外ハ入部らう米分ニ仕候、
一地頭御方へ恒例御きたう（祈祷）千度御祓の箱ハ、慥ニ進上仕候、仍送状
如件、

康永二年十月十三日　　沙弥妙円［在判］

伊勢太（大）神宮櫟木殿御内人々御中

また、『吾妻鏡』建仁元年（一二〇一）八月十一日条によると、高潮によって葛西海浜辺の家が壊れ千人余りの人が被害を被っている。臨海部に位置する葛西地域ならではの水に関わる災害として高潮の災禍も脅威であった。

なお、この『吾妻鏡』の記事は、葛西地域での災害の初見史料である。

先の「妙円送状写」には、「度々の洪水」と記されており、葛西地域が頻繁に洪水に見舞われている状況が見て取れる。史料として残っていないだけで、これ以外にも洪水や旱魃、高潮などの災害で臨海部の低地ならではの災禍を被っていたことは容易に察せられよう。

この他、低地ならではの災害として地震による液状化現象がある。東京低地では多くの液状化現象の痕跡が発見されているが、葛西地域で確実に中世に起きた事例としては、鬼塚遺跡からは鎌倉時代とそれ以前の墳砂が確認されている［谷口二〇〇八］。

それら自然災害の他にも、葛西地域で起こった人為的な災害としては、葛西城という城郭の構築や武器・武具類、斬首などの出土遺物自体が如実に示すように、戦乱と言う災禍に葛西地域は幾度も見舞われている。葛西城及び葛西地域の戦国期の様相については次章で取り上げたい。

〈註〉

（1）　今野慶信氏は、豊島清元は平治の乱で源氏方について没落し、弟の俊経・遠経は平氏方について、遠経は清重に先行して兵衛尉に任じられているなど、豊島氏内部の複雑な関係を想定し、清元の下総国葛西への進出もその辺りに事情があったのかもしれないとしている［今野二〇〇一］。岡田清一氏も清元・清重が武蔵国での失地回復を下総国葛西へ求めた可能性を述べている［岡田一九九八］。

（2）　武蔵国丸子庄は、葛西清重が頼朝から賜った所領であることはすでに記したが、建長八年（一二五六）に幕府は奥大道の夜盗・強盗の警固を二四名の地頭・御家人に命じており、その中に壱岐六郎左衛門尉と同七郎左衛門尉とあり、両者とも葛西清重の子で、前者が葛西朝清、後者が葛西時重に比定される（「桓武平氏諸流系図」）。『吾妻鏡』健保元年五月三日条の葛西六郎は朝清のことであることから、朝清が丸子庄に権益を持っていた可能性が考えられる。後述するが、正応六年（一二九三）以前に丸子庄を葛西左衛門尉という人物が管轄していたことが知られるが［畠山二〇〇二］、この人物は葛西朝清もしくは時重の流れをひく葛西氏と想定される。また、正中二年（一三二五）「関東下知状」（越後文書宝翰集三浦和田文書）の清経の妻が伝領した「武蔵国稲毛新庄坂戸郷」についても丸子庄との関係が想定されている［入間田一九九二］。

（3）『吾妻鏡』を読むと、「館」の使い方に一定の法則が見られる。治承四年十二月十二日「御家人等同じく宿館を構ふ」と文治二年九月二十五日「北條の小御館」を除けば、「館」は政庁、或いは領域支配の拠点である領主の居所として「館」を用い、「館」以外の屋敷は「宅」「家屋」「家」「亭」をあてるという使い分けがあったと解される。また、鎌倉に屋敷を構えた御家人について、治承四年十二月十二日以後、『吾妻鏡』では御家人の本貫地の本拠となる屋敷を「館」とは書き表わさず「宅」などが用いられている。それは頼朝との主従関係を端的に物語るもので、御家人だった武士に対して「館」と記す場合は、例えば、建暦三年五月二日条に「義盛が館に軍兵競い集まる」とあるように、謀反など敵対して主従関係が解消された場合に用いしている［谷口二〇〇七］。このように『吾妻鏡』での「館」は限定された用い方をされており、鎌倉御家人葛西氏の本貫地に構えた本拠を「館」とは書き表さないが、本文では武家の当主の本拠を「館」として表記している。

（4）舶載白磁連弁碗は薄手の作りで、関東では出土事例が少ない製品である。凸帯がまわる常滑焼壺は、神奈川県鎌倉市米町遺跡から全容の知れる類例が出土しており、四耳が付いている。おそらく本例も四耳壺と思われる。鎌倉でも出土例は極めて限られており、希少性を有する製品で、窯も未確認であるという。中野晴久氏からご教示を賜った。

（5）『江戸名所図会』の「中川」の項には、「隅田川と利根川の間に夾りて流る、故に、中川の号ありといへり」と記され、『新編武蔵風土記稿』「巻之二十　葛飾郡之一」の中川の項には、「古利根川の下流にて、猿ヶ又以下の唱なり、これ東西葛西領の境を南流せるゆへ中云あり、又葛西川の渡など書せし事もみえたり」とあり、「中川」は江戸時代からの呼称であったことがわかる。本文中では、中世においては「葛西川」と表記している。

（6）柴又一丁目の旧地番は新宿町であり、今野氏は現在の新宿ではなく、旧地番の方を採用してしまった結果、齟齬が生じてしまったのであろう。今野氏は「「鷺沼御旅館」（葛飾区柴又ヵ）」としており、今野氏も現行の柴又一丁目地域を「鷺沼」ととらえ、清重の屋敷（文中では居館と記している）のひとつとみている［今野二〇〇一］。

（7）「鷺沼御旅館」＝葛西館、あるいは「宅」＝葛西館、さらに「鷺沼御旅館」＝「宅」＝葛西館という想定も可能かもしれない。

（8）　拙稿「葛西清重の軌跡」において、「葛西氏の本貫地葛西と丸子庄は、河川と低地から構成される同じ景観をしているばかりか、葛西が下総国と武蔵国、丸子が相模国と武蔵国のそれぞれ境界地域という地政的な点でも同じなのである。」と記した［谷口二〇一二］が、久保田昌希先生から丸子庄は国境ではないが、武蔵国西部の主要河川である多摩川沿いの低地に位置し、河川と陸路が交わる交通の要衝であることには変わりはない。大きくは武蔵国西部にあって相模国と連絡する重要な位置にあり、地政的にも葛西と同じ様相を呈している。従って葛西清重が武蔵国と連絡する東西の要衝を抑えたという捉え方を変更する必要はないと考えている。いたしたい。しかし、丸子庄は国境ではないとの指摘を受けた。ここに記して訂正

（9）　葛西氏の祖豊島氏は、源頼義・義家に従って前九年・後三年合戦に従軍しており、奥州とは無縁ではない。清重が奥州合戦で抜群の功績をあげられ、また所領を得たのも、不案内な土地というよりは文治五年以前にすでに奥州に何らかの関係を持っていた可能性を考えた方が妥当と思われる。

（10）　『吾妻鏡』寿永元年八月十一日条に、政子の安産祈願のために伊豆・箱根二所のほか近国宮社（相模一山、三浦十二天、武蔵六所宮、常陸鹿島、上総一宮、下総香取社、安房東條、安房国洲崎社）に奉幣使が遣わされている。武蔵国惣社の六所宮には清重が奉幣使に任じられている。このことからも清重は武蔵国のなかでもそれなりの政治的立場にあったものと考えたい。この点に関連して今野氏は、「幕府行事において先陣役はこれまでほとんど重忠が務めていたから、これは事実上重忠の地位を清重が継承したということを視覚的にアピールしたことであろう。同時に重忠が有した武蔵平氏の族長的地位の継承をも意味したのではないだろうか」と述べている［今野一九九八a］。秩父平氏内における清重の政治的な立場とも関わる問題を含んでいよう。

（11）　年号は記されていないが、「天文二十二年正月外宮庁宣写」（葛七四）後の動きと見られる。「石巻家貞書状写」（「鏑矢伊勢宮方記」葛七七・七八・七九・八一）、「石巻家種書状写」（「鏑矢伊勢宮方記」葛八〇）など。

（12）　「北条氏康書状写」（「鏑矢伊勢宮方記」葛七五・七六）。

（13）　応永五年の「葛西御厨田数注文写」には、文末のところに「三十八郷村」と記されており、「三十三」という数字は確認できない。しかし、「鏑矢伊勢宮方記」の古部や度会氏の葛西御厨に関連する史料には以下のような表記が確認できる。
「永万元年三月二十一日占部安光文書紛失状写」「合参拾参郷　上葛西／下葛西　者」（三郷七二）

「承久三年五月十二日占部安光譲状写」「合三十三郷者」（三郷一〇二）
「建治元年六年十一日占部安近和与状写」「合三十三郷　上葛西／下葛西　者」（三郷一一三）
「永仁二年五月二十五日度会定行譲状写」「合参十三郷　上葛西／下葛西　者」（三郷一一五）

などであり、一部疑文書と捉えられているものもあり［岡田一九九八］、表記に違いがあるが「三十三」という数字が継続して使われている。同じ「鏑矢伊勢宮方記」の「天文二十二年正月外宮庁宣写」（葛七四）では、「葛西三十三郷」と記され、「葛西神社文書」の「（天正十八）年卯月二十九日浅野長吉取次状」（葛一三四）にも「笠井三十三郷者」とある。「三十三」とは実数を示すのではなく、占部安光・度会定行が関係する文書の表記が戦国期まで用いられたものであろう。

（14）「今井」は江戸川区江戸川、「亀無」は葛飾区亀有、「うしま」は「牛島」の誤記で墨田区、「栗川」は比定地不明とされているが、「桑川」の誤記で現在の江戸川区東葛西であろう。

参考文献

青木文彦　二〇〇五「第二篇中世　第一章　国境・河畔の大荘・下河辺荘」『杉戸町史』通史編　杉戸町
入間田宣夫　一九九二「鎌倉時代の葛西氏」『石巻の歴史』第六巻特別史編　石巻市
入間田宣夫　二〇〇四「鎌倉御家人葛西氏について」『鎌倉幕府と葛西氏』名著出版
江上智江編　一九九三『立石遺跡Ⅲ　葛飾区立石八丁目四三番第三地点発掘調査報告書』葛飾区遺跡調査会
江上智江編　一九九四『立石遺跡Ⅳ　葛飾区立石八丁目区道地点発掘調査報告書』葛飾区遺跡調査会
江上智江　一九九五「コラム2　京都風のかわらけ」『東京低地の中世を考える』名著出版（初出　一九八〇）
岡田清一　一九九八「葛西御厨小考」『第2期関東武士研究叢書　葛西氏の研究』名著出版（初出　一九八〇『東北福祉大学紀要』四巻二号　東北福祉大学）
奥富敬之　一九九九『鎌倉史跡事典　コンパクト版』新人物往来社
金子浩昌　一九八七「Ⅵ-6　動物遺存体」『葛西城址　葛飾区青戸7丁目14番地点発掘調査報告書』葛西城址調査会
川合　康　二〇〇五『「鎌倉街道」の政治的研究』平成一五年度〜平成一六年度科学研究費補助金（基盤研究(C)（2））研究調査

報告書
黒沢謙吉　一九七六「第七章第七節　葛西浦の漁業と海苔」『江戸川区史』第二巻　江戸川区
黒田基樹　二〇〇一「小田原北条氏と葛西城」『葛西城とその周辺』たけしま出版
今野慶信　一九九六「治承四年源頼朝の武蔵入国の経路について」『北区史研究』第五号北区
今野慶信　一九九八a「鎌倉御家人葛西氏について」『第2期関東武士研究叢書　葛西氏の研究』名著出版
今野慶信　一九九八b「香取社正神殿雑掌について」『第2期関東武士研究叢書　葛西氏の研究』名著出版
今野慶信　二〇〇一「葛西清重と鎌倉幕府」『源頼朝と葛西氏―御家人葛西氏の足跡―』葛飾区郷土と天文の博物館
佐藤博信　二〇〇〇『江戸湾をめぐる中世』思文閣出版
佐脇栄智校注　一九九八『小田原衆所領役帳』東京堂出版
鈴木沙織　二〇〇八「中世における交通と丸子―丸子地名の特性を探る―」『青山史學』第26号　青山大学文学部史学研究室
鈴木敏弘　一九九七「葛西氏と葛西御厨」『葛西氏とその時代』崙書房
鈴木敏弘　一九九八「下総国葛西御厨の成立と伝領」『第2期関東武士研究叢書　葛西氏の研究』名著出版（初出　一九八七『日本社会史研究』日本社会史研究会）
鈴木哲雄　二〇〇五「中世香取社による内海支配」『中世関東の内海世界』岩田書院
谷口　榮編　一九九一『古録天東遺跡Ⅲ　葛飾区柴又一丁目二八番地点発掘調査報告書』葛飾区遺跡調査会
谷口　榮　一九九七「葛西氏の故地」『葛西氏とその時代』崙書房
谷口　榮　一九九八「東京低地の中世遺跡」『第2期関東武士研究叢書　葛西氏の研究』名著出版（初出　一九九五『東京低地の中世を考える』名著出版）
谷口　榮　二〇〇〇「奥津家定寄進状に関する若干の考察」『博物館研究紀要』第7号　葛飾区郷土と天文の博物館
谷口　榮　二〇〇四「柴又・矢切と源頼朝」『鎌倉幕府と葛西氏』名著出版（初出　二〇〇三『ＵＰ』三六八　東京大学出版会）
谷口　榮　二〇〇七「Ⅲ社会史　鎌倉武士と城館」『吾妻鏡事典』　東京堂出版
谷口　榮　二〇〇八「Ⅸ－1　調査成果の概要」『鬼塚・鬼塚遺跡Ⅶ』葛飾区郷土と天文の博物館

谷口 榮 二〇〇九 『秩父平氏 葛西清重とその時代』葛飾区郷土と天文の博物館
谷口 榮 二〇一〇 「総括」『柴又八幡神社古墳 第二分冊』葛飾区郷土と天文の博物館
谷口 榮 二〇一二 「葛西清重の軌跡」『秩父平氏の盛衰―畠山重忠と葛西清重―』勉誠出版
谷口 榮 二〇一三 「低地の景観と開発―下総国葛西荘を事例として―」『水の中世―治水・環境・支配―』高志書院
長塚 孝 一九九八 「鎌倉・室町期の葛西地域」『第2期関東武士研究叢書 葛西氏の研究』名著出版（初出 一九九五『東京低地の中世を考える』名著出版）
中野達哉 一九九五 「東京低地の耕地と集落」『東京低地の中世を考える』名著出版
野口 実 一九九六 「中世前期の船橋」『中世東国の地域権力と社会』岩田書院
萩原龍夫 一九六七 「第四編 中世の武蔵の中で」『文京区史』巻一 文京区
畠山 聡 二〇〇二 「中世東国の開発に関する一考察―武蔵国大田荘に関する新出史料の検討を中心に―」『板橋区立郷土資料館紀要』第一四号 板橋区教育委員会
原田信男 一九八八 「利根川中流域における荘園の村落景観―太田荘・下河辺荘を中心に―」『中世東国史の研究』東京大学出版会
安永純子 二〇〇〇 『資料目録第7集 武家文書目録』愛媛県立歴史文化博物館
山田邦明 一九九五 『鎌倉府と関東―中世の政治秩序と在地社会―』校倉書房
湯浅治久 一九九八 「中世葛西地域における若干の考察」『第2期関東武士研究叢書 葛西氏の研究』名著出版（初出 一九八六『プラネタリウム・郷土資料館資料調査報告書』葛飾区教育委員会）
湯浅治久 二〇〇五 「第五章 中世～近世における葛西御厨の「郷村」の展開」『中世東国の地域社会史』岩田書院
吉田政博 一九九七 「Ⅲ報告 4 中世前期の葛西地域の宗教」『葛西氏とその時代』崙書房

［史料凡例］

『吾妻鏡』＊龍粛訳註 岩波文庫『吾妻鏡』岩波書店版と『石巻市史』第八巻 資料編2古代・中世（石巻市一九九二）を用いた。
→（『吾』元号年・月・日条）

『葛西城XIII』第3分冊、葛飾区遺跡調査会　一九八九　→（葛〇）
『北区史』資料編古代中世1　第二編中世古記録　北区　一九九四　→（北1二・〇）
『北区史』資料編古代中世2　第三編中世記録　北区　一九九五　→（北2三・〇）
『北区史』資料編古代中世2　第四編軍記　北区　一九九四　→（北2四・〇）
『北区史』資料編古代中世2　第五編系図・過去帳　北区　一九九五　→（北2五・〇）
『三郷市史』第一巻　原始古代中世資料編　中世　三郷市　一九九〇　→（三郷中〇）

第六章　戦国の地域社会と葛西城

一　葛西城の発掘調査

1　青戸御殿山と青砥藤綱

中川（葛西川）西岸のほとり葛飾区青戸に「御殿山」と呼ばれる二本の大銀杏が茂る少し小高い所があった。そこには、かつて徳川将軍家の御殿（青戸御殿）が設けられ、御殿廃止後は、多くは陸田となったが、中心部の御座所の一部は御殿山として守られてきた。

地図上で御殿山を探すと、京成電鉄青砥駅から北へ約一キロメートル、環状七号線道路を挟んで、東京都葛飾区青戸七丁目二二番地の御殿山公園と青戸七丁目二八番地の葛西城址公園がその遺地となる。「あおと」の表記には、「と」を「戸」と「砥」に書く二通りがある。住居表示には「青戸」、施設名などには「青砥」が用いられており、京成電鉄の駅名も後者となっている。どちらが正しいのであろうか。

葛飾区の「あおと」に関連する最も古い史料は、奥州平泉の中尊寺に所蔵されている正応元年（一二八八）「関東下知状」（「中尊寺文書」石巻一四四）で、「青戸」を名字とする武士が葛西氏の代官として平泉に出向いている

図1　『新編武蔵風土記稿』「古城蹟目撃図」

ことが記されている〔入間田一九九六〕。また、千葉県松戸市の『本土寺過去帳』（葛一二六）には、「菊池霊　長享二年（一四八八）〈戊申〉五月　葛西青津」と見える。前章で述べたとおり、「青戸」の「戸」は本来「津」であり「港津」をあらわしている。

　また、応永五年（一三九八）「葛西御厨田数注文写」（『鏑矢伊勢宮方記』葛四二・四三・四四）には「青戸」という地名が確認でき、中世においては葛飾区内の「あおと」の表記を「青砥」とする事例は今のところ確認することはできない。

　では、どうして「青砥」という表記が登場したのであろうか。『新編武蔵風土記稿』「巻之二三　葛飾郡之四」の青戸村の項を見ると、戦国時代、そこには小田原北条氏が築いた城があり、江戸時代になるとその跡に徳川家康・秀忠・家光三代の鷹狩りの際の御殿が存在したことが記されるかたわら、城が築かれる前に青砥左衛門藤綱の館があったという地元の言い伝えと「古城蹟目撃図」（図1）を掲載している。

図2　青戸御殿山旧景（戦前）

図3　青戸御殿山に祀られた藤綱神社（昭和60年代）

同じ青戸村の項には、「仕置場と呼ふ、昔青砥左衛門領地の頃刑罪場なりしと云傳ふ」という藤綱の所管する刑場と言い伝えられる塚の所在や、旧家山崎茂右衛門が所持している藤綱愛用山葵おろしも図入りで紹介されている。このほか『新編武蔵風土記稿』には、同地旧家山崎家・清水・中島家の先祖が、いずれも藤綱に仕えたという伝承なども記されている。

つまり、廉直な官吏として『太平記』や『弘長記』で世に知られた青砥藤綱が、江戸時代に庶民のヒーローとして人気を博し、その伝説が青戸村やその周辺に仮託され、藤綱の故地として「青砥」という表記が登場するようになる〔谷口二〇〇七〕。葛西城は、発掘によってその存在が確認されるまで、地元では青砥藤綱の館跡として知られていたのである。

2　御殿山遺跡と環状七号線道路建設

葛西城の築かれた御殿山が考古学的に注目されるようになったのは意外に古く、鳥居龍蔵博士が昭和二年（一九二七）に著した『上代の東京と其周圍』のなかに、立石村附近原始時代の遺跡として、青砥左衛門の屋敷跡と伝わる青戸御殿山を紹介している〔鳥居一九二七〕。

同書によれば、当時は高さ約四尺、歩幅で四五～四九歩程度の方形の高台があって、その上に古墳と思われる丸塚のような土饅頭が二基所在し（図4）、そのうち一基には石の龕が置かれていたという。また、その周囲の畠からは弥生時代の土器も採集されることも報告されている。

鳥居博士以降、本遺跡が注目されるのは戦後になってからである。昭和二六年に雑誌『貝塚』にて、可児弘明氏が本遺跡を御殿山遺跡と呼称し、弥生時代後期前野町式土器が出土したことを紹介している〔可児一九五一〕。

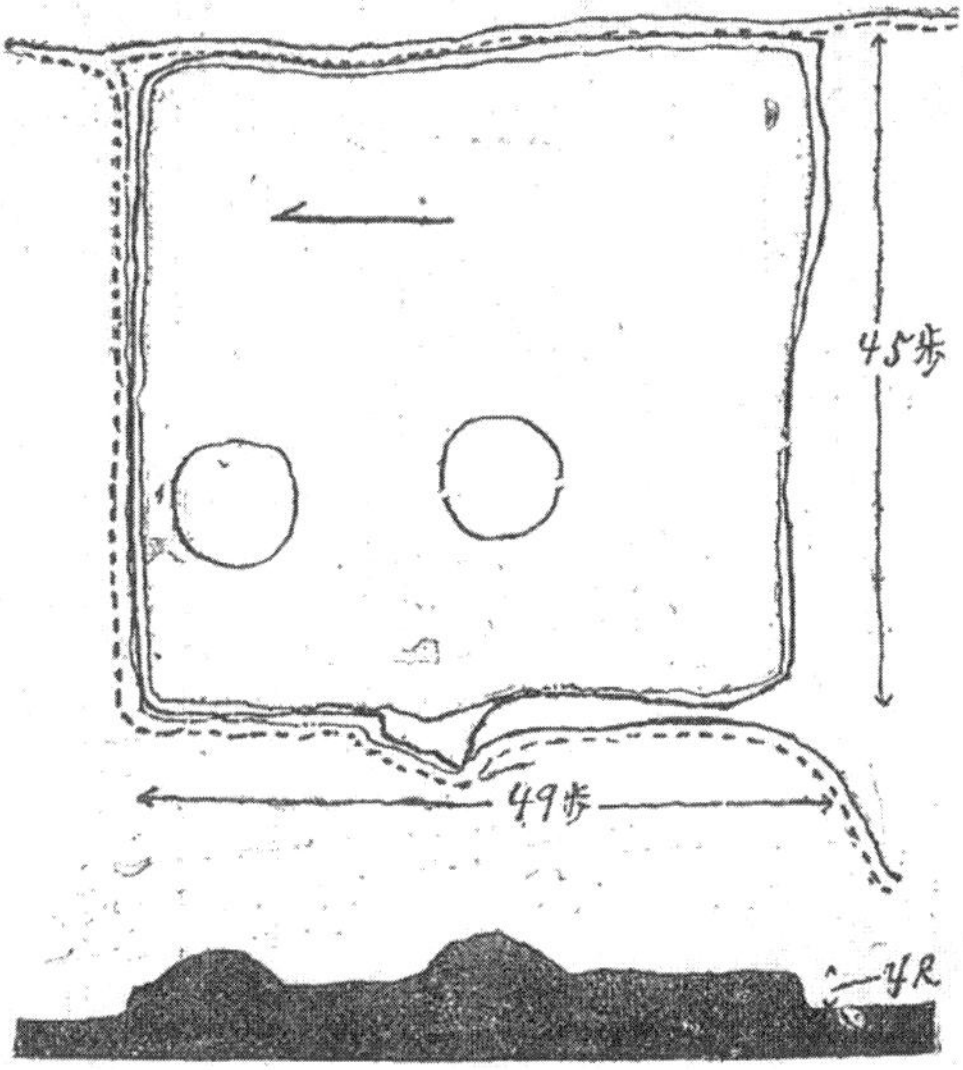

図４　『上代の東京と其周圍』に掲載されている青戸御殿山の図

青戸御殿山の方形の高台と２基の丸塚が描かれている。発掘調査の結果、丸塚は古墳ではないことが判明している。

図５　環状七号線道路建設に伴う事前調査の様子

昭和 47 年に実施された第１次及びＢ地区の調査で、伝説の地青戸御殿山の地下に中世の城館が確実に存在する事が確認された。

可児氏は、一〇年後の昭和三六年、『考古学雑誌』に掲載した論文の「東京東部低地遺跡遺物発見地名」一覧に本遺跡を「湮滅」として記録している［可児一九六二］。鳥居博士が報告した方形の高台は、後に実施される環状七号線道路建設に伴う学術的なメスが入るまで存在していたことを考えても、昭和二六年当時「東方の畑」とした地点に、都営住宅が建ち並んでいたことから「湮滅」というそのような表記になったものと推察される。いずれにしてもこの段階までは、青戸御殿山の地は弥生時代後期の遺跡として認識され、中世遺跡としてはまだ注目されていなかった。

昭和四〇年代に入り、宅地化の波が押し寄せ、青戸御殿山周辺も旧状を失いつつあるなか、東京都による大森・高円寺・長島を結ぶ環状七号線道路建設工事計画が策定された。

この道路建設予定地に青戸御殿山がかかることがわかり、昭和四六年葛飾区教育委員会・東京都建設局・東京都教育委員会の三者で、その対応についての協議が持たれ、翌年、葛西城の範囲を確認すべく確認調査が実施されることになった。その結果、小規模な発掘にもかかわらず、中世の城館跡が確認され、それ以後、昭和五一年の第五次に至る予備調査が行われた。

発掘調査による多大な成果のもと、工事で壊される葛西城主郭部の保存要望が出されたが、関係諸機関の調整は功を奏さず、遺跡の中心を貫くように工事が進められることになった。これを受けて、本調査として昭和五五年から翌五六年にかけて第六次調査が実施され、総面積約六二二〇平方メートルに及ぶ調査が終了した。

環状七号線道路開通後には道路に沿って西側に御殿山公園、東側に葛西城址公園として葛西城跡の主郭部の一部が保存されることになり、平成一一年（一九九九）に東京都の史跡指定を受けている。葛西城の発掘調査は、現在でも建設工事などに伴い行われており、少しずつではあるが、かつての葛西城の姿が明らかになってきている。

3　中世考古学と葛西城

考古学という人類の歴史を調べる学問は、一般的に古い時代を対象として調査研究をしていると思われている。しかし、濱田耕作氏の名著『通論考古學』によれば、「考古學は過去人類の物質的遺物（に據り人類の過去）を研究するの學なり」［濱田一九二二］と定義がなされているように、考古学が扱う時代は原始・古代に限られたものではなく、現代をも対象としている。

考古学では、古墳時代以前を対象とした先史考古学と、律令時代或いは寺院が造営される、六世紀後半以降の文字・記録が残されている時代を対象とする歴史考古学とに区分されている。高度成長以降の発掘調査の急激な増加によって、歴史考古学の中でも近・現代に至る新しい時代までを含めた遺構・遺物が発掘・収集され、厖大でかつ多種多彩な情報が蓄積された。歴史考古学が対象とする資料のこのような増加は、研究の多様化を促し、中世考古学、近世考古学、産業考古学などの歴史考古学の細分化の道を開くことになった。

中世考古学は、昭和三五年（一九六〇）年に中川成夫氏が提唱することで学問的意義が注目されたもので［中川一九六〇］、誕生から半世紀を経ていない比較的新しい考古学の一分野といえる。坂詰秀一氏によると、その目的とするところは、「中世における遺跡・遺物を研究するものであり、それを考古学的方法によって調査し、記録したうえで、その記録を歴史的史料として史料化し、中世を研究するもの」と定義されている［坂詰一九七七］。

中世を対象とした遺跡の調査は、城館跡をはじめ陶器の窯跡、宗教関連など特殊な遺跡の調査が行われてはいたが、本格的な発掘調査の始動は、昭和四〇年代になって福井県福井市一乗谷朝倉氏遺跡と広島県福山市草戸千軒町遺跡の調査からである。葛飾区青戸に所在する葛西城址も昭和四七年（一九七二）から加藤晋平氏の指導によって発掘調査が行われ、東京都内での中世考古学の先駆けとなっている。

一乗谷朝倉氏遺跡や草戸千軒町遺跡、そして葛西城の発掘を契機として、その後全国各地で多くの中世遺跡の調査が行われ、現在では発掘調査を基礎とした「中世考古学」は、中世史を研究する上でも重要な分野と認識されるに至っている。

葛西城は、中川右岸に形成された標高一～二メートルほどの自然堤防上に占地する低地遺跡である。そのため地下水位が高く、木製品などの有機質の遺物が地中で水と粘土によってパックされて朽ちずに良好に保存されていることがわかった。有機質の遺物は、台地上の遺跡では朽ち果ててしまうために出土することは稀であり、衣食住などに関する様々な戦国時代の資料が豊富に出土する葛西城は、当時の人々の暮らしを研究する上で貴重な遺跡として注目されている。

また葛西城の発掘調査からは、中世のみならず、古代から近世青戸御殿に至る青戸の地に刻まれた先人の歴史が明らかとなっている。葛西城や御殿山遺跡、青戸御殿の調査成果は、葛飾のみならず東京低地、ひいては東国の歴史研究に欠くことのできない資料となっている。

二　葛西城をめぐる攻防

1　享徳の乱と葛西築城

享徳三年（一四五四）、三〇年に及び関東を動乱に巻き込んだ、世にいう享徳の乱の勃発により、関東武士は旧利根川を挟んで西岸に上杉・幕府勢力、東岸に古河公方勢力が対峙する状況となり、関東は極度の軍事的緊張状態に陥った。そのなかでも隅田川西岸には扇谷上杉氏、東岸には山内上杉氏が勢力を張っており、東京低地は、太日川（後の江戸川筋）を挟んで古河公方足利成氏勢力と睨み合う上杉氏の最前線となった。寛正二年（一四六一）に成氏が葛西城を攻めたとする記録[1]や、一五世紀後半頃の堀跡が発掘調査によって発見されていることから、葛西城は享徳の乱前後に上杉方の葛西地域における軍事拠点として青戸の地に築城されたものと考えられる。

葛西城の最初の城主は、武蔵守護代大石氏の一族大石石見守で、隅田川を隔てた江戸城の太田道灌とともに、足利成氏の動きを牽制していた。寛正三年（一四六二）から文明一〇年（一四八五）頃までの一時期、上杉方の千葉実胤が葛西へ入部したとされ[2]、葛西には政所に菊池氏、葛西城に大石石見守、そして実胤の三者が居る状況となった。文明八年（一四七六）、山内上杉氏の家宰の後継をめぐって、補任されなかった長尾景春が軍事行動を起こし、山内上杉氏だけでなく扇谷上杉氏を巻き込んで上杉勢力の内部分裂へと展開する。この長尾景春の乱では、扇谷上杉氏は家宰の太田道灌を主力として景春方の諸勢力を攻撃して、駆逐していく。大石石見守は景春方として行動していたが、道灌へ服属し、扇谷上杉氏の傘下に与する［長塚二〇〇一・二〇〇七］。

長尾景春の乱は、文明一二年（一四八〇）に景春が没落して終息し、文明一四年（一四八二）に足利成氏と両上杉氏が「都鄙合体」という和議が成り、成氏は幕府からも赦免され、長年関東を戦場と化した享徳の乱が終わった。しかし、その後も関東は、不安定な状況となる。文明一八年（一四八六）に太田道灌が主君の上杉定正によって殺害され、翌長享元年になると両上杉氏の抗争が勃発し、永正四年（一五〇七）になって山内上杉氏当主顕定の養子上杉憲房と扇谷上杉氏当主朝良の妹の婚姻により、ようやく一応の決着を見た。

この間、葛西地域では、長享二年（一四八八）に青戸で菊池氏が死去し、明応六年（一四九七）には石見守が円城寺平六に討たれたことが、「本土寺過去帳」に見られる。大石石見守は、道灌の死後に山内上杉氏に帰属したらしいが、石見守亡き後、葛西は扇谷上杉氏方の千葉守胤によって一旦制圧される。永正二年（一五〇五）から永正一五年（一五一八）の間には、石見守の後継者が再び葛西に入部して葛西城を守備している［長塚二〇〇一・二〇〇七］。このように一五世紀中頃から関東に起こった争乱の渦の中に巻き込まれた葛西城及び葛西地域は、一六世紀になると新たに台頭してきた勢力の脅威に晒されることになる。

小田原に本拠を構える北条氏綱は関東進出を企て、大永四年（一五二四）正月に江戸城を攻略し、岩付城（埼玉県さいたま市）、蕨城（埼玉県戸田市）、毛呂城（埼玉県毛呂山町）を攻め落す。しかし、上杉氏方も反撃し、岩付城・毛呂城を奪回する。翌大永五年になると、氏綱は再び北武蔵に侵攻し岩付城を再奪取し、葛西にも迫る。その時の緊迫した様子は、大永五年三月に扇谷上杉氏の家臣三戸義宣が越後の長尾為景に宛てた【史料1】「三戸義宣書状」からも知ることができる（「上杉文書」新3・三四）。

【史料1】（大永五年）三月二十三日付三戸義宣書状〈上杉文書〉

（封紙ウハ書）
「『大永五　七　卅日　到（異筆）』　三戸
　　謹上　長尾信濃守殿　駿河守義宣」
雖未申通候、以次令啓候、抑御代々
亡父別申承候処、云遠路、若輩之上、
到于今無沙汰、素意外候、取分中野御陣
砌、御先考（能景）亡父御懇切候キ、定可為御存
知前候、能景御早逝、関東時節到
来基候、仍当国様体、可覃聞召候歟、
去々年以来山内殿へ一和被申候処、太田
大和入道（資高）無覚悟故、江戸落居、河越之
事も同前有之、藤田御陣へ被罷移、以
不思議刷、当地河越再興形候、雖
然平井（山内上杉氏）御刷然々与依無之、太田美濃入道（道可）

在所号岩付地、去月六日落居、無是
非次第候、至于近日者、大石々見守方在
宿地葛西へ敵取向候、自此口後詰之
動被致之候故、于今堅固候、万一彼地
無曲候者、当国滅亡不可有程候、依之
屋形（上杉朝興）以使被申届候、御納得管要候、如承
者、前々も関東滅却刻者、自其口被
引立之事、及度々候歟、於今度も有御
越山、爰元至于被引移者、御名望不
可過之候、条々儀共御同名従孫四郎方
可被申宣候、然者太刀一腰進之候、
誠一義迄候、委曲任彼口上候、恐々謹言、
三月廿三日　駿河守義宣（花押）
謹上　長尾信濃守（為景）殿

この書状で三戸義宣は、「大石々見守方在宿地葛西へ敵取向候」と、大石石見守が守備している葛西（城）へ、

敵が向かっている旨を伝え、「万一彼地無曲候者、当国滅亡不可有程候」と、もし葛西が落ちれば「当国滅亡」と長尾信濃守（為景）に援軍を求めている。江戸城が北条氏によって攻略されてしまったため、葛西城及び葛西の地が利根川最南端の最前線となっており、上杉氏の領国経営のためにいかに重要な位置にあったかがうかがえよう［長塚二〇〇一］。

2　第一次国府台合戦と関東公方

小田原北条氏は、武蔵・下総進出にあたり、武力とともに東国の政治権力の象徴である関東公方との接触も図っていた。伊勢宗瑞頃、古河公方足利政氏と高基親子が対立し、山内上杉憲房と顕実強打の対立したことで関東の諸勢力を巻き込んだいわゆる永正の乱（一五〇六～一八）が起こり、足利高基・上杉憲房方が勝利した。乱末期に政氏派の高基の弟空然（還俗して義明と名乗る）を房総の武田氏の誘引により、小弓（千葉県千葉市）に入部、小弓公方足利義明を擁立する。宗瑞も義明派として行動している。

宗瑞の跡を継いだ氏綱は、大永二年（一五二二）に古河公方足利高基の許に重臣の富永・遠山氏を派遣している。享禄期（一五二八～三二）になると、足利高基と晴氏親子と山内上杉氏の内訌が起こり、関東は再び内乱状態となる（享禄の内乱）。享禄四年（一五三一）頃には高基は隠居、家督を晴氏が継ぎ、山内上杉氏も憲政が関東管領となった。

大永三年（一五二三）、氏綱は北条姓を名乗り、武蔵・下総進出へ力を注いでいたが、天文六年（一五三七）に扇谷上杉氏の本拠川越城を落とし、小田原北条氏の進攻に耐えた葛西城も、翌天文七年二月二日に氏綱によって攻略され(3)、葛西城を奪取した北条氏は下総進出の足場を得た。

小弓公方足利義明と里見義堯は、天文七年一〇月に古河公方足利晴氏を攻撃するべく下総国市川周辺まで軍勢を進めた。晴氏は、それに対抗するため太日川を挟んだ対岸の葛西を抑えた北条氏綱に義明追討の上意を与え、一〇月両軍勢は合戦に及んだ。この第一次国府台合戦で小田原北条氏が勝利し、里見氏が敗走し、足利義明が討死して小弓公方が滅亡すると、古河公方足利晴氏は、氏綱の勲功を賞して関東管領に補任した。当時、関東管領は室町将軍家によって補任された山内憲政であったが、関東公方家による補任は先例のないことであった。

古河公方足利晴氏を軍事的に支えた北条氏綱は、関東公方家とのさらなる接近を図り、関東での政治的にも優位な立場を確かなものにするため、古河公方足利晴氏と娘芳春院殿との婚姻を迫った。晴氏は当時重臣簗田高助の娘を妻とし、藤氏や藤政などの子がいた。しかし、天文八年（一五三九）に婚儀が執り行われ、四年後の天文一二年（一五四三）には梅千代王丸が誕生する。この婚姻により小田原北条氏は足利氏の「御一家」として家格を得ることになる(4)。

天文一九年か二〇年頃には、足利晴氏と妻芳春院殿、子の梅千代王丸の親子が葛西城に御座していたらしい［佐藤二〇〇二、黒田二〇一二b］。天文二一年、足利晴氏は小田原北条氏の意向によって藤氏ではなく、梅千代王丸へ家督を移譲する。

弘治元年（一五五五）梅千代王丸の元服の儀式が葛西城で執り行われ、将軍足利義輝からその偏諱「義」の字を賜与されて「義氏」と名乗ることとなった。北条氏康は、この元服の儀式に臨席して小田原北条氏の血を受け継ぐ公方の誕生を祝ったのである。義氏は、その後も葛西に御座していたが、永禄元年（一五五八）四月一〇日に葛西を出立して鎌倉の鶴岡八幡宮へ参詣を行い、四月一五日に北条氏の本拠小田原城へ入っている。その後、義氏は関宿城に移座し、葛西城に帰座することはなかった。

3　長尾景虎の関東進攻

永禄二年（一五五九）に「小田原衆所領役帳」〔佐脇一九九八〕と呼ばれる北条氏家臣の知行地と、それに見合った役賦課の台帳が作成されるなど、武蔵の支配も安定したかに見えたが、永禄三年（一五六〇）事態は急変する。長尾景虎（後の上杉謙信）が関東に出陣し、反北条勢力を結集して北条氏の本拠地である小田原城下まで軍を進駐させる。これによって葛西城も反北条勢力の手に落ちてしまう。

永禄四年（一五六一）に景虎が越後へ退去すると、北条氏の攻勢が開始される。小田原北条氏は、葛西城の攻略を本田氏に働きかけている様子が永禄五年三月から四月にかけて北条氏から発給された一連の「本田文書」によって確認することができる(5)【史料2・3】（戦北一・七五〇、同七五九）。

【史料2】永禄五年三月二十二日付北条氏康契状〈本田文書〉

葛西要害以忍乗
取、上申付者、為御褒
美可被下知行方事、
一ヶ所　　曲金
二ヶ所　　両小松川
一ヶ所　　金町
以上、

一、代物五百貫文、同類衆
中江可出事、
以上、
右、彼地可乗取事、頼被
思召候、此上ハ不惜身命、
可抽忠節者也、仍状如件、
永禄五年
三月廿二日氏康（花押）
本田とのへ

【史料3】永禄五年卯月十六日付北条氏政契状〈本田文書〉

知行方
一ヶ所　葛西金町
一ヶ所　同　曲金
一ヶ所　同　両小松川
一ヶ所　江戸廻飯倉
以上、
一、現物五百貫文　衆中

右、葛西地一力ニ乗
取、至于指上申者、無相
違可被下候、仍状如件、
永禄五年
卯月十六日　（北条氏政）（花押）
本田とのへ

最終的には本田氏だけではなく、北条方の太田康資が攻撃を指南し、[6]【史料4】「（永禄五年）壬戌卯月晦日付北条氏政感状」（戦北一・七六五）などから知られるように興津氏なども加わり、永禄五年（一五六二）四月二四日に葛西城は反北条勢力から北条氏が再奪取する。

【史料4】（永禄五年）壬戌卯月晦日付北条氏政感状〈吉田文書〉

（切紙）
去廿四日、青戸之地
乗取候砌、敵一人
討捕候、神妙ニ候、
向後弥可走廻

者也、仍如件、
（永禄五年）
壬戌
卯月晦日（花押）
（北条氏政）
興津右近との□

4　第二次国府台合戦と関宿開城

永禄七年（一五六四）の【史料5】「（永禄七年）正月朔日付北条氏康書状写」（戦北一・八三五）によると、葛西城攻略に勲功のあった太田康資（新六郎）が里見方へ寝返ったので、氏康は康資と行動をともにしなかった太田次郎左衛門と恒岡弾正忠に対して、康資の家臣の動向を探り、葛西へ紛れ込まないように指示し、両人の妻子を孫二郎（北条康元）に人質として差し出すよう命じている。

この康資の謀反を切っ掛けに北条氏康と里見義堯の子義弘は国府台で再び戦火を交えることになる。はじめは小田原北条方の遠山綱景・富永直勝など名だたる武将が討ち取られ、里見方が優勢であったが、北条方は里見の油断に乗じて夜陰に急襲し、これを撃退する。この合戦を第二次国府台合戦と呼んでいる。

【史料5】（永禄七年）正月朔日付北条氏康書状写〈記録御用所本古文書〉

葛西ヘ敵動ニ付而、新六郎（太田康資）敵陣ヘ移由候、
家中儀一段無心元候、寄子・加世者事者
不及申、中間・小者迄相改、葛西ヘ不紛
入様、可申付候、若又其地江敵動候者、為始
両人悉妻子を孫二郎ニ相渡、中城（江戸城）江入候而
可走廻候、先忠此時候、恐々謹言、

（元禄七年）正月朔日　氏康書判
太田次郎左衛門殿
恒岡弾正忠殿

第二次国府台合戦も、小田原北条氏が里見氏に勝利し、その結果、敵対していた岩付太田氏も従属するに至り、安定したかのように思われたが、里見氏はその後も市川辺りまで進撃することを繰り返し、引き続き里見氏の脅威にさらされていた［黒田二〇一二a］。

しかし、天正二年（一五七四）、一国にも値すると例えられた要衝下総関宿城は北条氏政・氏照兄弟によって

攻められ、城主の簗田氏は関宿を開城して水海城へ退去した。小田原北条氏は、関宿城を攻略したことで利根川水系の交通をも抑えることになり、葛西地域は上流部の憂いがなくなった。この戦以降、葛西地域は完全に北条氏の領国として天正一八年（一五九〇）北条氏滅亡まで維持されていくことになる。

5　小田原合戦と葛西落城

武田信玄、上杉謙信など戦国武将が活躍した世も、織田信長の登場によって新たな時代へと進む。しかしその信長も、天正一〇年（一五八二）本能寺の変で志しなかばで討たれてしまう。その信長の天下統一を引き継いだのが豊臣秀吉である。

その頃、関東では北条氏直が領国の拡大に奔走し、現在の群馬県に所在する真田領に侵攻した。真田氏は豊臣方に臣従していたため、事態は風雲急を告げ、秀吉の小田原攻めへと発展してしまう。天正一八年には二〇万を越える秀吉軍が小田原を目指して進撃を開始。これに対して北条氏直は、小田原城をはじめ諸城で籠城する作戦で対抗した。小田原城が秀吉の大軍に包囲されるなか、諸城にも攻め手が押し寄せ、次々に攻略あるいは開城させられてしまう。

天正一八年四月二二日には、江戸城は徳川家康配下の本多忠勝・鳥居元忠・平岩親吉の軍勢の前に開城降伏する。秀吉の軍勢が江戸城まで攻め寄せて来た頃、葛西地域の村々では、その対応に追われていた。葛飾区東金町の葛西神社に伝えられている天正一八年四月二九日付の【史料6】「浅野長吉取次状」（「葛西神社文書」葛一三四）によると、「い、つかむら（飯塚村）さるかまた村（猿又村）こわいむら（小合村）かなまち村（金町村）しはまた村（柴又村）」の五ヶ村（いずれも葛飾区内に所在）について禁制を長吉が取次いだ旨が記されている。

【史料6】（天正十八年）卯月二十九日付浅野長吉書状〈葛西神社文書〉

当所江御朱印
取次候而遣候間、狼
藉之族有間敷候、
若違犯之輩於
有之者、此方へ
可申来候也
浅野弾正少弼
卯月廿九日長吉（花押）
笠井卅三郷之内
い丶つかむら
さるかまた村
こわいむら
かなまち村
しはまた村

禁制とは、軍勢の乱入による略奪や放火を禁止する命令のことで、秀吉の朱印が押された禁制があれば、秀吉軍の乱防狼藉などを受けず安全が保証された。先の五ヶ村は、秀吉方の軍勢が葛西に攻め入る前に共同して大金を支払い、禁制という安全保証書の発行を願い出、浅野長吉はその取次をしたのである。この史料によって、葛西地域は四月二九日には秀吉方に制圧されていたことがうかがわれる。

しかし、葛西の村々が秀吉の庇護を請うなかにあって、葛西城だけは孤軍奮闘していた。徳川家康の家臣戸田忠次の家伝によると、江戸城をはじめ周辺の小田原北条方の城が開城降伏するなかで、葛西城のみが降伏しなかったので、忠次が攻め落としたと記されている。(7) 葛西落城の正確な月日は不明であるが、おそらく四月二九日前後と考えられる。

七月五日、ついに北条氏直は降伏、小田原城は開城して北条氏の関東支配はここに終わりを告げる。葛西地域も、葛西の要、葛西城の落城をもって中世の終焉を迎え、近世という新しい時代の幕開けとなる。

三　葛西城の縄張りと構造

1　葛西城の広がり

葛西城は、中川（旧葛西川）西岸に形成された、三〇〇～四〇〇メートルの幅で南北方向に伸びる標高一～二メートル前後の微高地上に占地している。城跡の中核部は、かつて御殿山と呼ばれたところで、周辺よりも高く標高二メートル程である。中川を東側の備えとし、西側に水田あるいは湿地帯が広がる自然地形をうまく活かした縄張りとなっている。

葛西城の範囲は、北は国道六号線（水戸街道）の北側にある宝持院付近から、南は青戸八丁目慈恵医科大学付属青戸病院付近に及ぶ。これはあくまでも葛西城の中核部分のことで、城の町場はさらに広範囲にわたるものと考えられる。つまり北側は旧水戸佐倉道付近、南側は環状七号線青砥橋北詰付近、そして対岸の葛西新宿、これらの地域を含めた広がりが葛西城とその城下の範囲と考えられる(8)。

2　上杉氏時代の葛西城

なぜ上杉氏は青戸の地に葛西城を築いたのであろうか。一五世紀には、上杉氏の代官として派遣された菊地三郎左衛門入道が葛西を治めていた。つまり菊地入道の在所がわかれば、その当時の葛西の在地支配を行う「政所」の場所がわかる。それを知る手掛かりが松戸市の本土寺に伝わる過去帳にある。過去帳には、長享二年（一四八八）五月に菊池氏が葛西青津で亡くなったと記されている（『本土寺過去帳』）。この記述に注目した長塚孝氏は、菊地三郎左衛門入道の末裔と思われる人物が青戸（青津）に居たことがうかがえ、青戸が政所であった可能性が高いと指摘した［長塚一九九八］。

それを裏付けるように、室町時代の青戸は、地名からして津を意味しており、青戸の北に接する亀有には東西方向に街道が通り水陸交通が結節する要所でもあり、葛西川西岸の青戸・亀有は宿が設けられ寺院が建ち並ぶ都市的な場であったことが明らかとなってきている［谷口一九九四］。まさに青戸は、葛西の政治・経済活動の中心地だったのである。そのような葛西という領域の要地だからこそ軍事的な施設が築かれたのである。城の呼び名が青戸城でなく、葛西城としているところにも葛西の要ということがうかがわれよう。

上杉氏が葛西地域を支配する以前は、鎌倉幕府御家人葛西氏が治めていたが、南北朝期になると、葛西氏は北遷し、本拠を奥州に移す。葛西氏に代わって本地域の支配を行ったのは鎌倉府の重臣山内上杉氏である。上杉氏

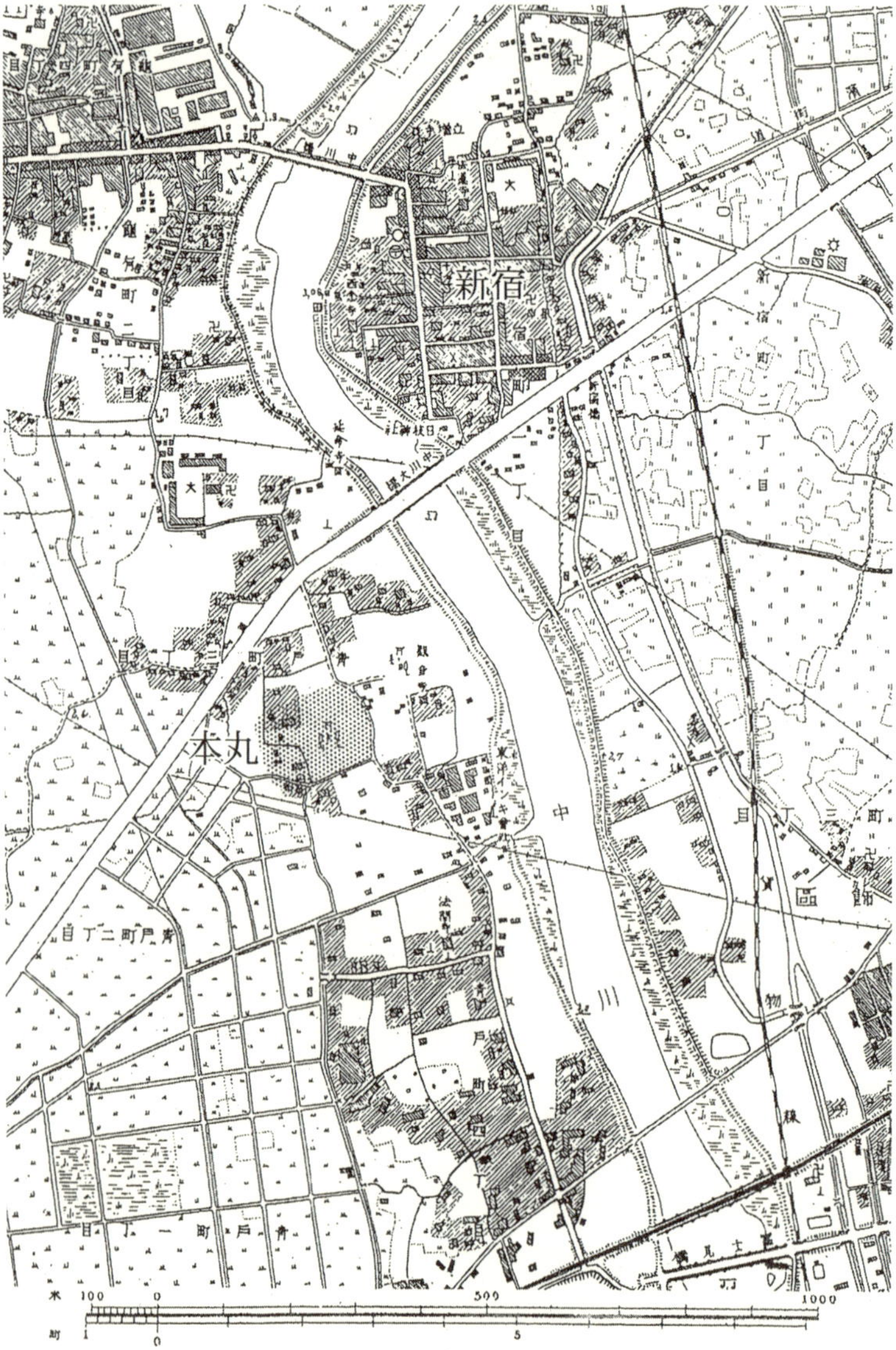

図6　葛西城本丸及び葛西新宿位置図

図7　Ⅱ区B堀（上杉氏時代）

の支配は、小田原北条氏が進出する一六世紀前半まで続く。

葛西城が築かれたとされる一五世紀中頃を境に、それ以前の一四世紀後半から一五世紀前半までを前期上杉氏時代、葛西築城後の一五世紀後半から小田原北条氏が葛西城を奪取する天文七年（一五三八）の一六世紀前半までを後期上杉氏時代と仮に呼び分けることにする。

前期上杉氏時代の遺物としては、瀬戸・美濃系の施釉陶器や常滑系の壺・甕類などが代表的なものとしてあげることができる。遺構については、青戸七丁目二九番第一地点の一六号井戸［谷口一九八九］や公園東地区の溝［谷口一九九二］などの他にも、この時期の可能性のある遺構もあるが、現状では明確に判断し得るものは少ない状況である。

次に葛西築城後の一五世紀後半から一六世紀前半の小田原北条氏進出以前の後期上杉氏時代の葛西城の構築物として本丸を区画しているⅡ区E堀［宇田川一九七六ほか］に切られる幅四～八メートル程度のⅡ区B堀［古泉一九八三］をあげることができる（図7）。この他、公園東地区で確認された一三号溝（図8）なども明確な時期を確定できないが、小田原北条氏進出以前の構築物であると考えられる。明確な縄張りまでは把握できる材料がないが、次第に後期上杉氏時代の葛西城の遺構が、後の葛西城の本丸を中心として広がりをもつことが明らかになって

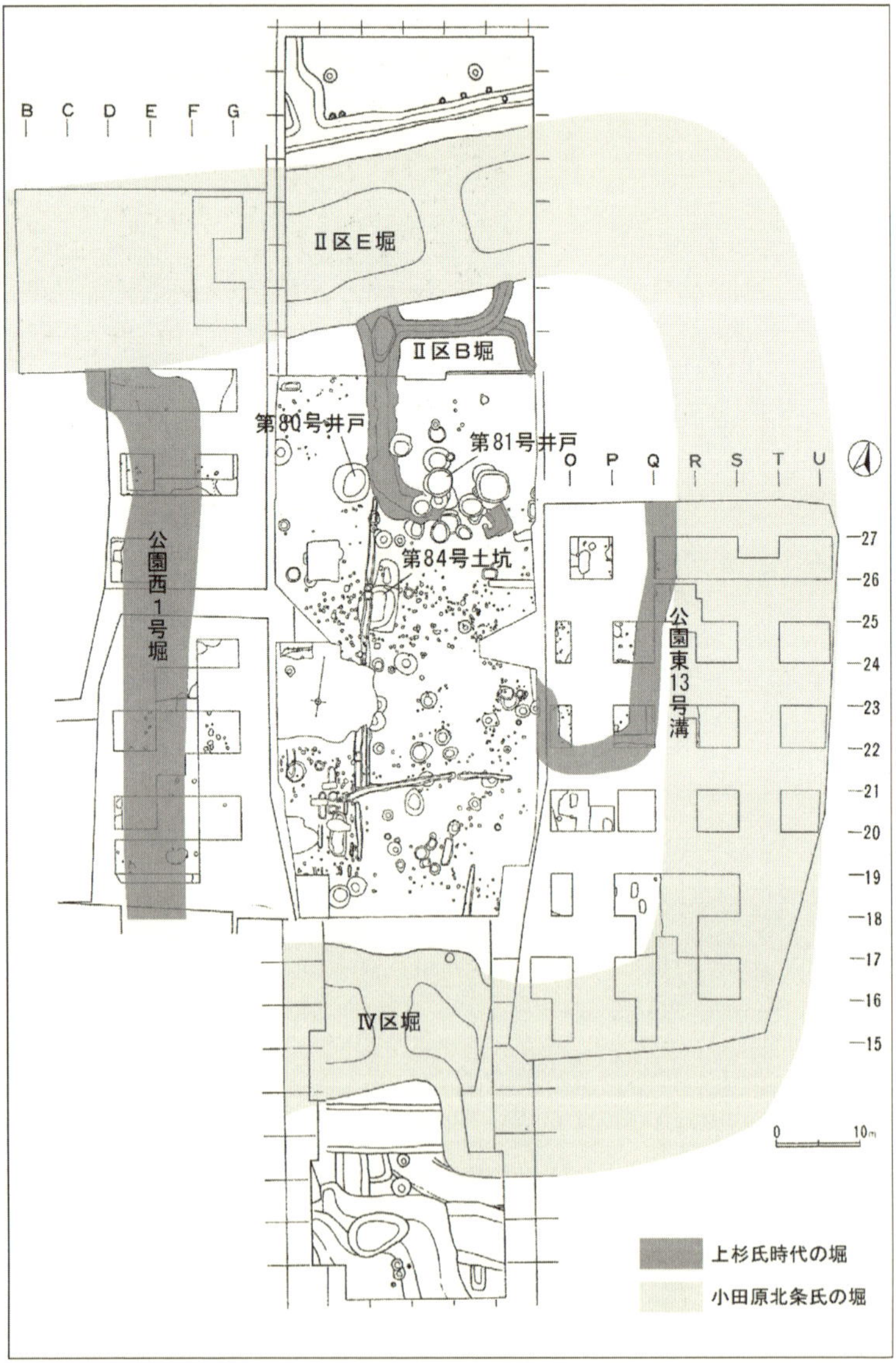
B C D E F G
Ⅱ区E堀
Ⅱ区B堀
第80号井戸
第81号井戸
第84号土坑
公園西1号堀
O P Q R S T U
公園東13号溝
27
26
25
24
23
22
21
20
19
18
17
16
15
Ⅳ区堀
0
10m
上杉氏時代の堀
小田原北条氏の堀

図８　本丸遺構配置図

図9　本丸北側を画するⅡ区Ｅ堀（小田原北条氏時代）

きており、中核部は古い堀などの遺存状況から小田原北条氏時代の本丸付近にあったものと想定される。

3　上杉氏から小田原北条氏へ

小田原北条氏時代の代表的な遺構として本丸の北側を画する幅約二〇メートルの大規模なⅡ区E堀と呼ばれる堀がある。Ⅱ区E堀とⅡ区B堀との切り合いにみられるように（図8）、小田原北条氏は上杉氏時代の葛西城の縄張りを刷新して、戦国の城としての構えを整えたのである。葛西城は、天文七年（一五三八）の小田原北条氏の入部とともに、大規模な縄張りの変更があったと見るべきなのであろうか。

従来は小田原北条氏が天文七年に上杉氏の大石石見守から葛西城を奪取してから、永禄三年（一五六〇）に反北条方に奪われるまでは、葛西城は上杉氏時代の城に大きく手を加えることは行わなかったのではないかと考えられてきた[9]［加藤一九七四］。その可能性は否定できないが、大規模な改修の契機は、永禄五年（一五六二）四月二四日に小田原北条氏が葛西城を再び手中した後と判断したのである［谷口二〇〇二］。敵に落とされた葛西城の縄張りを刷新し、さらに対岸に交通と開発の拠点として葛西新宿を築くなど城下の整備も行ったものと判断し、堀幅の大幅な拡張も鉄砲への配慮と考えた。

しかし、過去の調査で発見された葛西城の遺構・遺物を再度見直したところ、改修の時期を訂正すべきであることがわかった。従来、Ⅱ区E堀やⅣ区堀［宇田川一九七五］など、大規模な本丸の堀の構築時期を永禄五年以降としていたが、後でも触れるが第八〇・八一号井戸［古泉一九八三］の時期が永禄五年以前に求められることが判明したためである。少なくとも天文七年以降から永禄の初め頃までに、第八〇・八一号井戸とⅡ区E号やⅣ区堀などの小田原北条氏時代の本丸を区画する堀が掘られる大改修がおこなわれた可能性が考えられるのである。つまり結果として、古河公方足利晴氏・義氏が御座していた時期に相当することになる［谷口二〇〇二］。

葛西城の大改修の契機として、古河公方足利晴氏・義氏親子の御座所としての体裁を整える普請が考えられる。黒田基樹氏は、天文一九年（一五五〇）「閏五月十九日　結城政勝書状写」（「結城家譜草案」）の検討から、早ければ天文一九年頃に足利晴氏とその正室芳春院殿、そして梅千代王丸（元服前の義氏の幼名）の葛西御座の可能性を述べられている［黒田二〇一一b］。その指摘からすると、天文一九年から永禄元年（一五五八）の義氏の葛西退去までの時期に、Ⅱ区E号やⅣ区堀と呼ばれる本丸を画する堀が掘られるなどの縄張りの刷新が行われたと考えられるのである。[10]

本丸をめぐる堀の大幅な拡張について、その時期を訂正前の永禄五年以降と考えた時点でも、鉄砲への配慮と考えていたが、天文一九年から永禄元年としても、鉄砲との関わりを想定している。一般的には、鉄砲が普及するのは永禄期とされているが、最近の研究では関東には天文二〇年頃にはすでに鉄砲が持ち込まれていたともい

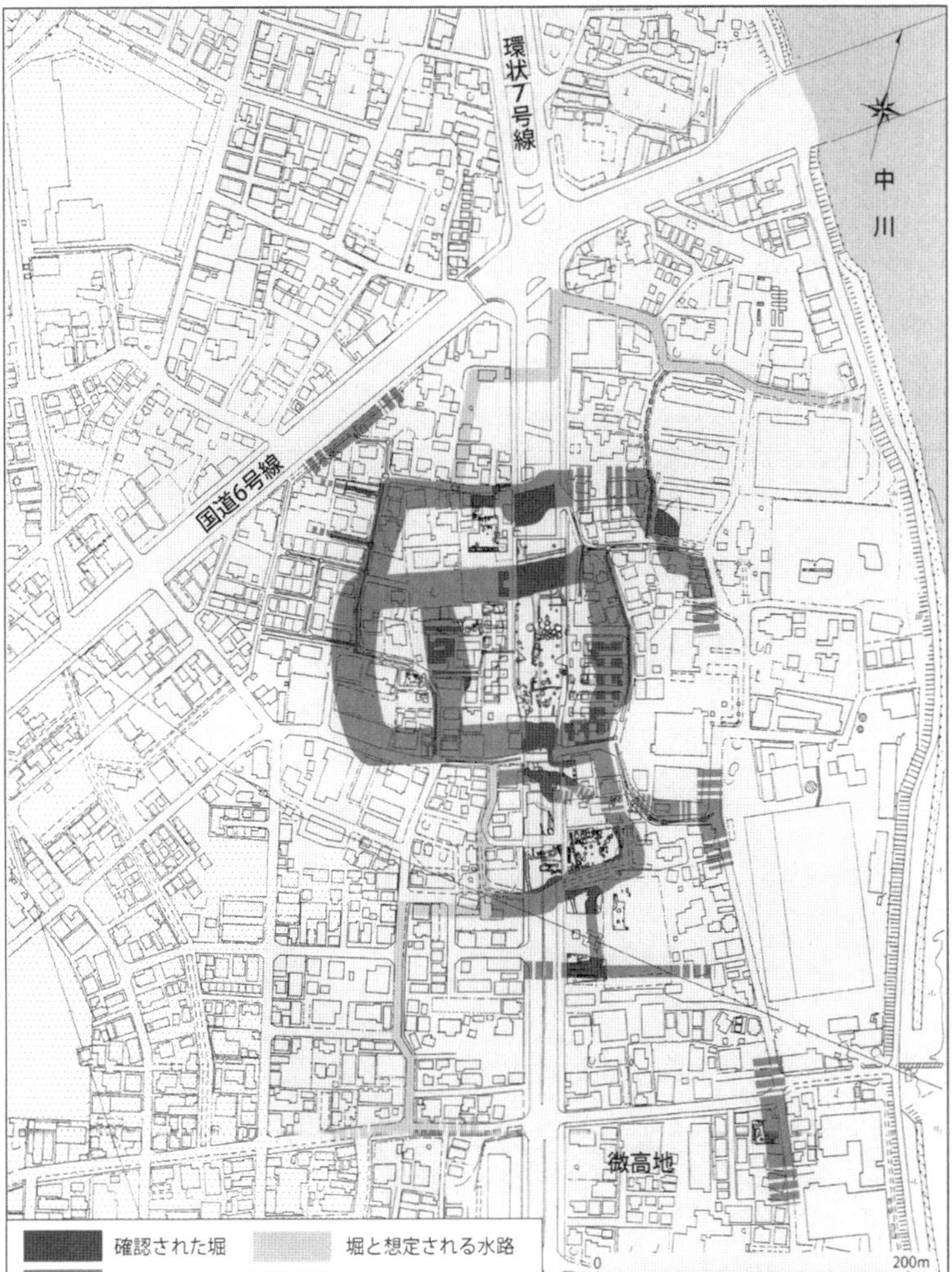

図10　葛西城縄張り想定図

われている〔宇田川二〇〇二〕。関東公方の御座とも重なる時期であり、大改修の時期について訂正をおこなったが、大きな堀の構築には、戦の変化、つまり鉄砲との関わりについても考慮すべきかと思う[11]。

葛西城は、天文一九年から永禄元年に大石石見守の城の縄張りを刷新して戦国城郭へと整備されたが、義氏退去後は何ら手を加えることは行われなかったのだろうか。葛西城をめぐる攻防をみると、永禄三年（一五六〇）に長尾景虎による関東進攻によって反小田原北条氏方に一旦奪われ、永禄五年（一五六二）に再び小田原北条氏が葛西城を奪取しており、この時に、敵に落とされた葛西城に手を加えるために縄張りを改める普請が行われたとも考えられる。いずれにしても、戦国の城郭としての役割を終える天正一八年の落城に至るまで幾度となく手が加えられたのであろう。

四　葛西公方足利義氏と葛西城

1　葛西様と葛西城

五代古河公方となる足利義氏は、四代古河公方足利晴氏とその正室で北条氏綱の娘芳春院殿の間に天文一〇年（一五四一）に生まれ、幼名を梅千代王丸といった。

義氏は、御座所の所在地から「葛西様」「関宿様」「鎌倉様」「古河様」「栗橋様」とも尊称されていた。「葛西様」については、「喜連川判鑑」（『続群書類従百二十』）の「右兵衛佐従四位義氏」のところに、「北条氏康補佐シ申テ葛西ヵ谷ニ奉移」とあることなどから、鎌倉幕府終焉の地となった東勝寺が所在していた葛西ヶ谷に御座していたためと考えられていた。

従来の「葛西様＝葛西ヶ谷」という見方に疑義を提示したのが、先にも記したように佐藤博信氏である。佐藤氏は、江戸城将遠山氏と関東公方足利義氏との関係と、江戸城将遠山氏と下総葛西地域との関係などから、「葛西様」の「葛西」は、下総葛西を指し、葛西城に御座していたと指摘した［佐藤二〇〇二］。

御座していた年代は、天文二一年（一五五二）の家督交代後間もなく葛西城に入部し、永禄元年（一五五八）四月頃まで在城していたとした。その後、佐藤氏は芳春院殿と梅千代王丸は天文一九年（一五五〇）か同二〇年に葛西へ移座し、晴氏も天文二二年閏正月一八日以降に古河から葛西へ移り、天文二三年七月二四日に古河に戻るまで葛西に居たとしている。さらに、「江戸と北武蔵・北関東・房総の接点にあった葛西地域にとって、天文年代末期から永禄年代初頭は、諸勢力相互の対立と緊張を含みながらも、もっとも安定した時期であったと評価される」とも述べている［佐藤二〇一〇］。

2　足利晴氏と北条氏康

古河公方足利晴氏と小田原北条氏との結びつきが強くなるのは、前節で記したように、天文七年（一五三八）一〇月の第一次国府台合戦を契機とする。晴氏は、小弓公方足利義明の進攻に対抗するために北条氏綱に協力を求め、北条氏綱は小弓公方・里見勢を撃破した。この戦で、義明、その嫡子義淳、弟基頼などが戦死し、小弓公方家は滅亡する。その結果、晴氏は房総に君臨する小弓公方勢力を一掃し、古河公方晴氏が関東公方足利氏の正嫡の地位を確保することができた。また、義明勢を破った戦功で北条氏綱は、晴氏から「関東管領職」に補任され、関東公方家を支える立場となった。

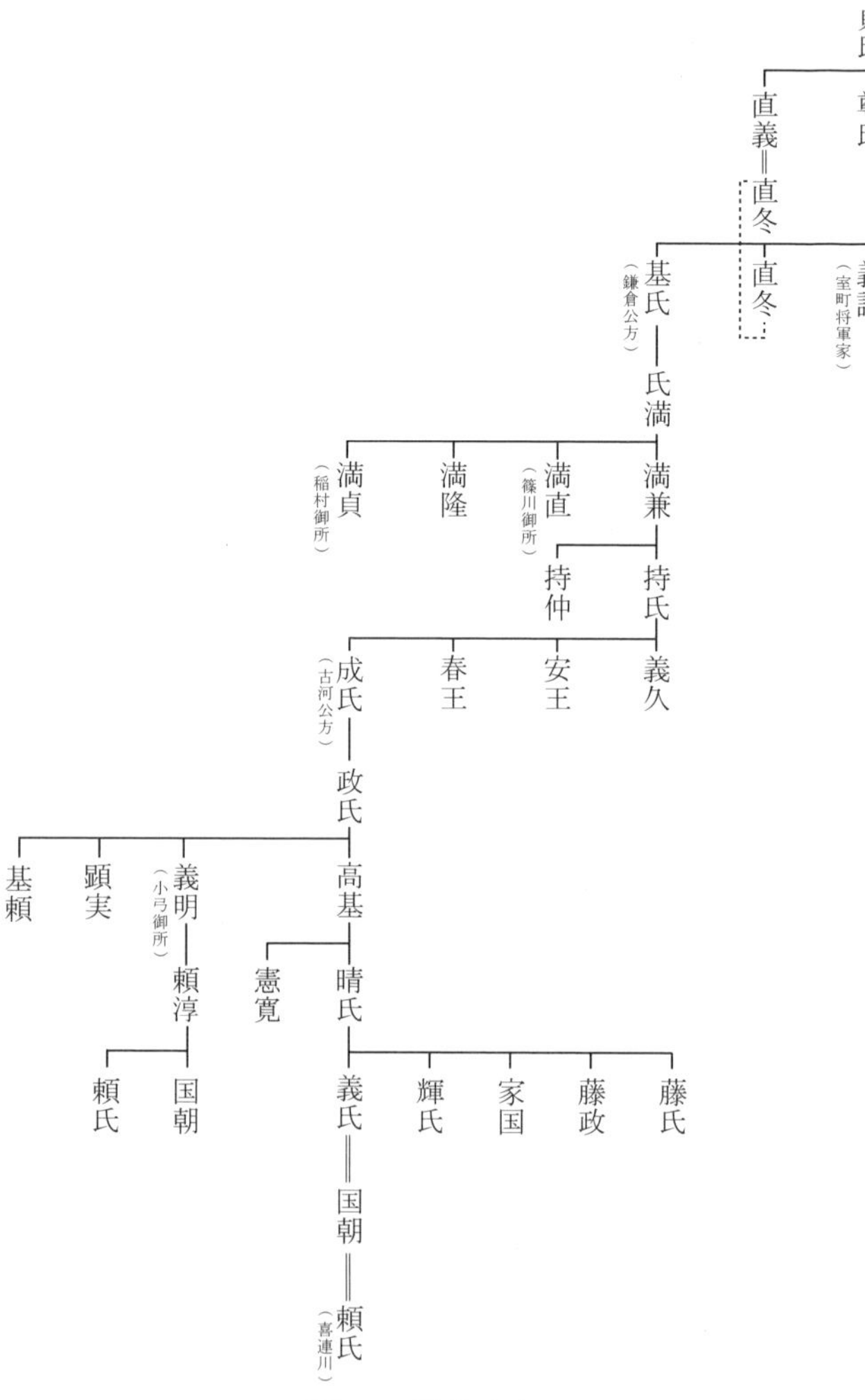

図11　足利氏系図

天文八年（一五三九）八月、北条氏綱の娘芳春院殿（氏康の妹）が晴氏の正室となる婚約が成立し、同年一一月に古河に嫁いでいる。この婚姻により北条氏綱は、関東公方家と親戚関係となり、「関東管領職」についで、足利氏の「御一家」の家格を得ることになり、関東において関東公方家に次ぐ政治的な地位に就くことになった

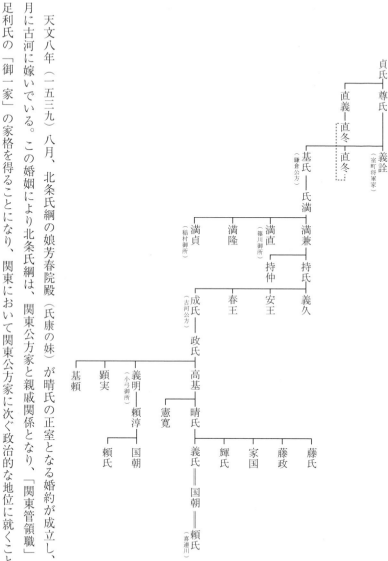

［佐藤二〇〇二、黒田二〇一一b］。

天文一二年（一五四二）三月、晴氏と芳春院殿の間に梅千代王丸が誕生した。しかし、北条氏綱は、その前年の天文一〇年（一五四一）七月一七日に逝去しており、関東公方家と北条家の血を汲むはじめての孫の誕生を祝うことは出来なかった。享年五五であった。

氏綱の死去により北条氏の家督を継いだのは嫡子氏康であった。氏康は、家督の相続と梅千代王丸誕生を踏まえ、関東公方重臣簗田氏と起請文を交わしている。これは、「晴氏の自立的にしてかつ不服従的対応が顕著であった」と佐藤氏が分析するように、北条氏と関東公方との政治的緊張関係の所産であり、北条氏にとって簗田氏の去就に注意が払われたのである(12)。

扇谷上杉氏は、氏綱から氏康への家督相続の隙を好機とみて河越・江戸両城の攻撃を開始するが撃退されてしまう。天文一三年（一五四四）から氏康は、山内上杉氏の領国上野へ兵を進める。この時には晴氏も上野に出陣している。翌天文一四年にも氏康は山内上杉氏の領国へ攻勢をかける。一方、山内上杉憲政は武蔵忍城の成田氏攻めを目論む。これは山内方の有力な国衆であった成田氏が、離反して北条方となったことへの対抗処置として計画されたもので、晴氏にも両上杉氏から出陣の要請が行われていた。

このような忍城をめぐる情勢に対して氏康は、河越城に援軍を入れ、忍城の支援体制を固める。上杉方は攻撃の矛先を河越城に変え、河越城を包囲した。氏康は、晴氏に何度も出陣を思い留まるよう使者を派遣していたが、晴氏は両上杉氏の要請に応じて出陣し、明確に氏康と敵対する態度をとった。

天文一五年（一五四六）、晴氏と敵対することを避けるため氏康は、河越城の城兵の助命と引き換えに城を明け渡す和睦案を提示したが、晴氏方から拒絶されるに至って、氏康自ら救援のために出陣する。河越城近くまで

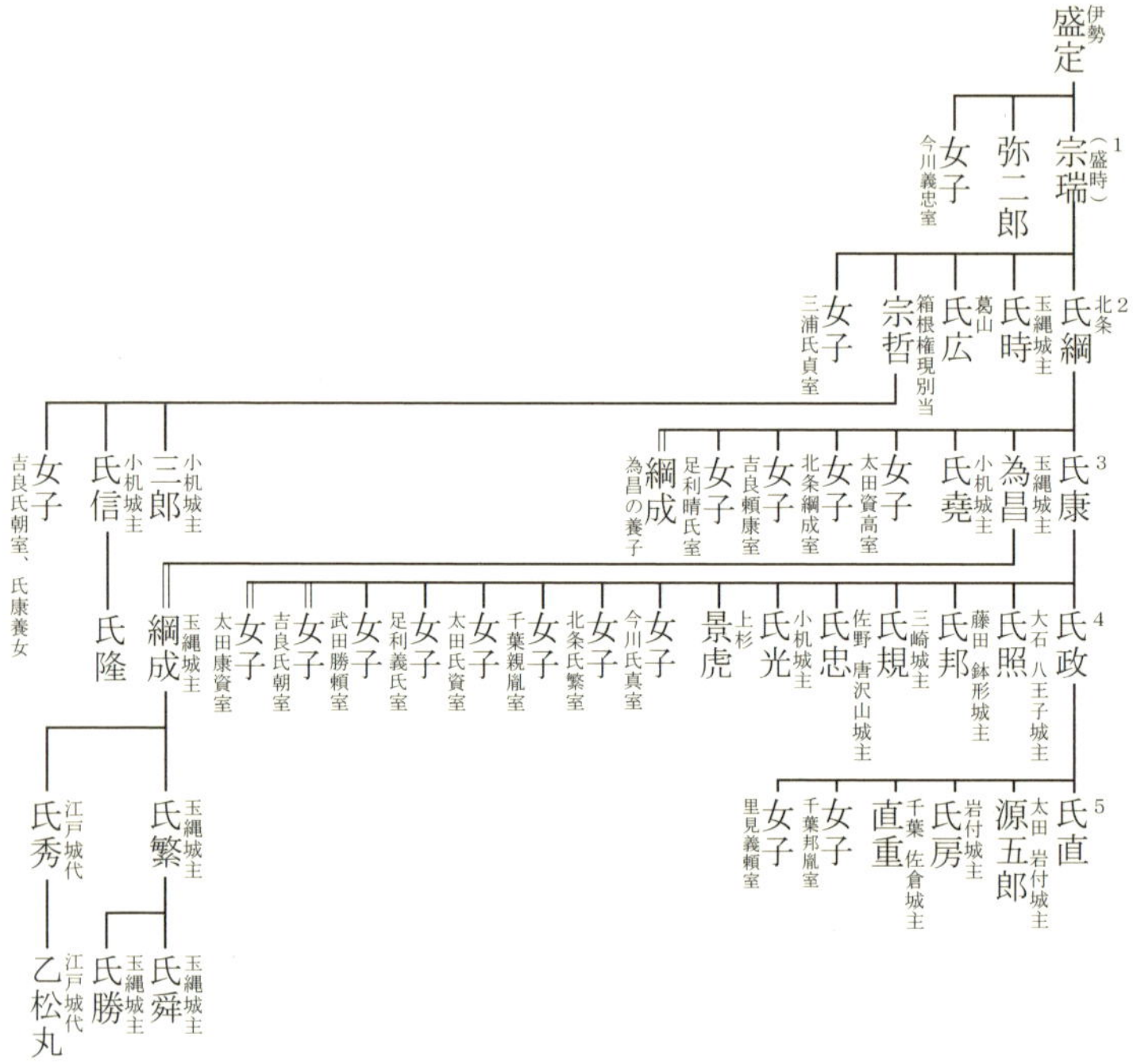

図 12　小田原北条氏略系図（数字は北条氏の当主代数）

出陣してきた氏康勢に対して、同年四月二〇日に憲政勢は攻撃に打って出たが、結果は氏康方の勝利となった。この河越合戦で扇谷上杉氏は滅亡し、山内上杉氏の憲政も古河公方晴氏も敗走した。氏康は、この勝利によって敵対行動に出た晴氏に対しても決定的に優位な立場を確保することになった［佐藤二〇〇二・黒田二〇一一］。

その後、晴氏と氏綱との関係が具体的にどのようなものであったのか、それをうかがわせる詳細な史料はないが、天文一七年（一五四八）に晴氏は、長男幸千代王丸の元服をおこない、藤氏と改め後継者と定めている。晴氏は、古河城にあって北条氏と険悪な関係のまま推移しながらも、反北条の立場を鮮明にしていた。

天文二〇年（一五五一）一二月、氏康は関東公方家の重臣簗田晴助と起請文を交わし、関東公方家と和解している（「北条氏康起請文写」戦北一・四〇四）。また、同年末までの間に芳春院殿と梅千代王丸が古河城から葛西城へ移っている［黒田二〇一一b］。関東公方家を支える簗田氏との関係、その関係の上に成立する芳春院殿と梅千代王丸の葛西入部という状況によって、晴氏と氏康との関係は新たな局面を迎えることになる。

3　葛西公方足利義氏の誕生と葛西

晴氏は、天文二一年（一五五二）一二月一二日に家督の譲状をしたため【史料7】（古七七八）、梅千代王丸が関東公方家を継ぎ、後継者とされた藤氏は廃嫡された。歴代関東公方が家督相続に書を記すことはなく、この家督相続が氏綱の強い意向をもって行われたことが指摘されている［佐藤二〇〇二］。

【史料7】天文廿一年十二月十二日足利晴氏判物〈喜連川文書〉

御当家相続之儀、不
可有相違之状如件
天文廿一年十二月十二日足利晴氏（花押）
梅千代王丸殿

新たな関東公方の御座所となった葛西城には、晴氏も天文二一年一二月前後に入城し、晴氏・芳春院殿・梅千代王丸の親子三人が葛西で暮らすことになる。ここに至って葛西城は新しい公方家の本拠として東国の政治勢力

の表舞台に立つことになる。(13)

葛西城での親子三人の暮らしは、果たして幸せなものであったのであろうか。晴氏が葛西城に居ることは、北条氏の監視下に置かれていることと同じで、かえって北条氏はそれを意図して晴氏を葛西城に移したのではないだろうか。三人の暮らしは極度の緊張状況にあったものと思われる。その緊張状況が極限に達した結果、天文二三年（一五五四）七月二四日、晴氏が葛西城を離脱して古河城に帰座し、北条氏に反旗を翻す行動を起す。いわゆる天文事件である［佐藤二〇一〇］。藤氏もこの晴氏の動きに合わせ古河城へ入っている。

「田代昌純書状写」（静嘉堂文庫「谷田部家譜」）によると、古河城に籠った晴氏を支えたのは小山・相馬氏で、前公方晴氏のもとに参集するものは少なかったが、古河城の普請を行い戦に備えていた。晴氏の古河籠城に対して、北条氏は公方重臣の簗田氏と一色氏が晴氏へ与するのを防ぐ為、人質を葛西に置くことを要求している［黒田二〇一一］。

天文二三年一〇月上旬、古河城は野田氏によって攻略され、晴氏は相模波多野に幽閉された後、野田氏に預けられ永禄三年（一五六〇）に死去する。この事件以降、晴氏の政治生命は絶たれ、表舞台から姿を消すことになる。かわって関東公方の家督を継ぐ梅千代王丸とその母芳春院殿が関東公方権力を象徴する存在となった［佐藤二〇一〇］。

天文事件で晴氏方の旧古河公方勢力を削ぎ、関東公方としての梅千代王丸の立場を強固なものとした北条氏は、翌弘治元年（一五五五）一一月、葛西城で梅千代王丸の元服を行う。この元服の様子は「義氏様御元服之次第」（北2三・七七）として、その様子が記録されており、梅千代王丸は、室町将軍足利義輝から一字を授けられて義氏と名乗ることになる。

元服式には、伯父氏康と従兄弟氏照が参加しており、小田原北条氏の血を受け継ぐ公方の誕生を祝ったのである。この時、義氏一三歳であった。

永禄元年（一五五八）四月、義氏は鎌倉鶴岡八幡宮に参詣のために葛西城から動座、参詣後には北条氏の本拠小田原城に滞在し、再び公方領国へ戻ってきた時には、葛西城ではなく関宿城へ御座している。

永禄元年四月以降、義氏と葛西城との関係はなくなり、永禄二年（一五五九）の「小田原衆所領役帳」［佐脇一九九八］によると、葛西城には遠山弥九郎が在城している。ただし、「小田原衆所領役帳」には「葛西様御領」と記載されており、葛西御座時代の尊称である「葛西様」がまだ使われている。

関東公方は、古河城を本拠に下総西部、下野南西部や武蔵東部に広がる下総古河庄・同幸島郡、下野小山領、武蔵太田庄・同崎西郡一帯を中心に領国を形成していた。永禄二年（一五五九）の「小田原衆所領役帳」によると、義氏の所領は上記以外の武蔵や相模地域にも分布しており、「品川南北」と武蔵の品川湊にも権益を持っていた。

佐藤博信氏によると、上杉禅秀の乱後、品川を鎌倉公方足利持氏が鎌倉府御料所とするなど、江戸湾内外の権益を鎌倉府が掌握する動きが確認され、足利成氏段階になると再編成が行われ、さらに足利義氏段階には「葛西様御領」が成立するという［佐藤二〇〇〇］。

すでに市村高男氏によっても、品川と古河公方の重臣簗田氏や東国の内海水運との関わりなどが指摘され［市村一九九五］、また佐藤氏によっても古河と東京湾を挟んで上総・武蔵湾岸の関係が指摘されてきた［佐藤二〇〇〇］。また長塚孝氏は、近年上総国西部に展開する古河公方領の存在に注目して、葛西城および葛西地域が本拠のある古河地域と上総地域の二つの公方領を結びつける扇の要に相当すると指摘した［長塚二〇一〇］。この指摘により、関東公方と古利根川・太日川水系および江戸湾交通の存在がより一層鮮明になったといえよう。

関東公方領と葛西城や葛西地域との関係も、まさに東京低地が古代から連綿と続く海と内陸とをつなぐ要という地政のなかで理解することが可能であり、関東公方の領国の維持のためには葛西は要衝の地としてみなされていたのである。

五　御座所葛西城の格式と天文事件

1　結桶の備わった石組の井戸

葛西城からは多くの井戸が発掘されている。六次調査におけるⅢ区本丸だけでも四七基を数えるが、そのなかで第八〇・八一号の二基の井戸は、掘り方が大型で石組と結桶の井戸側を備える特徴的な構造を備えたものであった（図8・13・14）［古泉一九八三］。葛西城の築かれた東京低地は、利根川と荒川の二大河川によって上流から土砂が運ばれて形成されたデルタ地帯なので、石材資源が乏しく、石組の井戸を造るのは大変な労力と経費を必要とした。井戸の石組みに宝篋印塔や五輪塔などの石塔類が転用され、第八一号井戸には、石組みの基部に板碑が放射状に敷かれているのも（図14―B）、その辺りの事情と関わっていよう。

この二基の井戸は石組とともに井戸側に結桶を用いる点でも注目されるのである。鈴木正貴氏の研究によって、関東にようやく結桶が普及し始めるのは一六世紀になってからとされており、葛西城のこの二基の結桶が最も古い事例として指摘されている［鈴木二〇〇〇］。

現代の私たちには、結桶は見慣れたものであるかもしれないが、当時としては極めて珍しい品物であり、別な

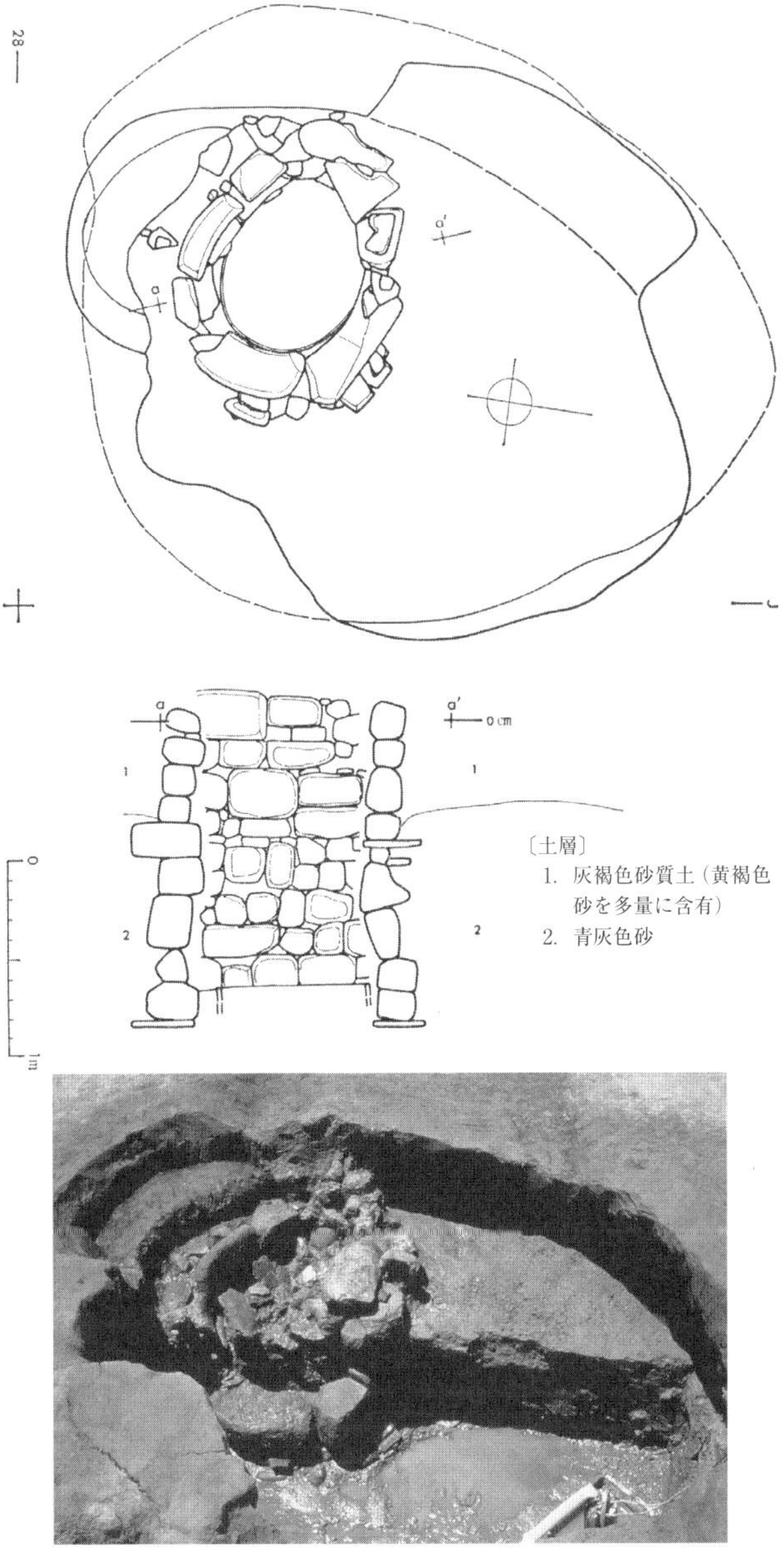

図 13　第 80 号井戸

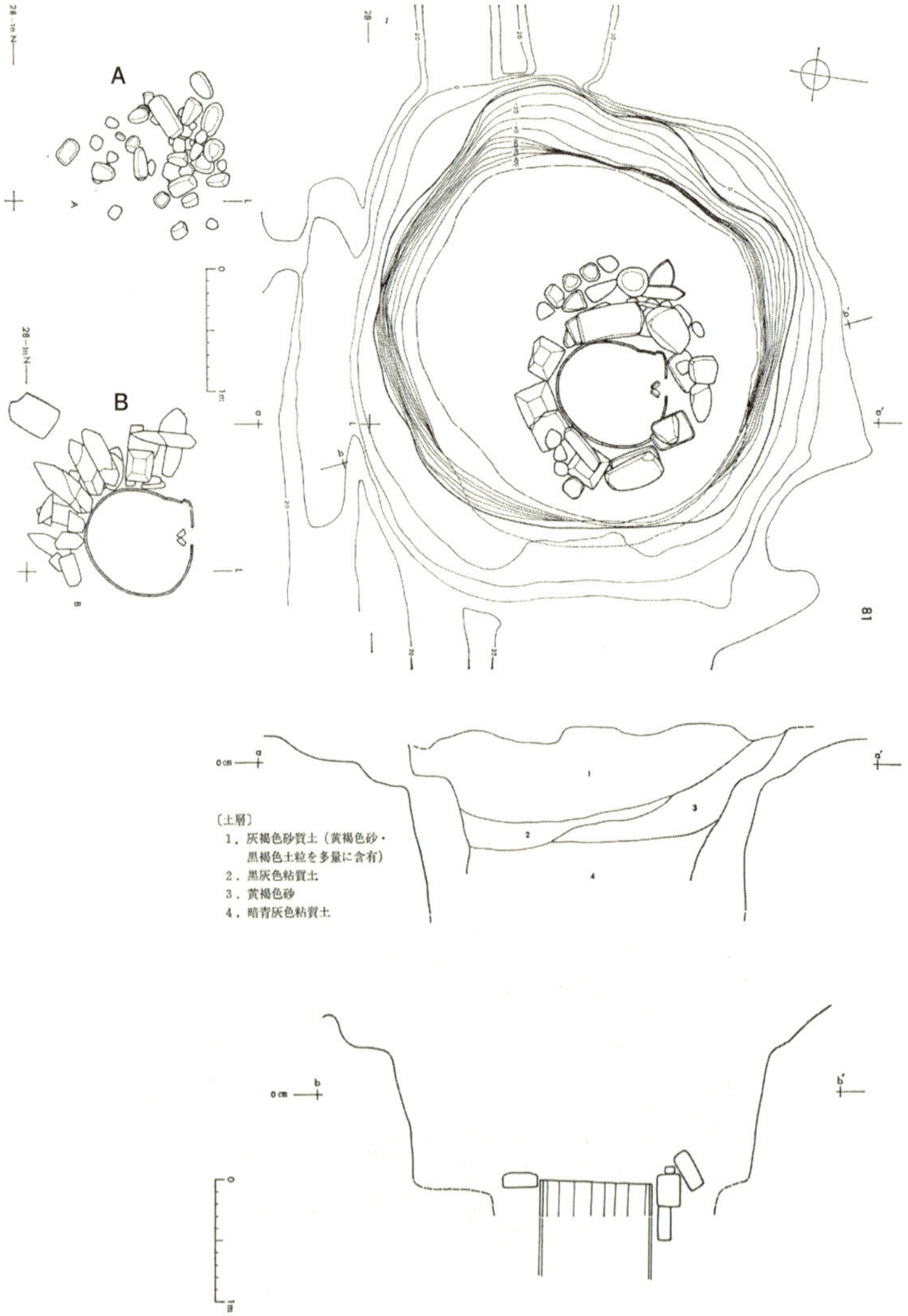

図 14　第 81 号井戸

A は井戸側上部の礫の状況、B は井戸石組除去後の根石として使われた板碑等の配置状況。

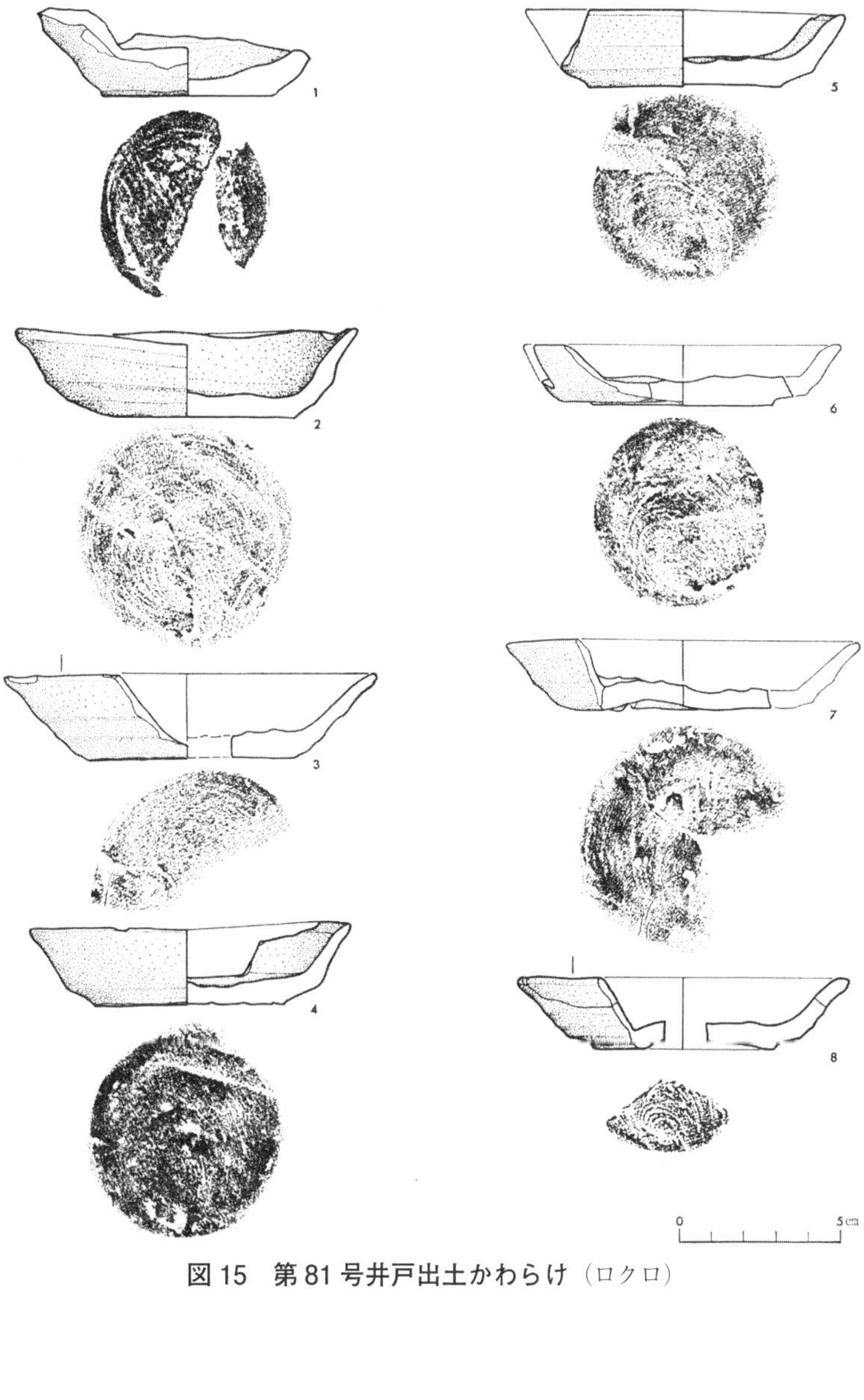

図15　第81号井戸出土かわらけ（ロクロ）

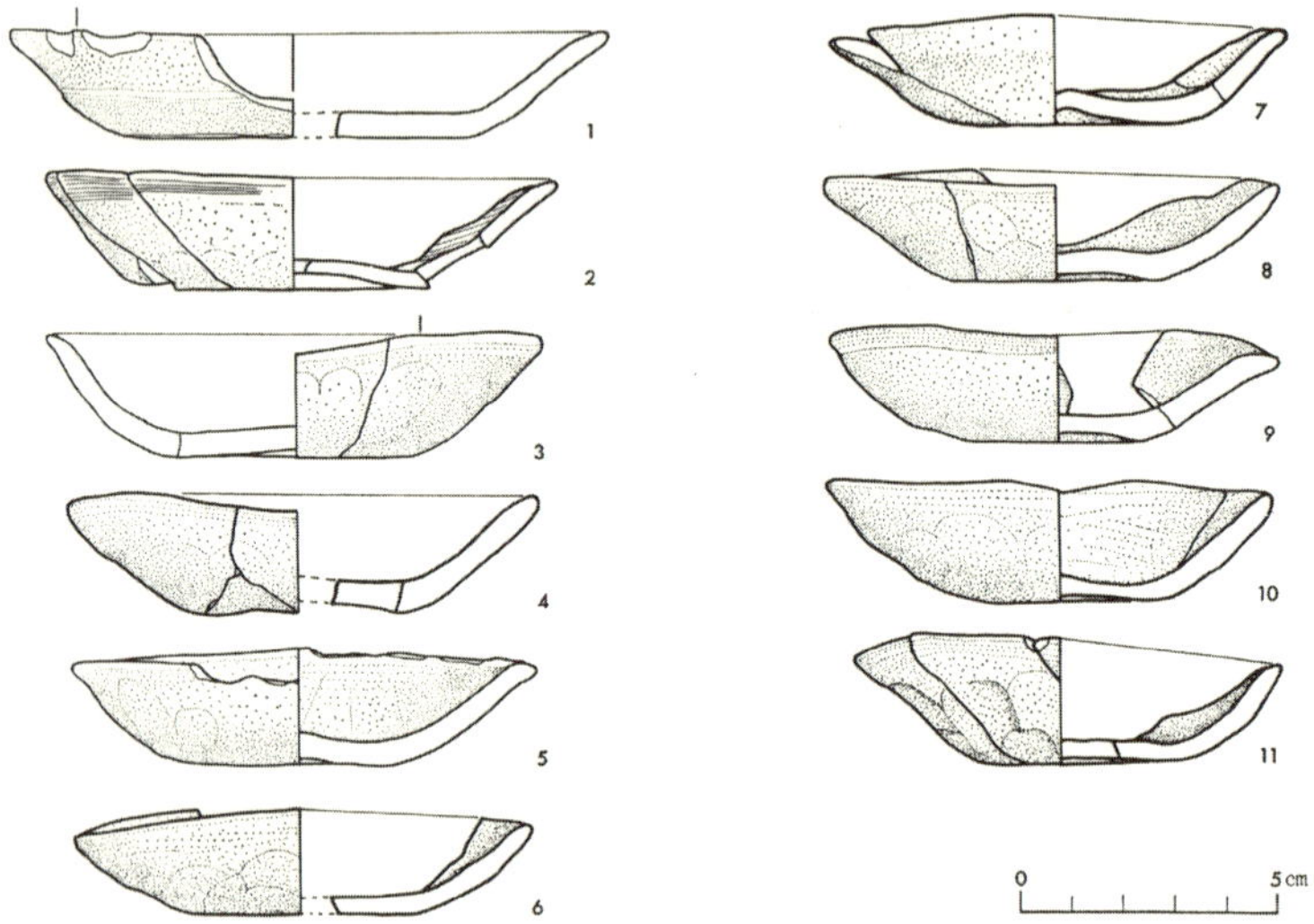

図16　第81号井戸出土かわらけ（手づくね）

言い方をすれば、石組みと結桶を備えた井戸は、当時の最先端の意匠で造られた井戸としてとらえることができる。そのような井戸をなぜ葛西城内に築くことができたのであろうか。まさにそこに今まで知られていなかった葛西城の格式が隠されていたのである。

第八一号井戸からは、蒲鉾の台、白木の箸や折敷（図17）とともに小田原系のロクロかわらけ（図15）と手づくねかわらけがまとまって出土している（図16　実測可能個体一一点）。これらの資料のあり方は、饗宴が催され、宴席で使われたものが井戸内に廃棄されたものと判断される［谷口二〇〇九］。小田原系の手づくねかわらけについては後で触れるが、服部実喜氏が整理した編年表を参考にすると、葛西城第八一号井戸出土の手づくねかわらけは天文末期から永禄初期に位置づけが可能であり[14]、第八一号井戸は天文七年以降、一六世紀中頃の天文末期から永禄初期に造られた井戸と捉えることができる［谷口二〇〇九］。第八〇号井戸は時期の決め手となる資料が希薄であるが、位置関係や構造からすると同時期と考えられる。この二基の井戸の配置は、小田原北条氏時代の本丸を画する大規模な堀（Ⅱ区E堀・Ⅳ区堀など）と位置的にも関連した配置が読み取れ、少なくとも大規模な堀は一六世紀中頃には構えられていたものと考えられる（図8）。つまり足利義氏の御座していた時期には、二基の井戸は存在し、大規模な改修が行われていたと考えられるのである［谷口二〇〇九］。

2　威信財を出土した土坑

室町時代は、幕府によって武家の儀礼や年中行事が整備され、御所などの構造にも主殿と会所という新しい空間構成などが採用されていく。主殿は、公家の伝統的な建物の寝殿にあたるところで、会所は広間にあたる。いずれも儀礼の場であり、接客など公共的性格をもった「ハレ」の場である。「ハレ」の場に対して、「ケ」の場となる私的生活空間やハレの場を支える機能も持つ空間も備わっている。

「ハレ」の場の主殿では、式三献など公の儀式が執り行われ、会所では、式三献後の宴席、茶・香・花、連歌などが催され、会所には庭園が付随していた。主殿が「表」に、会所が「裏」とも表現される二元的な構造になっていた［小野一九九七］。

室町時代には、この会所の発達が著しかった。主に書院造りで、そこに飾られる唐物の室礼が特徴であった。会所の室礼の様子を知る格好な史料として有名なのが、室町時代中期にまとめられた「君台観左右帳記」（国立歴史民俗博物館所蔵）である。足利将軍家が会所に飾る絵画や茶器・文具類などの唐物を列挙した規範書で、中国の宋や元時代の一三から一四世紀の骨董的な価値を有する高級な美術陶磁をはじめ、絵画などの唐物の美術品

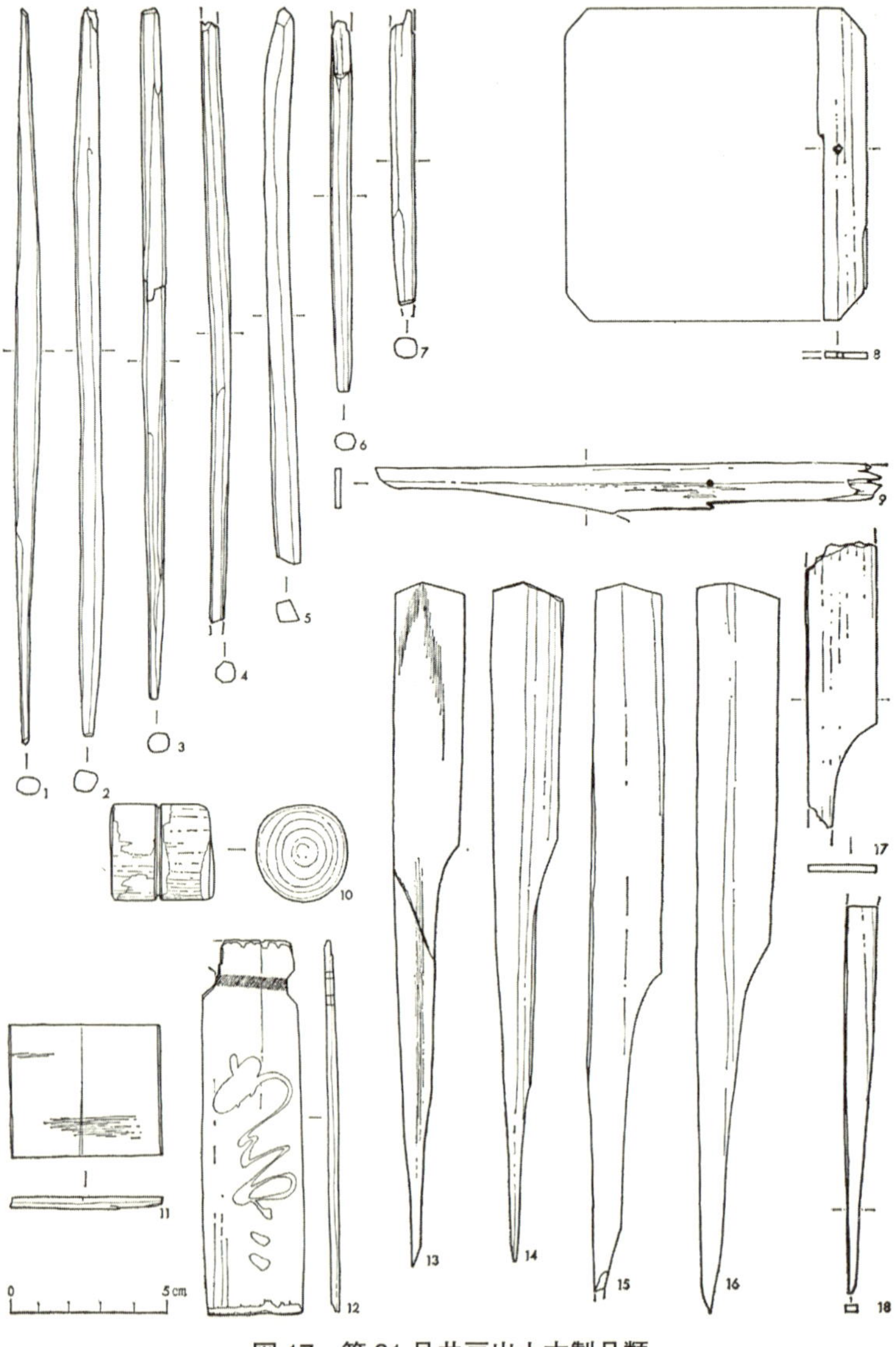

図 17　第 81 号井戸出土木製品類

白木の箸（1～7）　折敷（8）　蒲鉾の板（9・13～18）
錘（10）　不明板製品（11）　墨書木札（12）

に関する価値観が示されている。

室町時代、これら中国の骨董的価値のある高級陶磁は、武家社会において家の格式や権威など示すハレの場の舞台装置としてなくてはならないステイタスシンボル（威信財）として重要な器財であったのである。地方の領主や権威者にとって、御所の屋敷空間を模倣し、室町将軍家を頂点とする唐物の室礼の価値観を採用することは、将軍家の権威を背景とした権力の正当性を誇示するために必要な演出であった［小野一九九七］。

小野正敏氏が指摘されているステイタスシンボルと呼ばれる富や地位の象徴という意味合いを持つ威信財が葛西城から出土している。

Ⅲ区本丸から発掘された第八四号土坑からは、中国の元代に焼かれた青花器台が出土している（図18）。元様式の青花（染付）は、日本での出土は希少で、全国的にも類例が少なく、中国本土にも見当たらない優品であることが指摘されている［亀井二〇〇七］。このような極めて質の高い元様式の青花器台は、威信財として充分な存在価値がある。

威信財が出土した第八四号土坑と呼ばれる遺構は、昭和五五年から五六年（一九八〇～八一）に掛けて実施された環状七号線道路建設に伴う第六次調査において、Ⅲ区と呼ばれる調査区の中央やや西寄りの地点から発掘された（図8）。

平面形態は、南北方向に長軸をとる楕円形を呈しており、底面は平坦であるが、底面から壁面への移行は明確な境界線をもたず緩やかに立ち上がる。土坑の規模は、上面で長径五・五メートル、短径四・九メートル、底面では長径三・六メートル、短径一・八メートルを測る。深さは一メートルで、底面は基盤層の粘土層の下に堆積する砂層まで達している。主郭から検出されたなかでも最も大規模な土坑で、焼けた諸々の器物や穀類を一括投棄し

図 18　第 84 号土坑出土元代青花器台と参考資料（左下　梅瓶・器座）

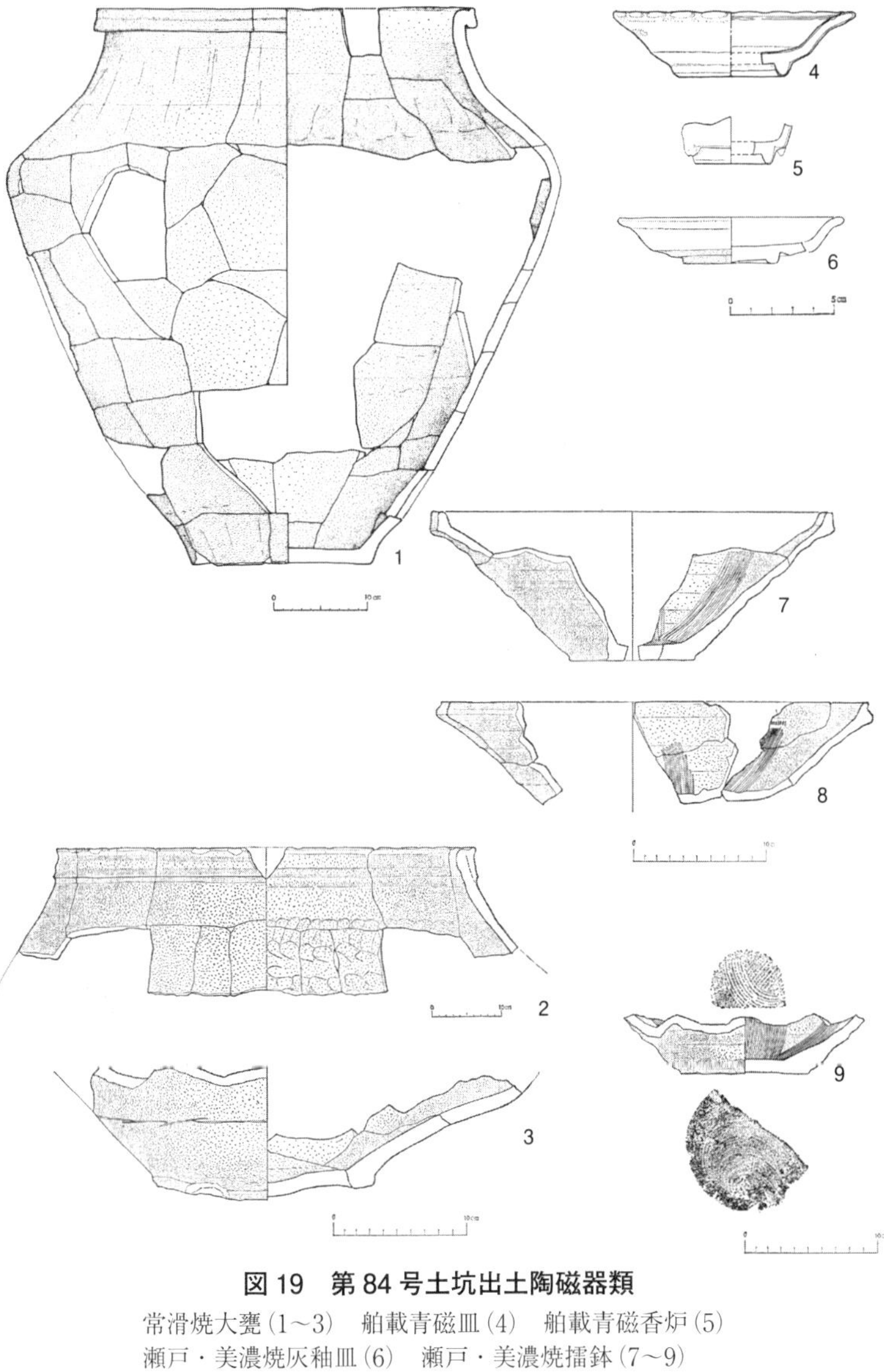

図 19　第 84 号土坑出土陶磁器類

常滑焼大甕（1～3）　舶載青磁皿（4）　舶載青磁香炉（5）
瀬戸・美濃焼灰釉皿（6）　瀬戸・美濃焼擂鉢（7～9）

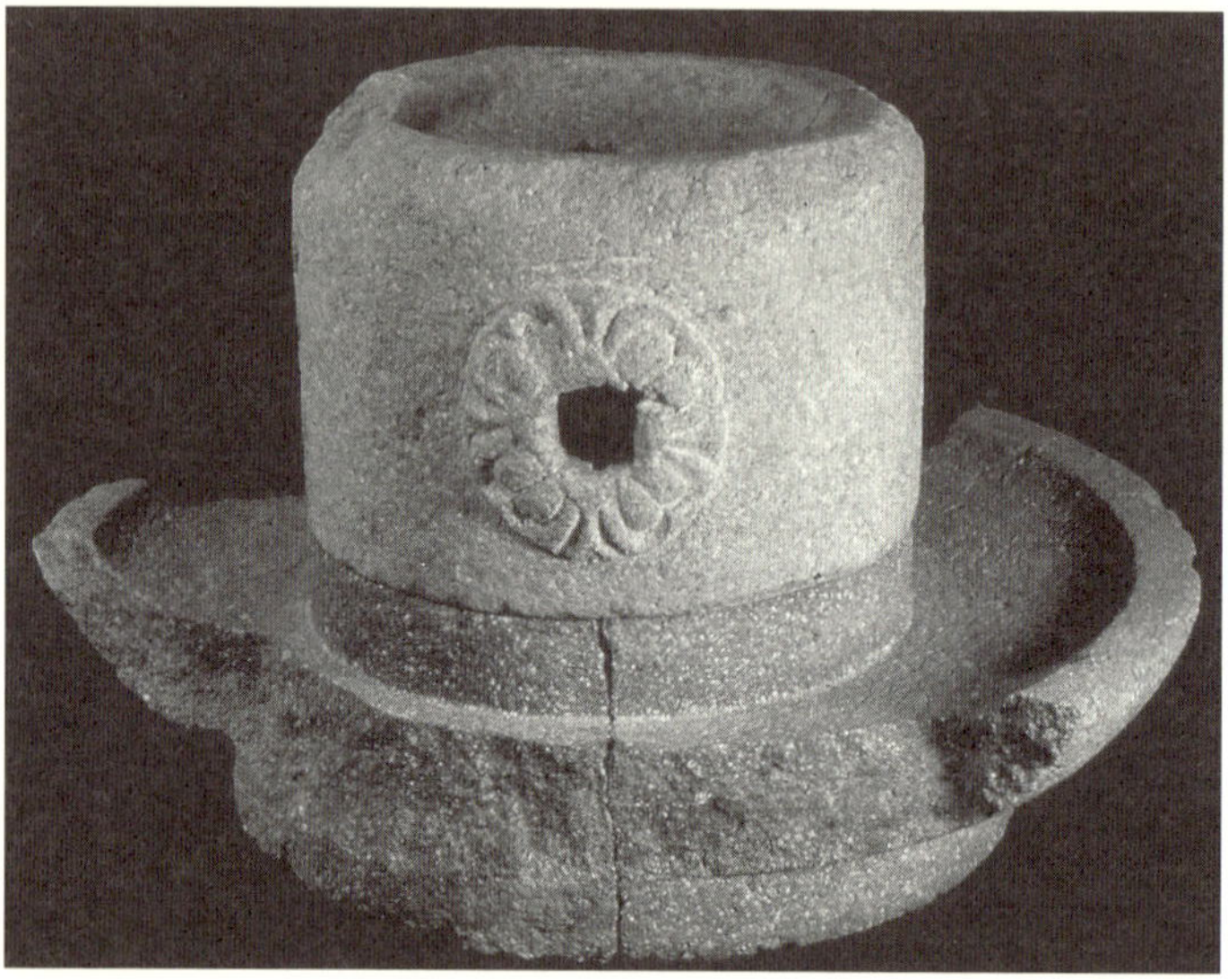
図20　第84号土坑出土茶臼

ており、土坑の中の埋土には、黒色の炭化物、樹皮などの自然遺物、土砂が互層に堆積し、特に炭化物が厚く堆積しているのが特徴的である。大量の炭化した材や穀類が出土している状況から本遺構は落城などの戦後処理の廃棄穴と考えられている［古泉一九八三・一九八四］。

本遺構から出土した遺物は、中国産と国産の陶磁器類、かわらけ、茶臼、板碑、鉄釘、木製品などの人工遺物と、炭化した多量の穀類の種子、樹木の枝などの自然遺物があり、人工・自然遺物とも多くは焼けた痕跡をとどめている。人工遺物の年代は、古くは一三世紀までさかのぼるが、下限は一六世紀代である。

特徴的な遺物を紹介すると、まず一三世紀から一六世紀前半までの中国産の青磁、青白磁、青花（青花）などの舶載磁器（図19）があげられるが、特にこの土坑の出土遺物のなかで、先に紹介した青花器台とともに茶臼が注目される（図20）。第八四号土坑から出土した茶臼も、中国の茶臼を模倣した優品であることが指摘されている［桐山二〇〇七］。上臼に施された蓮弁文様は、全国でもまだ八例程しか確認されておらず、それも出土する遺跡は町場や集落ではなく、寺院や城など限られた場所であるという。この茶臼も威信財としてみることができよう。

また、青花器台や茶臼と一緒に鎌倉時代末頃の常滑焼の甕（図19―1）も出土している。この資料も伝世した骨董品とみられる。これらの優品は、おそらくは本丸に築かれた御主殿の会所などハレの場に飾られたか、大切な品を収める容器として用いられたものであろう。

青花器台には、本来は本体となる壺が飾られていたはずであるが、第八四号土坑からはそれらしき破片は見つかっていない。何らかの出来事によって、威信財などの優品の一部が破損し、大量の炭化物とともに土坑の中に棄てられたのであろう。土坑が穿たれた時期は、出土した資料の年代から一六世紀の中頃、永禄五年の小田原北条氏再奪取頃か、それ以前のものと推定されている［古泉一九八四］。

第八四号土坑から出土した遺物の年代は、上限が一三世紀、下限が一六世紀代であるが、本遺構の構築及び埋め戻された時期について検討してみたい。考古学的には、遺構の年代を決めるのは、出土遺物の年代や遺構の切り合い関係などを参考にする。出土遺物の年代は、上限ではなく、下限の年代を示す資料が遺構構築もしくは埋め戻しの時期を決める資料となる。

下限となる資料は、国産の常滑焼と瀬戸・美濃焼である。常滑焼は一六世紀代の大甕で（図19―2・3）、口縁部の形態や全体の形状から一一型式（一五〇〇～五〇年）の年代となる。瀬戸・美濃焼は大窯Ⅱ期（一六世紀中葉）頃の擂鉢である（図19―7～9）。

常滑焼と瀬戸・美濃焼の下限の年代を合わせると、一六世紀前半ではなく、一六世紀中葉、一五五〇年前後、天文後半から永禄初頃に本遺構の構築もしくは埋め戻された時期を求めることができる［谷口二〇〇九］。本遺構は、古泉弘氏が「焼けた器物や食料を一括投棄するために掘られた穴」と述べているように［古泉一九八四］、土坑内の堆積状況は、時間を掛けて自然に埋められたのではなく、比較的短時間に埋め戻されていることを示しており、掘削から埋め戻しまであまり時間をおかず一連の行為として行われたものと判断される。この大量の炭化した材や穀類の廃棄行為の際に、破損した威信財や骨董的価値を有する優品も廃棄されたのである。

第八四号土坑から出土した優品の数々は、それを保有できる人物が葛西城に居たということを裏づけている。また、威信財とともに最新の意匠で造られた井戸の存在は、城の格式を物語る資料といえよう。現段階では、これらの優品や意匠を直接関東公方と結び付ける材料はないが、義氏の御座と時期的には合致していることは重要である。義氏の御座が史料上だけでなく、出土した遺物や遺構からも十分な内容を備えていることが考古学からも提示できるのである［谷口二〇〇七］。

3　威信財の移動

なぜ戦のための砦などとしてとらえられ、あまり重要視されていなかった葛西城から威信財が出土しているのであろうか。威信財を出土した第八四号土坑をめぐる問題についてもう少し検討してみたい。古泉弘氏は、威信材を出土した第八四号土坑がどのような意図によって構築されたかについて、「投棄された遺物には完形品や比較的高級な器物が含まれており、使用による損耗のため焼却廃棄したとは考えられない」と述べ、「火災あるいは戦闘後の整理のために廃棄されたとみるべきであろう」と、本土坑が穿たれた目的を想定している［古泉一九八四］。

先に記したように、威信財は武家社会のステイタスシンボルとして重要な財産であり、本来、大切に管理保管され継承されなければならない代物であり、そもそも本来地中から破損して出土する代物ではない。

例え、名品が破損しても「馬蝗絆」の伝説が示すように、鎹を打って修理することが行われていた。またそのような修理の作法に新たな価値観を見出していたと考えられている［小野一九九七］。戦や失火、地震などの災害に見舞われたとしても、威信財を避難させるなど、その保全に注意が払われたであろうし、仮に、何らかの異変によって破損したとしても、粉々に砕けずに破片も失われなければ修復の手立てが施された可能性がある。

少なくとも威信財の廃棄という行為は、破損したので廃棄したという、単純な図式では理解し難い行為と思われる。青花器台は、器台であり、その本体は上にのせられる瓶なのである。本来は、瓶と器台がセットになっているのであるが、第八四号土坑からは、本体の瓶は破片すら出土しておらず、その姿を遺構内からは求めることはできない。また、青花器台も多くの破片を失った状態で出土しており、修復できるような状態ではなく、破損後、威信財として存在価値を失っていたものと考えられる。茶臼も下臼の受皿部が大きく欠損しており、やはり威信財としての存在価値を失った代物と判断される。

そのような威信財の存在価値を失わせるような状況、つまり、威信財が破損し、廃棄される状況というのは、火急かつ尋常でない事態（異変）が発生したことを想起させる。

残念ながら考古資料からでは、第八四号土坑のあり方は、葛西城でただならぬ状況が発生したということは想起させられるものの、具体的にどのような事態が起きたのかは語ってはくれない。次に第八四号土坑の年代を手掛かりに、一六世紀中葉における葛西城の様相を点検し、第八四号土坑から想定される異変について探ってみたい。

葛西城の第八四号土坑出土の威信財は、一六世紀中葉の葛西城の動向を踏まえると誰がもちえた代物なのであろうか。関東公方と積極的に結び付ける史料はないとしたが、状況的には質的にも関東公方と呼ばれる政治権力の所産と考えた方が穏当であろう。

仮に、威信財を関東公方家の器財だとした場合、どのような経緯で葛西城に持ち込まれたのであろうか。それは、天文二〇年末までの間に芳春院殿と梅千代王丸が古河城から葛西城へ移った時か、天文二一年（一五五二）一二月一二日の晴氏から梅千代王丸へ家督を譲られた時のいずれかに古河城から移されたものと想定されるよう。後者は家督の相続であり、それは文書にしたためるだけでなく、所領をはじめ関東公方家を継ぐにふさわしい諸々の譲渡が行われたはずである。当然、関東公方家伝来の書状や武器・武具などの品々もその中に含まれよう。晴氏の葛西入城は、本人の身柄の移動だけでなく、威信財を含め譲渡する品々をも持ち込むことが行われたと想定される。

次に、葛西城から関東公方家伝来の威信財が運び出されたのはいつであろうか。まず、永禄元年（一五五八）四月の鎌倉鶴岡八幡宮の参詣が大きな契機になっているものと思われる。その理由は、参詣後には葛西城には戻らず、関宿城に御座しているからである。義氏の参詣と一緒に運ばれたものか、小田原城、あるいは関宿城へ直接持ち込まれたものなのかは判然としないが、少なくとも関宿城へはどの時点かは明確にはできないが、最終的には、関宿城へ持ち込まれ、以後、移座ともに移動されたものと考えられる。なぜならば、威信財は本拠とするところの会所などに飾られるべきものであり、それを所得していることが権威の証しとなったのである。

4　威信財が遭遇した変異

一六世紀中葉頃の動向を見直すと、先項で記した以外に威信財の移動が想定される出来事として、天文事件をあげることができる。土坑の時期とも相違しない時間内に位置づけられる。

天文事件は、晴氏が葛西城を退去して古河城へ籠り、北条氏に反旗を翻す事件である。この晴氏退去に際して、梅千代王丸に譲渡された威信財をはじめとする公方家伝来の品々には見向きもせずに脱出したとは思えない。それは、晴氏に生命の危機が迫り、やむを得ず葛西城から脱出するような突発的な行動ではなく、北条氏に対抗するために計画された行動であったと考えられる。古河城へ入るにあたって、権威の象徴として、また正当性を示す公方家代々の威信財は、晴氏にとってもなくてはならない代物であったはずである。

改めて、第八四号土坑の状況と重ね合わせると、晴氏の脱出は刀を交えずに隠密裏におこなわれたものではなく、少なくとも建物などの構築物が炎上するような戦闘的な情景があったものと想定される。土坑の埋土は、威信財が納められていた建物や穀物などの食料を蓄えていた建物が火災に遭ったことを物語っているのではないだろうか。

ただし注意しなくてはならないのは、出土した威信財は、大部分の破片が採集されて復原できた骨董的価値のある常滑大甕以外は、青花器台は多くの部分を失った破片であり、茶臼も下臼が大きく欠損する威信財としては価値を失っている代物であるということである。さらに、青花器台の本体となる瓶は出土していない。

このような出土状況から判断すると、晴氏がほかの威信財を持ち出したのか、梅千代王丸側で何とか保全できたのか、どちらとも決しがたいが、廃棄された威信財以外は無事であったものと思われる。仮え、晴氏が威信財の一部でも奪取していたとしても、古河城を制圧し晴氏が拘束された後には梅千代王丸の許に返還されたはずである。晴氏の葛西城脱出に伴い、葛西城内では火災が発生するなど混乱が生じ、その際に破損した威信財を第八四号土坑に焼けた炭化材や焼けた穀物類と一緒に廃棄したという、天文事件に伴う情景が想定されるのである[谷口二〇一二]。

六　小田原北条氏の葛西支配

1　小田原系のかわらけ

先程、第八一号井戸から出土した小田原系の手づくねかわらけについて触れたが、この手づくねかわらけは、小田原北条氏の本拠小田原から搬入されたもので、服部実喜氏がⅡa期新段階とされた天文末から元亀期の間に作られたものと同類である〔服部一九九八〕。本資料は、底部から体部への移行がなだらかでなく、Ⅱa中段階に近い様相を持っていることから、Ⅱa期新段階でも古手の一群としてとらえることができよう(15)。時期的には、天文末期から永禄期初め頃に位置付けられよう。

図21　小田原から搬入されたロクロかわらけ（右）と在地で模倣されたロクロかわらけ（左）

手づくねだけでなく、同時期と考えられる小田原系のロクロかわらけも少量であるが、出土している。一点ではあるが、金箔を貼ったものも認められる。八王子城（東京都八王子市）や岩付城（埼玉県さいたま市）などの小田原北条氏関係の城にも出土事例は見られるが、葛西城の資料は全形をうかがえる良好なものである。ハレの場で限られた人のみが使うことのできた特別なしつらえであったのであろう。

南関東において小田原以外で小田原系のかわらけが出土するのは、天正期に入ってからが一般的である［服部一九九八］。葛西城の手づくねかわらけは、比較的古い出土事例として注目される。おそらく本資料が葛西城にもたらされる契機は、時期的にも関東公方の御座との関わりが考えられる。

また、小田原から直接搬入されたかわらけではなく、小田原のかわらけを模倣して在地で製作したと思われるかわらけも出土している［服部一九九八、谷口二〇一〇］。小田原のかわらけの胎土は、粒子が細かく、比較的薄手に作られている。一方、在地の模倣品の胎土は、小田原に比べて粗く、厚手な作りとなっているが、小田原系ロクロかわらけの形態的特徴である、腰の張り、口縁部の外反、底部内面に見える渦巻き状の凹凸などを意識して真似ている（図21）。小田原への憧れなのであろうか、それとも小田原のかわらけを用いるという儀礼の規範があったのであろうか。いずれにしても、直接もたらされたものだけでなく、在地で作られたかわらけにも小田原の影響が色濃く認められるのである［谷口二〇一〇］。

2　漆器とヒコサンヒメシャラ

葛西城からは、かわらけ以外にも小田原との関係を物語る資料として漆椀の出土が注目される（図23・24）。漆器に描かれた鶴や亀などの絵柄のなかには小田原城出土のものと酷似したものがあり、塗り師などの職人が小田原と葛西間を行き来したものか、あるいは製品が流通していたことが考えられる。

このほか葛西城の堀からは白い花を付ける観賞用のヒコサンヒメシャラの種子が出土している（図22）。葛西城の発掘調査を指導されてきた加藤晋平氏は、この花は箱根など小田原以西にしか自生しないことから、葛西城

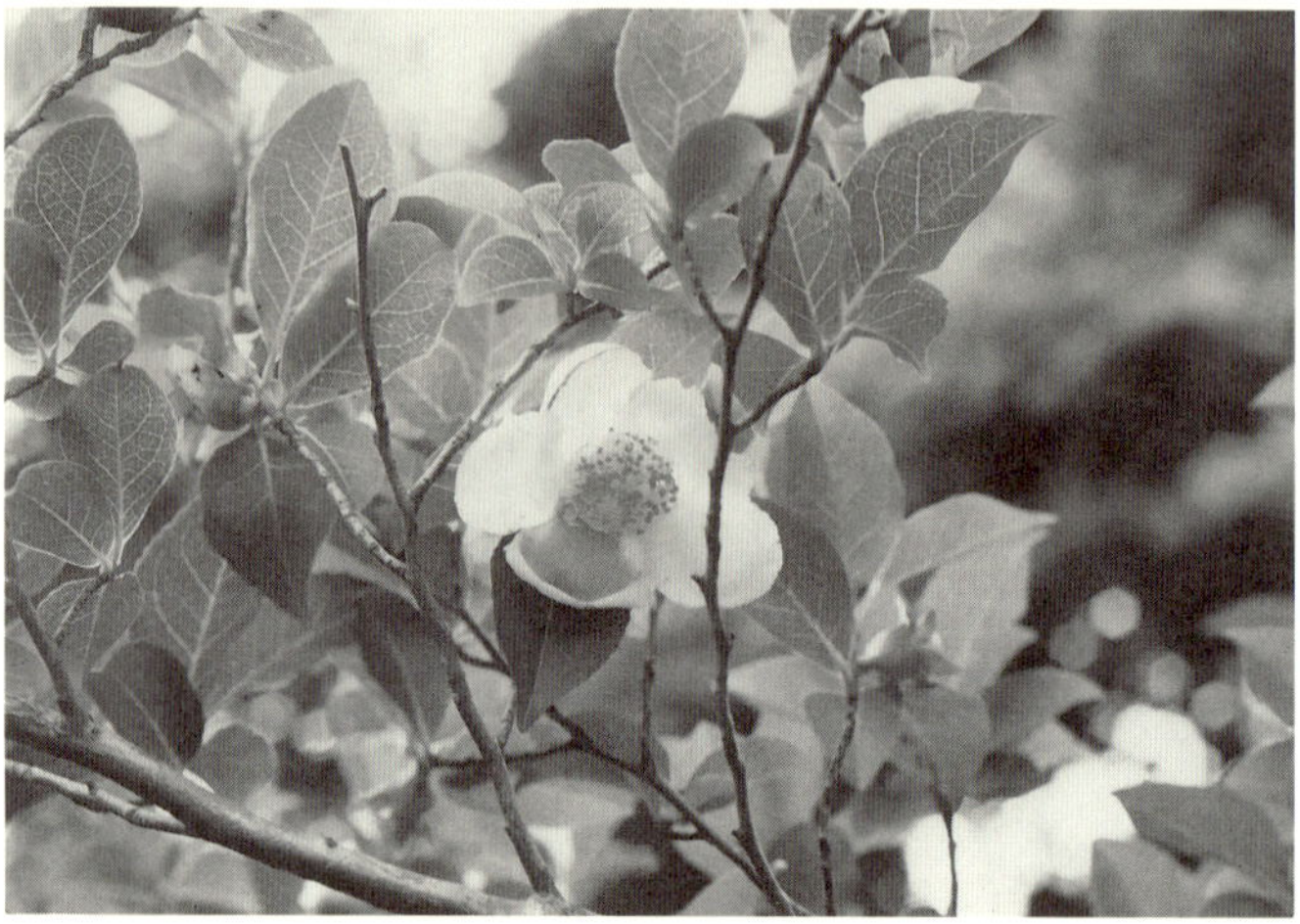

図22　ヒコサンヒメシャラ

に入った武将が小田原北条氏の本拠である伊豆・相模から運んで植えて愛でたものと考えている［加藤一九八七］。

漆椀やヒコサンヒメシャラについては、堀からの一括出土のため詳細な時期を求めるのは難しいが、葛西城出土の国産や舶載陶磁器が概ね天正期以降に希薄になることから、漆椀やヒコサンヒメシャラも主に天文から永禄期頃までの資料として捉えておきたい。

このように葛西城が小田原北条氏方の城であったということを、文献だけでなく遺物などの考古資料からも裏付けることができるのである。小田原北条氏の本拠で出土するのと同様の製品や関係を示す資料が、葛西城内に持ち込まれているということは、考古学的にも小田原北条氏による葛西城の占有と葛西地域の領国化を物語るものであろう［谷口二〇〇二］。

葛西城において小田原北条氏の関わりが色濃く認められるのは、出土遺物から見ると天文から永禄期のなかでも、小田原系のかわらけが搬入される天文末期～永禄期初め、一五五〇～六〇年前後に求めることができよう。つまり、葛西城が天文七年に上杉氏から小田原北条氏によって奪取された後、足利義氏

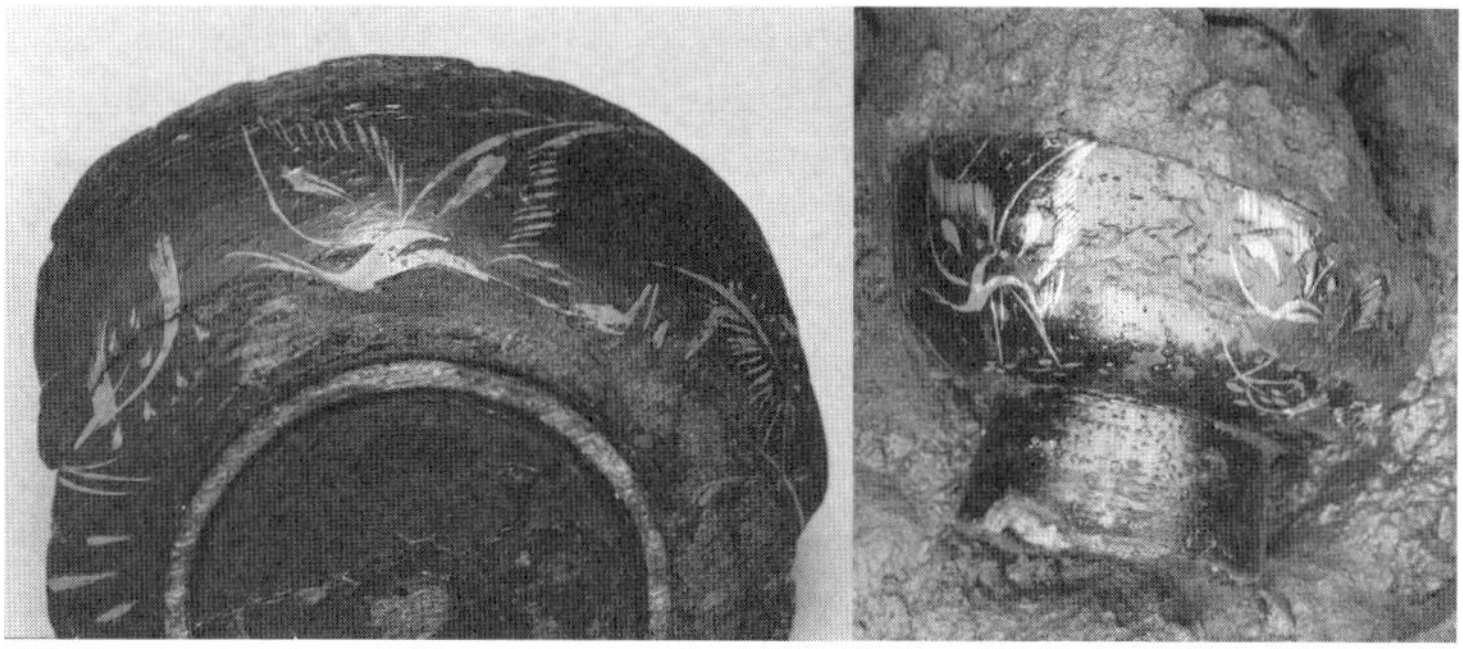

図 23　葛西城出土の漆椀

右は鶴が足を地につけて羽を広げている図案。左は鶴が羽を広げて飛んでいる姿と亀や松などを図案化した蓬莱文様を描いている。

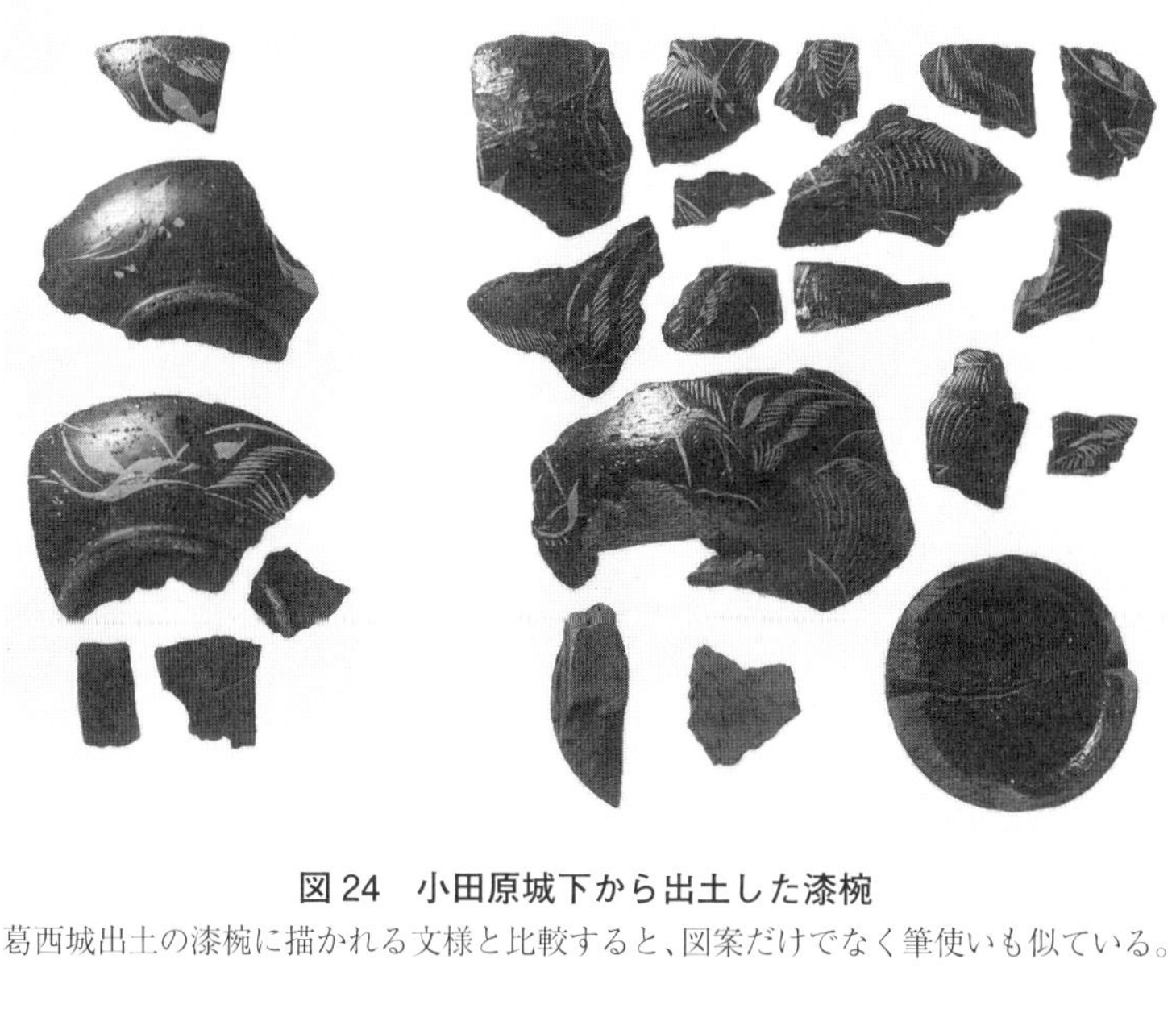

図 24　小田原城下から出土した漆椀

葛西城出土の漆椀に描かれる文様と比較すると、図案だけでなく筆使いも似ている。

の御座など政治的にも重要度を増した時期を中心に、考古学的にも小田原北条氏関連の資料が認められるのである。

3　小田原・江戸と葛西

永禄二年（一五五九）に作成された「小田原衆所領役帳」［佐脇一九九八］によると、葛西地域の所領のほとんどは江戸衆の筆頭である遠山丹波守をはじめ江戸衆が押さえ、葛西地域の要である葛西城も遠山丹波守の一族遠山弥九郎が在城していた。葛西地域は、大きく見ると江戸城を本拠とする江戸衆の管轄下にあって、地域的には江戸の一部に組み込まれ、なおかつ遠山氏の強い影響下に置かれていたのである［長塚一九九三、黒田二〇一二a］。

「小田原衆所領役帳」が作成されたのは、足利義氏が葛西城を退去した翌年の永禄二年であるので、義氏御座所の時期における葛西地域の所領支配の状況をそのまま役帳が反映しているものかどうか判断は難しい。しかし、江戸衆及び遠山氏が葛西城を御座所とした義氏の後ろ盾となっていたことは容易に想像できよう。

「小田原衆所領役帳」に記載されている葛西地域の北条氏の給人の知行状況を検討した長塚孝氏と黒田基樹氏によると、全体で三二郷、一八二八・五三五貫文になり、最も多く領有していたのが江戸衆筆頭で江戸城代を務める遠山丹波守（綱景）で、一六郷、一〇二九・八三五貫文を領している。これは記載されている葛西地域三二郷の半分となり、貫高も全体の半分を超え六割近くを占めている。そして、その葛西地域の遠山氏の知行地のなかで葛西城のある青戸が二〇〇・二二五貫文と最も大きく、葛西地域でも重要な場所（郷）であったことがわかる。(16)

遠山氏の同心衆は遠山弥九郎・萩野・森新三郎・大胡・豹徳軒・会田中務丞・窪寺大蔵丞の六人おり、合わせて七郷、四一二・七貫文となっており、遠山氏と遠山衆を合わせると二三郷、一四四一・五三五貫文となり、なんと葛西地域の郷村の七割、総知行高の八割近くとなる。これに遠山氏の軍事指揮下に編成されていた寄騎の島津氏と千葉氏などを加えれば、いかに遠山氏及び遠山衆の知行高が葛西地域において圧倒的な比率を占め、極めて重要な役割を担った存在であったかがわかる。

遠山衆の中でも、大胡・豹徳軒・会田・窪寺氏は、天文七年（一五三八）の小田原北条氏が進出する前から葛西地域にいた扇谷上杉氏方に属していた領主で、なかでも会田氏と窪寺氏は、葛西地域にしか所領を持っていなかった在地の領主であった。萩野・森氏も扇谷上杉氏方であった可能性があり、葛西地域に所領を持った遠山衆は、ほぼ旧扇谷上杉氏勢力であったことになる。江戸衆以外では、玉縄衆の行方氏と河越衆の山中氏が一郷ずつ領有しているに過ぎない［長塚一九八九、黒田二〇一二a］。

ここで注目されるのは、「小田原衆所領役帳」の葛西地域の所領には、行方・木内・千葉氏以外、「当年改めて半役を仰せ付けらるる」という記載がみられることから、葛西地域の給人所領は、一般的に知行役が半役とされていることである。葛西地域の不分明な知行役をこの機会に定め、一部の特例を除き、葛西全域に統一された知行役の賦課率が掛けられたこと自体、当該地域が小田原北条氏の新しい領国として確立したことを示している。しかし、他の小田原北条氏の領国の郷村では給人所領に北条氏が収取する諸役銭が賦課されているのに対して、葛西地域には役賦課に関わる史料が「小田原衆所領役帳」以後も確認できていない。これは史料が確認できていないのではなく、なにがしかの理由があって半役という軽減措置が執られている可能性が高いとみられている［長塚一九八九、黒田二〇一二a］。

その理由として、後述するように天正二年（一五七四）の関宿城攻略まで葛西地域は小田原北条氏の領国として常に軍事的な最前線に位置しており、軍役という軍事的な負担が掛かっていたのではないかと推察されており［黒田二〇一二a］、小田原北条氏が江戸城攻略以降、北武蔵などを領国化していく中で「北武蔵と葛西の在地構造を一概に同一で語ることはできない」［長塚一九八九］という長塚氏の指摘は、戦国期の葛西地域を捉える上で重要な視点であろう。

役帳作成後の葛西地域は、一時、反北条勢力に制圧された時期を除いて、基本的に江戸衆、とりわけ遠山氏が大きな力を及ぼしていた。そのことは一連の「遠山文書」に、例えば「（年未詳）北条家朱印状」（「遠山文書」戦北五・三七八四）の葛西の船橋【史料8】や、「（天正七年）己卯二月九日付北条家印判状」（「遠山文書」戦北三・二〇五二）には葛西堤【史料9】に関して、遠山氏が関わることが記されている点からもうかがうことができる。

【史料8】（年未詳）三月四日付北条家印判状〈遠山文書〉

一、諸軍勢取越候者、則船橋を切、以夜継
日浅草へ廻、毎度之船橋庭ニ可掛之候、
自上総之注進次第、可為出馬間、無油断
可掛渡旨、可被申付事、
一、葛西之船橋、如毎度可被申付事、
一、其方をハ、甲山之陣より先へ可遣間、於
江城《（江戸城）》支度尤ニ候、上総表之儀候間、此度者
無足之者迄召連、先々儀可被走廻事、
已上

（年未詳）（虎朱印）

三月四日

遠山右衛門大夫殿

【史料9】（天正七年）己卯二月九日付北条家印判状〈遠山文書〉

葛西堤之事、郷々之多
少、大途之如帳面、各申合、
間数を定、早々可被築立之
者也、仍如件

（天正七年）己卯

（虎朱印）

奉之

二月九日　山角紀伊守（定勝）

遠山甲斐守（政景）殿

同千世菊（のちの直景）殿

遠山同心衆中

高城下野守（胤辰）殿

ただし、いつも遠山氏一族が葛西城に在城していたわけではなく、永禄一二年と推定される「（永禄十二年ヵ）北条氏康書状」（「穴八幡神社文書」戦北二・一一五八）によると、葛西地域に本拠を持つ江戸衆の会田・窪寺両氏が葛西城に在城していることもあった［黒田二〇一二a］。いずれにしても葛西城及び葛西地域は、小田原北条氏時代には遠山氏を筆頭とする江戸衆の支配下にあり、江戸地域の一部として維持されていたのである［黒田一九九五］。

葛西城は、永禄四年から永禄五年四月にかけて反小田原勢力の手に落ちるが、再奪取を果たした小田原北条氏は、葛西地域を再び勢力下におさめて天正一八年（一五九〇）まで支配を続ける。その間、軍事的脅威が無くなったわけではなかった。先にも記したように、永禄五年以降も葛西城を取り巻く情勢は依然厳しく、反北条勢力の武蔵の岩付太田氏と房総の里見氏に挟まれ、不安定な状況であった。

永禄七年（一五六四）、第二次国府台合戦が起こり、小田原北条氏が里見氏に勝利すると、敵対していた岩付太田氏も小田原北条氏に従属するに至り、安定したかのように思われたが、永禄一一年（一五六八）以降、里見氏が市川付近まで何度も進攻するなど、引き続き里見氏の脅威にさらされていた。

葛西城が最前線基地の役割を終え、葛西地域が外憂に悩まされなくなり、軍事的な圧力から開放されるのは天正期に入ってからである。天正二年、小田原北条氏によって関宿城が攻略され、簗田氏が水海城（茨城県古河市）へ退去したことにより、葛西地域の上流部が完全に小田原北条氏によって掌握された。また天正期に入ると里見氏も下総西部へ進攻することもなくなった。葛西城は、天正期になると前線基地から中継・補給基地へと変容する［長塚一九九八］。

葛西城は、天正期にはもはや御座所でもなく、最前線基地でもない。すでに江戸城を本拠とする江戸地域に組

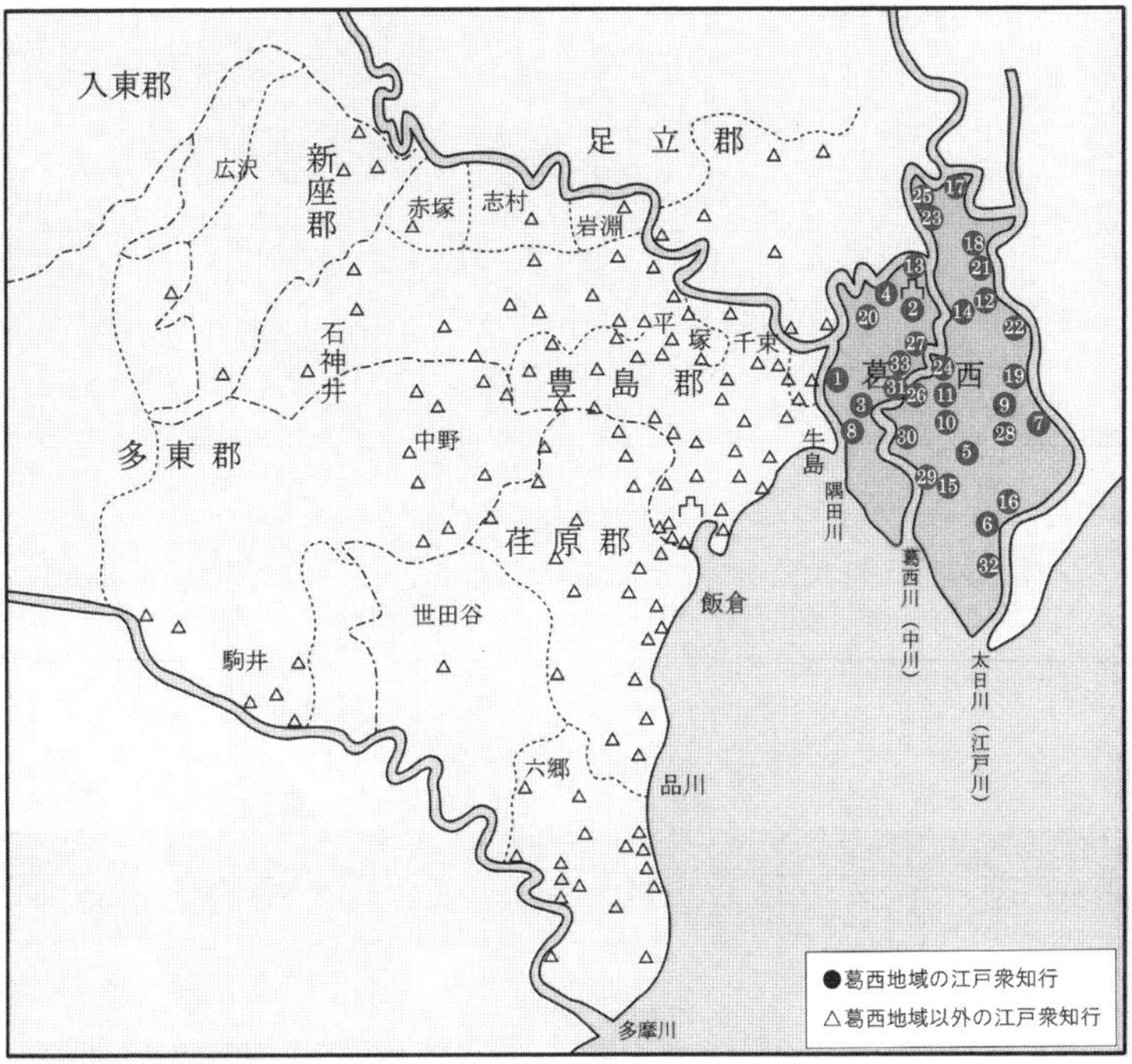

給人名	所属	所領名	給人名	所属	所領名
行方与次郎	玉縄衆	(1) 寺島	遠山弥九郎	江戸衆（遠山衆）	葛西在城（青戸）
遠山丹波守（綱景）	江戸衆筆頭	(2) 青戸	萩野	江戸衆（遠山衆）	(18) 金町（内半分）
		(3) 小村井	森新三郎	江戸衆（遠山衆）	(19) 松本郷
		(4) 千葉袋	大胡（牛込勝行）	江戸衆（遠山衆）	(20) 堀切
		(5) 東小松川	豹徳軒（上田）	江戸衆（遠山衆）	(21) 金町（半分領主如申辻）
		(6) 二之江	会田中務丞（信清）	江戸衆（遠山衆）	(22) 小岩
		(7) 篠崎（上下）			(23) 飯塚
		(8) 葛西川			(24) 奥戸
		(9) 鹿骨	窪寺大蔵丞	江戸衆（遠山衆）	(25) 猿俣
		(10) 小松（上下）	千葉殿	江戸衆（遠山寄騎）	(26) 上平井
		(11) 一色	木内宮小輔	江戸衆（千葉衆）	(27) 堀内
		(12) 柴俣	島津孫四郎	江戸衆（遠山寄騎）	(28) 東一之江
		(13) 亀梨	太田大膳亮	江戸衆（寄親）	(29) 西小松川
		(14) 曲金	小幡源次郎	江戸衆（寄親）	(30) 下平井郷
		(15) 西一之江	朝倉平次郎	江戸衆（冨永衆）	(31) 木毛川
		(16) 今井（上下）	太田新六郎（康資）	江戸衆（寄親）	(32) 長島高城
		(17) 小合	山中内匠助（頼次）	河越衆（寄親）	(33) 渋江之郷

図25　「小田原衆所領役帳」にみる江戸衆知行分布

み込まれていた。江戸領域の軍事的役割は、江戸城が担い、葛西城の軍事的役割は中継・補給基地化し、以前に比べて低下した。しかし、葛西地域の政治・経済的な役割が低下したわけではなかった。葛西地域は、関宿などの上流部や、佐倉・臼井などの下総内陸地域への玄関口として変わらず重要な位置を占めていた。天正期の葛西に関する、天正四年九月二三日の「北条氏照判物写」(「会田文書」戦北三・一八七一)では、佐倉・関宿、葛西・栗橋の船の交通を認めている。

葛西城が前線基地から中継・補給基地へと役割を変えるなかで、葛西の交通など領国に関する史料が目立ってくる。その拠点となるのは、もはや葛西城ではなく、葛西新宿であったようだ。葛西城の役割が変容するとともに、南北に河川、東西に街道を交える葛西新宿の役割が高まったのであろう。

史料から読み取れる葛西地域と小田原北条氏との関係だけでなく、葛西城から出土した考古資料からも小田原北条氏との関係が読み取れることは、先に述べたとおりで、考古学的にも小田原北条氏による葛西城の占有と葛西地域の領国化を物語るものであろう。特に強い結びつきを見せるのは、小田原系の手づくねかわらけが搬入される天文末期から永禄期初めの一五五〇から六〇年前後に求めることができる。

葛西城が小田原北条氏に奪取された後、葛西公方足利義氏の御座など政治的にも重要度を増した時期に、小田原北条氏に関連する考古資料が認められるのである。小田原北条氏にとって葛西公方足利義氏の存在は、関東に覇権を唱える正当性を誇示するためには、その義氏が御座する葛西城は当然のことながら重要視された存在であったはずである。葛西城出土の考古資料が小田原北条氏と強い結びつきを見せることは、葛西公方足利義氏の存在なくしては説明がつかないのではないだろうか。

小田原系のかわらけ以外の葛西城から出土した陶磁器類を見ると、葛西城が築城された一五世紀後半から小田原攻めによって落城する一六世紀末までの国産の瀬戸・美濃焼や常滑焼の製品が多く出土しているが、一五世紀後半から一六世紀前半に比べ、量的に一六世紀後半以降の製品が少なくなる傾向がある。

また、南関東の小田原北条氏に属した諸城から出土する初山焼や志戸呂焼などの製品については、今のところ志戸呂と思われるものが一点確認されたのみで、皆無に等しい。中国製の磁器類は、先の青花器台のほかにも、青花、白磁、青磁などが出土しているが、万暦様式の製品が極めて少ない。

以上のように、小田原北条氏時代の葛西城から遺物が時期的に満遍なく出土するのではなく、陶磁器類を例にとると、概して一六世紀後半に国産、舶載とも遺物の出土が少ないのが特徴といえる。遺物量の多少が城内での生活の状況を反映しているとすれば、概ね天正期には生活の痕跡が薄くなるといえよう。

つまり、考古資料から見ると小田原北条氏時代の葛西城は、義氏御座時代と退去後では、その使われ方、役割が変わったかのような様相を呈しており、長塚氏が指摘した葛西城が前線基地ではなくなり、中継・補給基地化したことが遺物量に反映しているものと判断されるのである〔谷口二〇〇九・二〇一〇〕。

4　葛西新宿の整備

小田原北条氏は、葛西城の改修とともに、葛西川の対岸に新しい宿場「葛西新宿」の整備を行い、城下や葛西の開発を進めている。永禄一一年（一五六八）に葛西新宿の伝馬役を定めた記録が葛西新宿の初見文書【史料10】「（永禄十一年）八月八日付北条家印判状」（「遠山文書」戦北二・一〇八八）で、その頃には葛西新宿がすでに整備されていることがわかる。

【史料10】（永禄十一年）戊辰八月八日付北条家印判状〈遠山文書〉

（前欠）
一日ニ四疋充可立之候、日付を
見届、先次第可立之候、
若致非分者有之者、御
旗本へ参而、御侘言可申上者也、
仍如件
（永禄十一年）
戊辰（虎朱印）　　奉
八月八日　　（政景）遠山
葛西
新宿

天正期の葛西に関する史料には、先に紹介した天正四年（一五七六）九月二三日の「北条氏照判物写」（「下総舊事三」戦北三・一八七二）では佐倉・関宿、葛西・栗橋の船の交通を認め、一連の遠山文書には、堤の修復や船橋の維持を命じるものが残されている。

天正一〇年（一五八二）と考えられている【史料11】「（天正十年）五月九日付遠山直景伝馬手形写」（「武州文

書」戦北三・二三三七）には、江戸から浅草・葛西新宿・臼井までの交通が記されており、小田原から江戸を経由して下総の内陸部へと結ぶ小田原北条氏の交通網の要所のひとつとして葛西新宿が機能していたことがわかる。

【史料11】（天正十年）五月九日付遠山直景伝馬手形写〈武州文書〉

伝馬壱疋可出之、但彼出家ニ可渡之者也、仍如件、

（天正十年）
壬午
五月九日　　　　直景
江戸
浅草
葛西新宿　但是者臼井

また、葛西新宿や葛西城周辺に所在する寺院の創建や中興などの沿革を調べると、平安時代末から鎌倉時代に創建されたと伝わる寺院が五寺もあり、その土地の開発の古さをうかがわせている。特に注目されるのは、創建もしくは中興とされる時期が永正〜大永年間が四寺、永禄〜天正年間が四寺あり、永正〜天正期に創建もしくは中興の縁起を有している。[17] 葛西城を中心とした葛西川両岸地域に永正〜天正期に、集中して寺院の進出や再整備がなされたということは、葛西城下の整備と連動した動きと見て取れよう［谷口一九九四・二〇〇二］。

葛西新宿をめぐる交通を考える時、忘れてはならないのは浅草の存在であろう。【史料11】「（天正十年）五月

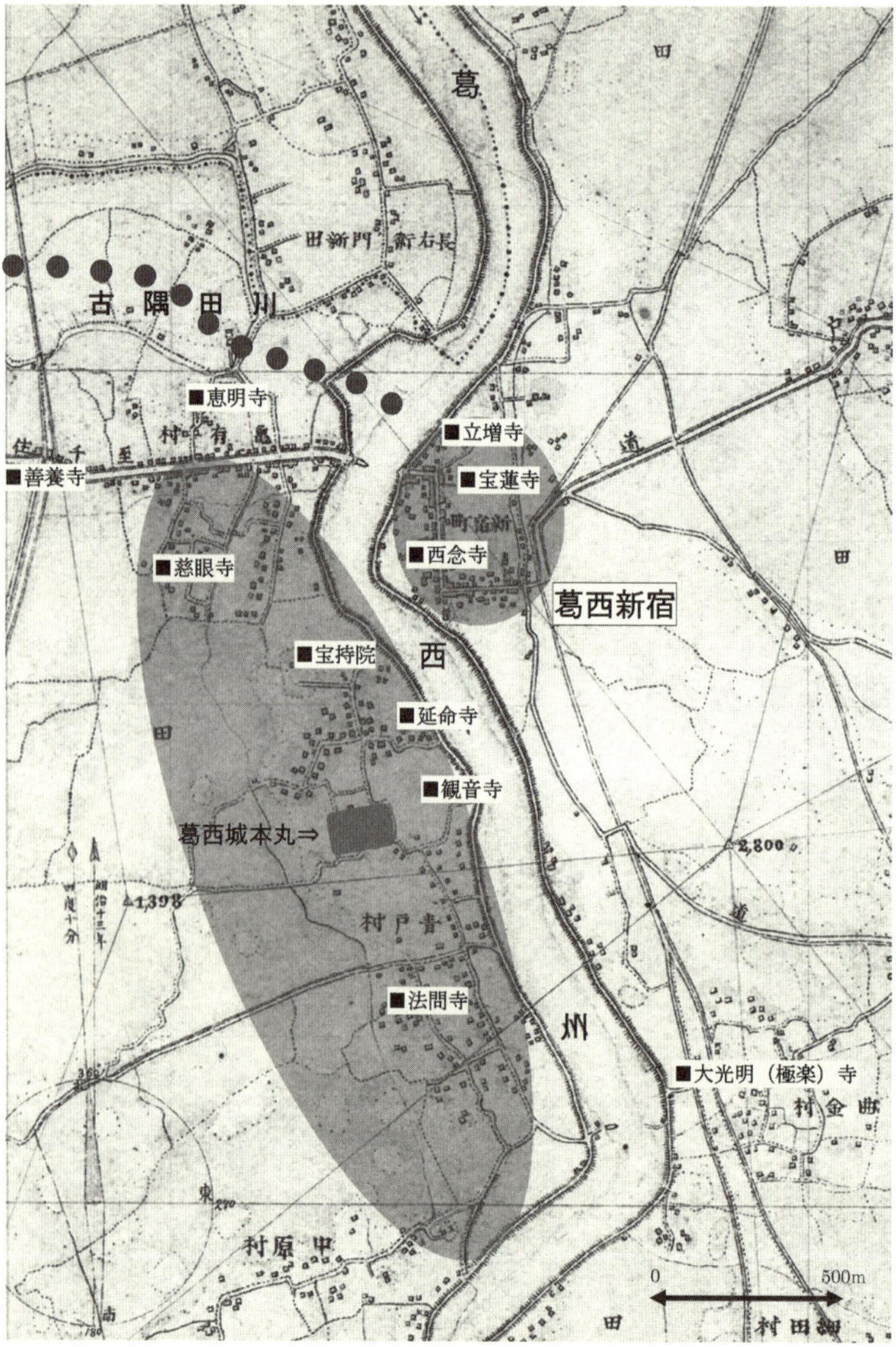

図 26　葛西城及び葛西新宿

九日付遠山直景伝馬手形写」（武州文書）に、江戸・浅草・葛西新宿・臼井への交通が確認できるように、江戸と葛西とを繋ぐのは浅草であった。先に示した天正期頃の【史料8】「三月四日付北条家印判状」（遠山文書）でも、葛西新宿とともに浅草の船橋の管理について命じている。葛西と浅草、そして浅草と江戸が小田原北条氏時代の下総方面と連絡する幹線ルートであり、浅草、そして葛西新宿が江戸からの交通の繋ぎ目として重要な宿駅であったことがわかる。

では具体的に葛西地域内のどこに浅草と下総方面とを結ぶルートが通っていたのであろうか。先行研究によると、黒田基樹氏は、伝馬手形と船橋の検討から以下のルートを想定している。江戸・浅草から下総台地に抜けるルートは、【史料11】で浅草から葛西新宿を経由して臼井に向かっているので、今戸もしくは石浜で隅田川を渡河し、葛西新宿を経て、後の佐倉街道を通って小岩の渡し辺りで江戸川を渡河して臼井に至るルートを想定し、このルートが最も一般的なものであったとしている。

ただし、【史料8】にあるように上総方面との連絡を考えると、この葛西新宿を経由するルートは遠回りになるので、隅田から小岩へ直線的に貫く古代東海道のルートを使って下総沿岸部や上総方面に至ったのではないかと想定している。

そして、【史料8】に見える船橋について、隅田川の船橋は古くからの渡河地点である石浜、もしくは今戸が想定されるが、両所が浅草と表現されたとは考え難く、花川戸でも牛島からさらに川を渡って葛西に入らなければならなくなってしまうと、今後の課題としている。葛西の船橋については、葛西川に架けられたもので、葛西新宿を通って小金方面に抜ける場合は、葛西城と葛西新宿の間に架けられ、古代東海道ルートを用いた場合は堀内（立石）に架けられたとしている［黒田二〇一二a］。

そこで注目されるのが、葛西地域に設定された小田原北条氏の直轄領である。前項で「小田原衆所領役帳」における葛西地域の北条氏家臣の所領の状況を確認したが、知行地として宛てがわれた三二郷以外の「葛西御厨田数注文写」に記載されている郷村について、小田原北条氏の直轄領で有る可能性が高いと長塚孝氏と黒田基樹氏は指摘している。

長塚氏は、隅田・亀津・蒲田の三郷は、それぞれ隅田川・葛西川・江戸川の河口付近に所在していることから河川交通の出入口を掌握するため直轄下に置いたとした。また、かつて香取社の川関が置かれ、応永五年段階に三一町七段を有していた長島について二貫文と極端に知行貫高が低いのは、小田原北条氏との相給によるためであったとした〔長塚一九九八〕。

一方、黒田氏も隅田・亀戸・新宿・谷河内・蒲田・桑川の六ヶ所は北条氏の直轄領であったと推測している〔黒田二〇一二a〕。

この点について改めて整理すると、「葛西御厨田数注文写」に郷村名があって、「小田原衆所領役帳」に記載がみられない郷村は、荒張・隅田・立石・亀津村（亀戸）・上袋・蒲田（鎌田）・中曽根の七ヶ所となる。黒田氏が新宿・谷河内・桑川を加えているのは、『新編武蔵風土記稿』にみられる分村関係からの推定によるものである。ここでは、「葛西御厨田数注文写」と「小田原衆所領役帳」の郷村名の比較を行い、前者に記載され後者にみられない郷村名について、江戸時代の村名として確認できるもののみを検討したい。

先の七ヶ所の内、隅田・立石・亀津村（亀戸）・蒲田（鎌田）の四ヶ所は江戸時代にも確認できる村名であり、「小田原衆所領役帳」作成段階にも存在していた郷村と捉えることができる。従って小田原北条氏は家臣の知行地として宛がわず、直轄領としていた可能性が高い。

その前提に立ってそれらの郷村の位置を確認していくと、長塚氏が隅田・亀津・蒲田の三郷について指摘したように、立石[18]も含め、河川交通の要衝をおさえていたとみられる。さらに隅田・立石は黒田氏が想定した上総方面と連絡するルートと合致し、河川交通だけでなく陸上交通と交わる交通の要衝と捉えることが出来る。隅田・立石を繋ぐルートは古代編第四章で指摘した古代官道であり、中世前期は鎌倉街道として下総と武蔵を繋ぐ幹線道路として存続していたと考えられる。

では荒張・上袋・中曽根はどのような場所にあるのであろうか。これらはいずれも明確な場所が不明な郷村であり、第四章で場所比定を試みている。荒張は曲金近くの葛西川沿いで現在の葛飾区高砂周辺、上袋は葛飾区小菅・柳原付近、中曽根は江戸川区小岩付近と考えられる。

上袋は、古隅田川と入間川の合流付近にあり、下総国葛西と武蔵国足立と同豊島の境界地域に位置する。境目としても重要な場所と考えられる。荒張と中曽根は、「葛西御厨田数注文写」に記載されている郷村の中でも五町に満たない田数で、一〇丁町以下はこの二ヶ所のみで特異な存在といえる。なぜ他の郷村に比べ耕地面積が少ないのに郷村として設定する必要があったのであろうか。河川沿いに位置することから上袋も含め渡河地点で渡し場が設置されていったのではないかと推測している。

その推測が正しいものどうかは今後の研究に委ねるとしても、先の荒張・隅田・立石・亀津村（亀戸）・上袋・蒲田（鎌田）・中曽根の七ヶ所は、いずれも河川交通及び陸上交通の要衝と考えられ、そこを小田原北条氏が直轄領として抑えたと捉えておきたいと思う。

葛西地域は、小田原北条氏にとって武蔵国と下総・上総・常陸方面と連絡する上で要となる位置にあり、葛西新宿はそれらの地域とを繋ぐ重要な宿駅だった。そして、小田原北条氏の統治下の葛西地域は、葛西新宿を中継基地とした通常の伝馬ルートとともに、戦時体制時の軍団移動のためのルートも確保していたとみられる。[19]東方の江戸川以東の敵勢を見据えた時、もしも敵勢が江戸川を渡河して進攻してきた場合、江戸城までの進撃を食い止めるためにも葛西城及び立石が西岸に位置する葛西川が防衛ラインとして強く意識されていたとみられる。葛西川東岸に位置する葛西新宿のクランク状の道の造りも、そのような危機管理の中で設けられたのであろう。万が一葛西川を越えられたら、次は隅田川が江戸城の及び江戸地域の重要な防衛ラインとして機能したことを【史料8】は物語っているのである。

葛西城は、山内上杉氏の南武蔵の海に通じる拠点のひとつとして享徳の乱以降に築かれた城で、幾度かの攻防の末、小田原北条氏によって戦国の城としての体裁を整えた。葛西地域は小田原北条氏の下総国唯一の領国として治められ、葛西城は古河公方足利晴氏や葛西公方足利義氏の御座所としても機能した。天正期には、葛西城はもはや御座所でもなく、最前線基地でもなくなっていた。すでに江戸城を本拠とする江戸地域に組み込まれていたが、江戸領域の軍事的役割は江戸城が担い、葛西城の軍事的役割は中継・補給基地化していき、関宿などの上流部や常陸や下総地域とを繋ぐ玄関口として重要な位置を占めていた。

天正一八年（一五九〇）、戦国の世に幕を引くおお戦さがはじまる。二〇万を越える秀吉軍が小田原を目指して進撃したのを受けて、北条氏直は小田原城をはじめ諸城で籠城する作戦で対抗した。小田原城が秀吉の大軍に包囲されるなか、諸城にも攻め手が押し寄せ、次々に攻略あるいは開城させられてしまう。四月二二日に江戸城は徳川家康配下の軍勢の前に開城降伏すると、葛西地域の村々では戦禍に備え、大金を積んで禁制を願い出て秀吉の庇護を請う村も出てきた。

しかし、江戸城をはじめ周辺の小田原北条方の城が開城降伏し、地元の村々も戦禍を避けようと苦心する中で、葛西城のみが降伏せず孤軍奮闘していた。武力に優る敵勢に対して、一部の勝算も見えない状況下での対抗姿勢の背景はなんだったのであろうか。葛西城には葛西地域を管轄していた遠山氏も守備していなかった。葛西城に立て籠もり、徳川家康の家臣戸田忠次に攻め落とされたのは、葛西地域を本拠とした会田・窪寺氏だったのではないだろうか。上杉氏時代からの先祖から引き継がれてきた所領を守るべく、葛西城とともに運命をともにしたのであろう。まさに葛西地域の戦国の世の終焉を葛西落城は物語っているのではないだろうか。

〈註〉

（1）「大関増雄伝」（後鑑二三六）には、「寛正二年辛巳年足利成氏相属、武州出張、松山・葛西両城ヲ攻落」とある。

（2）「太田道灌状」（國學院大學図書館所蔵）には以下のように記されている。

一、千葉実胤事者、雖当方被渡縁者候、
被招出大石々見守葛西被越、
公方様内々被申旨候、雖然孝胤《（千葉）》出頭事候
間、依無御許容、濃州辺流落候、

長尾景春の乱に際して、景春に与した千葉実胤が、太田道灌と大石石見守に招かれて葛西に移ったことが記されており、石見守の葛西在城を証明する史料でもある。下総復帰を望んだ実胤であったが、千葉宗家をめぐる太田道灌と足利成氏との交渉のなかで進退窮まり、美濃へ遁世してしまったという。

（3）『天文記』「天文七年十月」（国立公文書館所蔵）には、天文七年（一五三八）一〇月六日、国府台へ進軍した小弓公方足利義明、安房里見義堯勢に対して、北条氏綱は江戸城から軍勢を進め、七日に合戦となり、北条方は義明とその子義純、弟基頼を討ち取るなど大勝を収めるなど、第一次国府台合戦の様子が記されている。

二日向下総氏綱《（北条）》父子《（氏康）》進発、是小弓上様義明、里見引率鵠台《（国府台）》御出張アリ、同六日氏綱江戸白出陣、同七日合戦、敵上様并御曹司・

基頼公三大将、椎津・村上・堀江・鹿嶋等面々競戦、氏綱先陣志水・狩野・笠原・遠山・伊東等防之、急ニ攻戦、小弓衆打負、御曹司様・上様御舎弟基頼御討死、小田原方安藤備前、御上様御手懸リ討死、三浦城代横井神助、上様明義奉討落、松田弥次郎御首奉討、逸見山城入道祥仙為山中修理亮カ被誅、凡討死百四十余人、其外御所方佐々木源四郎・逸見八郎・佐野藤三・町野十郎等遁戦場、上様御末子御曽子奉伴、則小弓城焼払、房州落行畢、憑里見云々、（後略）

（4）関東足利氏一門として渋川・吉良・新田岩松・山内上杉氏がいたが、「御一家」は最も家格が高く、関東公方に次ぐ身分的地位を得ることになった［黒田二〇一一］。

（5）【史料2】の「永禄五年三月二十二日付北条氏康契状」（戦北一・七五〇）の前日の日付で、北条氏康が本田正勝に対して、自軍に馳せ参じ、忠節を励むよう促し、参じた場合には江戸筋に一ヶ所、足立に二ヶ所の知行宛行を約束し、また戦功のあかつきには望みに応じて加増するという文書を発給している（戦北一・七四八）。また、同日付の別の本田氏に宛てた文書には、本田氏と「同心者共」は「殊更太田指南上」とあり、太田資康の指示の基に動いていることが分かる。【史料2】では、氏康は正勝に対して「忍」を用いての葛西城乗っ取りを望んでおり、成功の褒美として、葛西地域の曲金・両小松川・金町のほか、代物五百貫文を与えるとしている。その一ヶ月後の【史料3】「永禄五年卯月十六日付北条氏政契状」（戦北一・七五九）では、氏康から氏政に代わり、本田正勝に対して再び葛西城乗っ取りを促し、その褒美として【史料2】に比べて江戸廻飯倉を新たに加えた条件提示を行っている。

（6）「太田家記巻上」（国立公文書館所蔵）には以下のように記されている。

一、房州里見より武州葛西へ網代大炊允と云者出張し、江戸城も伺候付、小田原より為討手、康資公被指向候、何之手やらん、同月廿四日之夜、葛西の城へ御向ひ、御後の時城主ハ里見義弘の家臣網代なにかし、康資公自戦て、大に破り、首を取事数百と云々、此時本田清兵衛能働て軍功有之

里見義弘が網代大炊允に葛西を経て江戸城を攻める計画を立てたが、小田原北条氏から討手として派遣された太田康資は、

四月二四日夜に「網代なにかし」が守備する葛西城を攻め、戦功を挙げたことが記されている。【史料4】から四月二四日は永禄五年であることがわかる。

(7)「戸田忠次家伝　寛永諸家系図伝巻一〇九」(国立公文書館所蔵)の「忠次」の項に、「小田原落城のとき、本多中務大輔忠勝・鳥居彦右衛門尉元忠・平岩主計頭親吉ならひに忠次等に命して武蔵・上野・下野の諸城を請取しめたまふ、此とき忠次葛西の城をせめおとす」と記されている。

(8)長塚孝氏は、葛西新宿を設置段階から葛西城との関連よりも交通路を優先したもので、城下として機能させようという構想はなかったとしている。ただし、「城と城下が一体化して経済圏を形成しているわけではないが、有機的な結び付きを持っていた」とも述べている[一九九八]。筆者は、葛西城と葛西川を挟んだ対岸の葛西新宿も葛西城の城下ととらえている。軍事的な急変がない限り日常は船橋で連絡が確保されており(【史料10】)、江戸と下総方面を繋ぐ街道(【史料9】)を抑え、葛西川の舟運をも管轄するために葛西新宿も含めて、総構え的な構築はみられないが、城下として捉えるべきだと考えている。また、葛飾区亀有の旧水戸佐倉道沿いに「上宿」という字名が確認でき、街道が通り、宿が形成されていたことがうかがえる。そして、その亀有の宿に対して新たに小田原北条氏によって設置されたのが葛西新宿であることも想定されよう。葛西城は「大手前」字名の遺存から城の表向きは北方であったことがわかる。これは江戸時代の水戸佐倉道以前の亀有は、葛西新宿を通る街道と葛西川の渡河地点であり、交通の要衝としての亀有の存在が影響しているものと考えている。

(9)加藤晋平氏は、Ⅳ区濠(堀)の構築時期を、北条氏に落城させられた天文七年の後、ないし永禄5年の後のいずれかを想定し、遺物の面から後者の可能性が強いとしている[加藤一九七四]。

(10)古河公方と葛西城との関係をいま少し整理してみると、義氏が葛西城に御座していた八年間のなかでも、晴氏・義氏の葛西入部の時期か、足利晴氏失脚後の弘治元年(一五五五)におこなわれた葛西城での元服式という、ふたつの画期が考えられよう。

(11)ただし、はじめから堀幅が二〇メートルにおよぶものが造られていたかどうかを考古学的に検証するのはなかなか容易ではない。ある遺構が縮小される場合は発掘調査でも確認しやすいが、拡張となると難しくなる。何度かに亘って広げられたという可能性も否定できないが、後で紹介するⅢ区第八〇・八一号井戸が大規模な堀によって画された本丸の構えと対応して配置されていることから、少なくとも小田原北条氏の本丸の構えは足利晴氏・義氏親子の御座の段階で整っていたものと判断される。

(12) 佐藤博信氏は、古河公方家と北条氏、そして古河公方家重臣簗田氏との政治的緊張関係があり、その所産として北条氏と簗田氏との間で起請文が交わされている。その後も芳春院殿と簗田氏の間でも契状が交わされるなど、北条氏は芳春院殿と梅千代王丸の葛西城移座や晴氏失脚後も、簗田氏との関係を重視していた［佐藤二〇〇二・二〇一〇］。

(13) 黒田基樹氏は、古河公方、特に義氏の葛西御座について、「これは関東政治史の展開をみていくうえで重要な事実である」と述べている［黒田二〇一一］。

(14) 二〇〇七年九月八日（土）に葛飾区郷土と天文の博物館で行われた東国中世考古学研究会のかわらけの検討会において、第八一号井戸から出土した小田原系手づくねかわらけの時期をⅡa期新段階でも古手の一群としてとらえ、天文末から永禄の初め頃に位置付けて報告をおこなった。小田原市教育委員会の佐々木健策氏から概ね時期的な賛同をいただいた。

(15) 註14に同じ。

(16) 黒田基樹氏は、遠山氏は、「小田原衆所領役帳」に書きあげられている葛西地域における知行高が、総知行高の半分を占めているが、江戸衆筆頭として江戸地域支配に重要な役割を持っているにもかかわらず、江戸地域の知行高はわずか一〇〇貫文に過ぎない点に注目している。江戸地域には、江戸太田氏をはじめ旧扇谷上杉氏勢力の残存の割合が高いために、遠山氏の所領を設定できなかった事情もあるが、遠山氏にとっても遠山氏の所領全体のなかでも、また江戸地域支配の上にも、葛西地域の所領は極めて重要な位置にあったと想定している［黒田二〇一二a］

(17) 葛西城周辺の近世以前の主な寺院創建・中興は左記の表のとおり。

寺名	所在地	宗派	創建・中興
法問寺	青戸六丁目	浄土宗	永禄二年 元は東南約一〇〇メートルのところにあったが、享保一四年（一七二九）に中川改修に伴い現在の地へ移転（一五五九）
観音寺	青戸六丁目	真言宗	天正四年（一五七八）
宝持院	青戸八丁目	真言宗	天養二年（一一四五）
延命寺	青戸八丁目	真言宗	嘉応元年（一一六九） 葛西城の鬼門除けと伝わる

西念寺	新宿二丁目	浄土宗	文安五年（一四四八）に草庵を結び、天文元年（一五三二）開山
立増寺	新宿二丁目	日蓮宗	永仁元年（一二八〇）或は永正年間（一五〇四～二一）
宝蓮寺	新宿二丁目	真言宗	天文元年（一五三二）
慈眼寺	亀有二丁目	真言宗	天正四年（一五七八）
恵明寺	亀有三丁目	真言宗	建治二年（一二七六）或は弘安元年（一二七八）
善養寺	西亀有三丁目	浄土宗	天正年間（一五七三～九一）
大光明寺	高砂二丁目	浄土宗	弘安年間（一二七八～八七）・天正年間（一五七三～九一）

（18）「葛西御厨田数注文写」では、郷村名として「立石」が記されている。一方「堀内」は「一　木庭袋　七十丁（七十八町五段）公田八十五反内六丁五反堀内主（青）戸合二丁半木庭袋」とあり、「青戸」も含め、郷村として独立させて記載せず、木庭袋のところに記されている。この辺りの事情は、「葛西御厨田数注文写」は神宮側が作成したもので、在地支配勢力の状況が反映しているものとみられる。つまり、神宮側の影響が及び難い山内上杉氏が抑え、なおかつ地域的な繋がりが強いことがうかがえるのが、「木庭袋」「堀内」「青戸」ということになろう。「木庭袋」は葛飾区東堀切・堀切・西亀有辺り、「青戸」は葛飾区青戸、「堀内」は、長塚孝氏によって字名の遺存から葛飾区立石と比定されている。「立石」と「堀内」を同一視して捉える向きもあるが、「葛西御厨田数注文写」での記載状況から分けて捉えるべきかと思う。従って「小田原衆所領役帳」に記載のない「立石」を小田原北条氏の直轄領と判断した。

（19）同じ河川の近接した場所に、二つの渡河地点がある情景として、『一遍上人絵伝』の富士川の渡河状況が想起される。注目されるのは、『一遍上人絵伝』二つの渡河地点のうち、上流部のものは両岸に宿と考えられる家並みが描かれ、渡船で渡河している。下流部の方は、船橋が描かれるが、両岸は河原の荒地となっている。黒田日出男氏は、上流部の情景は通常の東海道筋のもので、下流は政治的・軍事的用途で設けられた可能性を指摘している［黒田一九九七］。渡河手段は渡船と船橋とが描かれているが、ここでは幹線道路とは別に政治的・軍事的とされる別の道の存在に注目したい。『一遍上人絵伝』の富士川の場面と同じように、葛西城の上手に江戸と下総方面を結ぶ伝馬道、下手に隅田と立石を小田原北条氏が直轄領として抑えて双方を結ぶ軍用道路的な構えとして管理していたのではないかと考えている。

参考文献

市村高男　一九九五「中世東国における内海水運と品川湊」『品川歴史館紀要』一〇号、品川区立品川歴史館
入間田宣夫　一九九六「鎌倉時代の葛西氏」『石巻の歴史』第一巻通史上　石巻市
宇田川武久　二〇〇二『歴史ライブラリー一四六　鉄砲と戦国合戦』吉川弘文館
宇田川　洋　一九七五『青戸・葛西城址調査報告Ⅲ』葛西城址調査会
宇田川　洋　一九七六『青戸・葛西城址Ⅱ区調査報告』葛西城址調査会
小野正敏　一九九七『講談社選書メチエ一〇八　戦国城下町と考古学』講談社
可児弘明　一九五一「東京都青戸御殿山遺跡」『貝塚』第三二号　貝塚研究会
可児弘明　一九六一「東京東部における低地帯と集落の発達（下）」『考古学雑誌』第四七巻第二号　東京考古学会
加藤晋平　一九七四「V　まとめ―若干の考察と遺跡保存のお願い」『青戸・葛西城址調査報告』Ⅱ　葛西城址調査会
加藤晋平　一九八七「葛西城没落の記」『東京の文化財』第三三号　東京都教育委員会
亀井明徳　二〇〇七「コラム5　葛西城址出土の元青花器台について」『関東戦乱―戦国を駆け抜けた葛西城』葛飾区郷土と天文の博物館
桐山秀穂　二〇〇七「コラム3　蓮弁文様の茶臼」『関東戦乱―戦国を駆け抜けた葛西城』葛飾区郷土と天文の博物館
黒田日出男　一九九七「絵画に静岡の中世を読む」『静岡県史研究』第一四号　静岡県教育委員会県史編さん室
黒田基樹　一九九五「江戸城将遠山氏に関する考察」『戦国史研究叢書1　戦国大名北条氏の領国支配』岩田書院
黒田基樹　二〇一一『戦国関東の覇権戦争―北条氏VS関東管領・上杉氏五五年の戦い―』洋泉社
黒田基樹　二〇一二a「北条氏と葛西城」『地域の中世　古河公方と北条氏』岩田書院（初出　二〇〇一「小田原北条氏と葛西城」『葛西城とその周辺』たけしま出版）
黒田基樹　二〇一二b「足利義氏と北条氏」『地域の中世　古河公方と北条氏』岩田書院（初出　二〇〇七「足利義氏と小田原北条氏」『関東戦乱―戦国を駆け抜けた葛西城』葛飾区郷土と天文の博物館）
古泉　弘　一九八三『葛西城―葛西城址発掘調査報告』葛西城址調査会

古泉　弘　一九八四「葛西城址出土の青花器台」『貿易陶磁研究』第七号　貿易陶磁研究会
坂詰秀一　一九七七『歴史考古学の構想と展開』雄山閣
佐藤博信　二〇〇〇『江戸湾をめぐる中世』思文閣出版
佐藤博信　二〇〇二「古河公方足利義氏論ノート―特に「葛西様」をめぐって―」『日本歴史』第四六四号　吉川弘文館
佐藤博信　二〇一〇「古河公方足利義氏と東国―特に「葛西様」段階を中心に―」『葛西城と古河公方足利義氏』雄山閣
佐脇栄智校注　一九九八『小田原衆所領役帳』東京堂出版
鈴木正貴　二〇〇〇「出土遺物からみた結物」『桶と樽　脇役の日本史』法政大学出版
谷口　榮　一九八九『葛西城址　青戸七丁目二九番地点発掘調査報告書』葛飾区遺跡調査会
谷口　榮　一九九二『葛西城址XIII』第一分冊　葛飾区遺跡調査会
谷口　榮　一九九四『葛西城と後北条氏』『戦国史研究』第二八号　戦国史研究会
谷口　榮　二〇〇一「Ⅲ報告4　発掘された葛西城」『葛西城とその周辺』たけしま出版
谷口　榮　二〇〇二「葛西築城とその終焉―葛西城から見た戦国期における葛西の動向―」『葛西城発掘三〇周年記念論文集　中近世史研究と考古学』岩田書院
谷口　榮　二〇〇七『親鸞と青砥藤綱―東京史探知の歴史伝説を探る―』葛飾区郷土と天文の博物館
谷口　榮　二〇〇九「葛西城と古河公方足利義氏」『東京都江戸東京博物館研究報告』第一五号　江戸東京博物館
谷口　榮　二〇一〇「小田原北条氏と葛西城」『葛西城と古河公方足利義氏』雄山閣
谷口　榮　二〇一二「廃棄された威信財―葛西城本丸跡出土遺物から―」『関東足利氏と東国社会』岩田書院
鳥居龍蔵　一九二七『上代の東京と其周圍』磯部甲陽堂
中川成夫　一九六〇「中世考古学の諸問題」『地方史研究』第一〇巻第三号　地方史研究協議会
長塚　孝　一九八九「戦国期の葛西地域」『葛西城XIII第三分冊』葛飾区遺跡調査会
長塚　孝　一九九三「戦国期江戸の地域構造」『江東区文化財研究紀要』四号　江東区教育委員会
長塚　孝　一九九八「鎌倉・室町期の葛西地域」『第2期関東武士研究叢書　葛西氏の研究』名著出版（初出　一九九五『東京低

地の中世を考える』名著出版）
長塚　孝　二〇〇一「上杉領国と葛西城」『葛西城とその周辺』たけしま書房
長塚　孝　二〇〇七「山内・扇谷上杉氏と葛西」『関東戦乱―戦国を駆け抜けた葛西城―』葛飾区郷土と天文の博物館
長塚　孝　二〇一〇「葛西公方府の政治構想」『葛西城と古河公方足利義氏』雄山閣
服部実喜　一九九八「第一二章　土器・陶磁器の流通と消費」『小田原市史　通史編』原始・古代・中世　小田原市
濱田耕作　一九二二『通論考古學』大鐙閣

〔史料凡例〕
『石巻の歴史』第8巻　資料編2古代・中世　石巻市　一九九二　→（石巻〇）
『葛西城XIII』第3分冊、葛飾区遺跡調査会　一九八九　→（葛〇）
『北区史』資料編古代中世2　第三編中世記録　北区　一九九五　→（北2三・〇）
『古河市史』資料中世編　古河市　一九八一　→（古〇）
『戦国遺文後北条氏編』第一巻　東京堂出版　一九八九　→（戦北一・〇）
『戦国遺文後北条氏編』第二巻　東京堂出版　一九九〇　→（戦北二・〇）
『戦国遺文後北条氏編』第三巻　東京堂出版　一九九一　→（戦北三・〇）
『戦国遺文後北条氏編』第五巻　東京堂出版　一九九三　→（戦北五・〇）
『新潟県史』資料編3　一九八二　→（新3・〇）

第七章　中世の終焉と近世の始まり

一　近世葛西と青戸御殿

1　徳川家康の江戸入部と天下普請

武田信玄、上杉謙信など戦国武将が活躍した世も、織田信長の登場によって新たな時代へと進む。しかしその信長も、天正一〇年（一五八二）に、本能寺の変により志しなかばで討たれてしまう。その信長の天下統一を引き継いだのが天正一三年（一五八五）に関白に就き、翌年には太政大臣に任じられ、正親町天皇から豊臣姓を賜った豊臣秀吉である。

天正一五年（一五八七）に豊臣秀吉は、関東・奥羽の諸大名の交戦を私戦とみなし、その停止を命じた「関東・奥両国惣無事令」を発令したが、小田原の北条氏は諸城の普請や武器の増産など軍備の充実を図っていった。世間では秀吉の小田原攻めの風聞が広まったが、北条氏は、翌天正一六年（一五八八）八月に北条氏政の弟氏規を上洛させ京都聚楽第で秀吉と謁見し、恭順の意を示した。

これによって一亘、小田原攻めは回避され、真田氏と北条氏の間で領界紛争となっていた沼田領についても、秀吉による裁定が下されて一応の決着が図られた。しかし、天正一七年（一五八九）一一月、真田昌幸家臣鈴木重則が守る上野名胡桃城（群馬県利根郡みなかみ町）を北条氏の家臣猪俣邦憲が攻略するという事件が起きてしまう。秀吉は裁定に違反した北条氏に対して討伐の意思を諸大名に表明し、もはや小田原攻めは避けられない情勢となっていく。

天正一八年（一五九〇）三月一日、秀吉は聚楽第を出立、二〇万を越える秀吉軍が小田原を目指して進撃を開始。これに対して北条氏直は、小田原城をはじめ諸城で籠城する作戦で対抗した。小田原城が秀吉の大軍に包囲されるなか、諸城にも攻め手が押し寄せ、次々に攻略あるいは開城させられてしまう。

七月五日、小田原城の北条家当主氏直が豊臣秀吉方に投降し、小田原城は開城する。五代に亘って関東に覇を唱えた北条氏もここに幕を閉じることになる。北条氏が滅亡した関東には、徳川家康が八月一日に入部し、江戸を本拠として北条氏亡き後の関東の統治に取りかかる。

小田原の北条氏を滅ぼし、奥州の諸大名をも服属させて、天下統一を果たした豊臣秀吉は、有力大名による五奉行と政務処理の最高機関である五大老を定め、徳川家康も五大老の一人に任じられた。

家康が豊臣政権下に属していた時期の江戸城は、徳川氏の領国経営の本拠となる居城であった。家康は、江戸城の本丸や周辺の郭の拡張に着手する。『落穂集』［萩原・水江一九六七］によると、家康入部当時の江戸城は、本丸のほか二つの郭があり、それを画する堀を埋め本丸として整備し、西の丸の築造も手がけたという。この時の造成は、後の本丸と二の丸にあたるらしい。局沢界隈の寺院を他所に移し、後に外堀となる城まわりの堀の整備も行うなど、江戸入部当時の江戸城の縄張りを大きく刷新したといわれる。

家康が慶長八年（一六〇三）に征夷大将軍に任じられ、江戸に幕府を開くと、江戸城は豊臣政権の大名の居城から将軍の居城となり、幕府の政庁となった。江戸は幕府所在地となり、いわゆる天下普請と呼ばれる諸大名への課役による江戸城および城下の本格的な建設が始まる。

慶長一六年（一六一一）までには、日比谷入江は神田山を切り崩して埋め立てられ、造成された土地を武家地とし、地続きとなった東側の江戸前島は町人地として整備した。町人地となった江戸前島の地には、街道の基点となる日本橋が架けられ、そこを起点として日本橋から北方に中山道、南方には江戸前島を南北に貫くように東海道が整備された。江戸城は、江戸幕府の象徴となる五層の天守が慶長一二年（一六〇七）には完成し、本丸・西の丸などの内郭も整備され、さらに外郭や石垣の工事も進められるなど、新たな武家政権の都市江戸の姿が次第に整っていった。

江戸城周辺の台地は削られ、入江は埋め立てられるなど大規模な人工的改変が行われ、それまでの関東には見られない、高層の瓦葺きの天守と石垣を駆使した当時の最先端の巨大な構造物が出現し、城下には家康江戸入部以前には見られなかった広大な町場が形成されたのである。江戸の内海や河川には多くの船が行き来し、江戸の湊や河岸では船から石垣の石材や城や町場の建設資材や生活物資を降ろす人々で、さぞや活気に満ちて賑わったことであろう。だれもが江戸城やその城下を見て、新しい時代の到来を感じ取ったはずである。

元和元年（一六一五）、大坂夏の陣により豊臣政権が倒れ、名実ともに徳川家の天下になると、諸大名の動員力も増し、江戸の整備もさらに進展する。寛永一三年（一六三六）までに、江戸城の眼下に近世都市の形を整えてきた城下を水害から守るために、本郷台の神田・湯島間を開削し、増水した水を隅田川へ流すために神田川という放水路を開削する。神田川は、さらに溜池・赤坂・四谷・市ヶ谷・小石川と連なる外濠としても整備されるなど、石垣を駆使し、桝形を備えた堅固な諸門を擁する外郭が設けられ江戸城の総構えが完成を見た。

下総国
金町松戸関所
日光道中
水戸道
太日川（江戸川）
古隅田川
水戸佐倉道
柴又帝釈天遺跡
入間川
上千葉遺跡
葛西城
青戸御殿
佐倉道
武蔵国
葛西
小岩市川関所
千葉街道
葛西川（中川）
浅草
江戸城
日本橋

図１　近世葛西周辺図

近世都市江戸は、平城京や平安京などの都城に見られる碁盤の目状に方形区画を基本としたものとは異なる政権都市である。神田や日本橋界隈は正方形の街区を設ける町割りが行われてはいるが、城下全体に及んでいないのは、江戸城周辺の台地と低地、入江や河川などの水域が入り組み起伏の激しい自然地形に大きく制約を受けているためである。

とかく徳川家康が江戸に入部する前の江戸城周辺は、「東ノ方平地ノ分ハ爰モカシコモ汐入ノ芦原ニテ、町屋侍屋敷ヲ十町ト割付ヘキ様モナク、扨又西南ノ方ハヤウビヤウと萱原武蔵野ヘツヅキ、ドコヲシマリト云ヘキ様モナシ御城ト申セバ昔ヨリ一国ト持、大将ノ住タルニモ非ズ」（『岩淵夜話別集』）、「町屋なども茅ぶきの家百ばていりも有かなしの体」（『慶長見聞集』）などと評され、家康によって幕府が開かれ発展したと説明されている。

家康の江戸入部の背景については、秀吉とのエピソードだけでなく、「家康神話」というフィルターを取り除いて、江戸という地がどのような場所なのかを見極めることが肝要である。その点については改めて詳述する機会を持ちたいと思うが、江戸城を築成した室町期の武将としてことさら太田道灌が強調されるが、その後の小田原北条氏の江戸城とその城下を下地とした歴史的環境を包括した開発であったと捉えるべきであろう。江戸は決して未開発の土地ではなく、そこには家康の偉業をたたえるトリックが働いている。

2　平川をめぐる問題

江戸入部を果たし、江戸城とその城下の整備に取り掛かった家康は、江戸前島を迂回して日比谷入江へ入らずに江戸城下に連絡できるように、江戸前島の付け根を東西に貫く道三堀を開削したといわれる。そして、道三堀とともに江戸湊と隅田川、葛西川、江戸川を東西に連絡する小名木川や新川の整備も行われ、それら河川の上流部からの物資の江戸搬入路の確保に努めたと説明されている。

ここで問題となるのが、日比谷入江に注いでいた平川を道三堀と連結させる付け替えを行い、道三堀沿いには町場が形成されたという従来から唱えられている説である。近代になって平川の流路について菊池山哉氏は、平川の本流なり分派が日比谷入江には注いでおらず、日本橋川へ落ちていたという考えを示した［菊池一九三五・一九九二］。この菊池氏が述べた平川の川筋を太田道灌による付替え工事と唱えたのが鈴木理生氏であり［鈴木一九七五］、それが一般的に流布している。しかし、鈴木氏はその後、平川の付替えを太田道灌ではなく、家康の江戸入部後の行為として、自説を変更している［鈴木一九九一］。

平川の付替え問題は、平川や日本橋川の開削に関する史料が無いことが、係る問題を迷走させる要因ともなっていることは否めないが、慶長七年（一六〇二）とされる「別本慶長江戸図」(1)や地形の状況を観察検討することで旧流路を想定することができる。その上で、太田道灌時代などの史料を参考にすることで、時期的な変遷も復元することが可能となる。

太田道灌時代の江戸城内に設けられていた静勝軒と付属施設の泊船亭（江亭）に掛けられていた詩文「江戸城静勝軒銘詩序並江亭記等写」（北2三・四一）に謳われた、「城之東畔有河、其流曲折而南入海」の海（日比谷入江）に注ぐ折れ曲がった川の流れは、「東望則平川縹緲兮、長堤緩廻」にある平川と想定され、平川にめぐらされた堤は治水のみならず防御的な面も兼ね備えていたと考えられる。「別本慶長江戸図」で平川の流れを求めると、図中に示した家康以降の大手門のある三の丸の東を画する江戸城内濠に相当し、それを裏付けるように大手濠に当たるところに架かる橋の脇に「平河ト云フ所」と書かれている。従って、道灌時代の平川は日本橋川と繋がるように付替えられておらず、日比谷入江に注いでいたと考えている。(2)

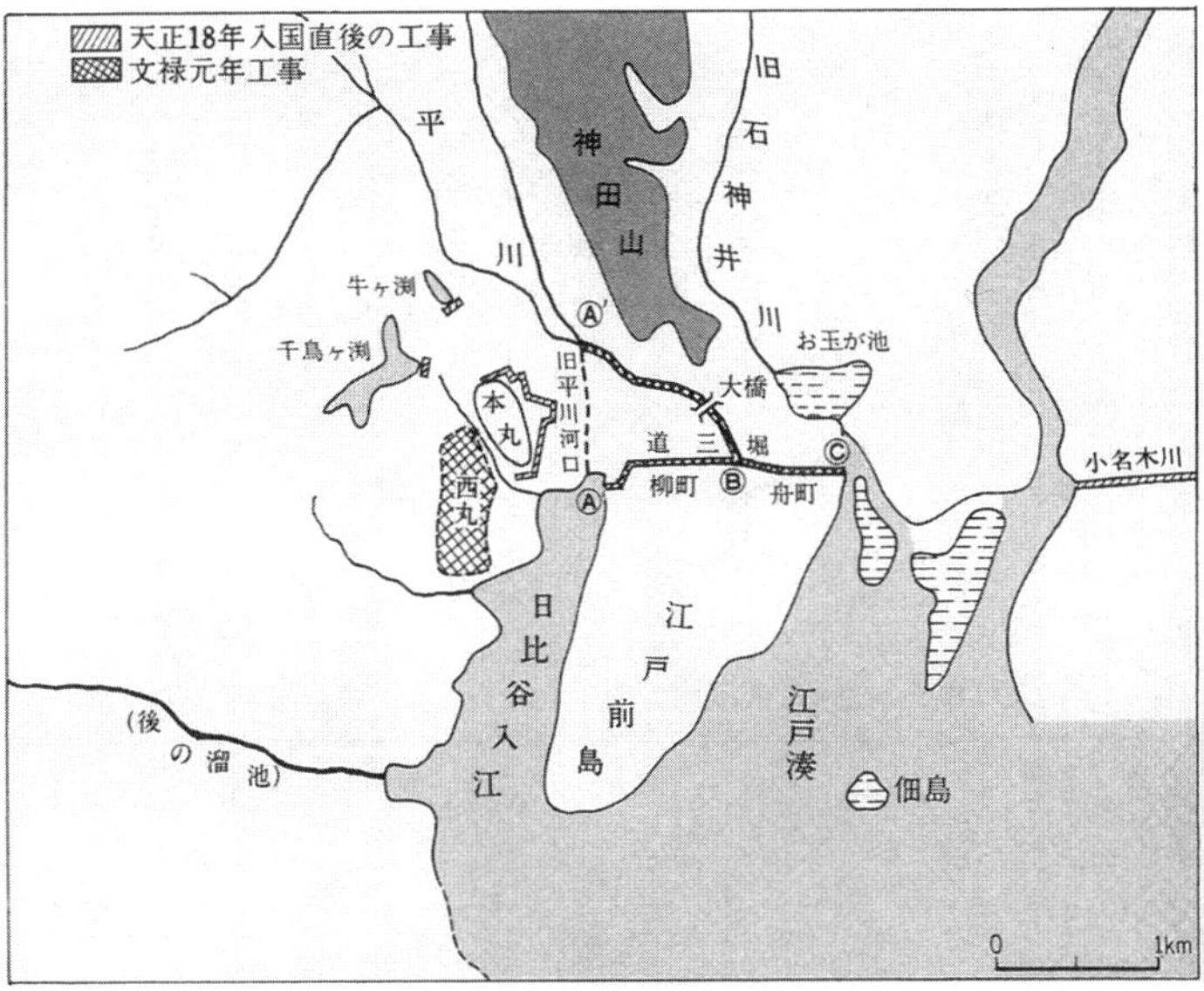

図２　徳川直営の江戸普請

結論的に自説を整理すると、家康以降の江戸城内濠が道灌時代の平川と想定され、道灌の「江戸城静勝軒銘詩序並江亭記等写」に記されている「高橋」は、近世江戸城の「大手門」のところ、「別本慶長江戸図」の「御城入口御門」辺りになると考えている。この平川の想定ラインが道灌時代の江戸城の東側の範囲と想定される。

では何時・誰が日比谷入江に注いでいた平川を東へシフトさせたのであろうか。この問題を解くひとつの鍵は、小田原北条氏時代の永禄一二年（一五六九）極月一七日付の「北条氏政判物」（戦北二・一三五六）に記されている江戸城下にあった「大橋宿」の「大橋」の位置をどこに求めるかであろう。「大橋」を日本橋川の架かる「常盤橋」に比定する説があり〔齋藤二〇一〇〕、この説を取ると少なくとも平川の付け替えは、家康の江戸入部以前ということになり、小田原北条氏時代の東側の江戸城下がこの辺りまで広がっていたことになる。ただし、「別本慶長江戸図」には日

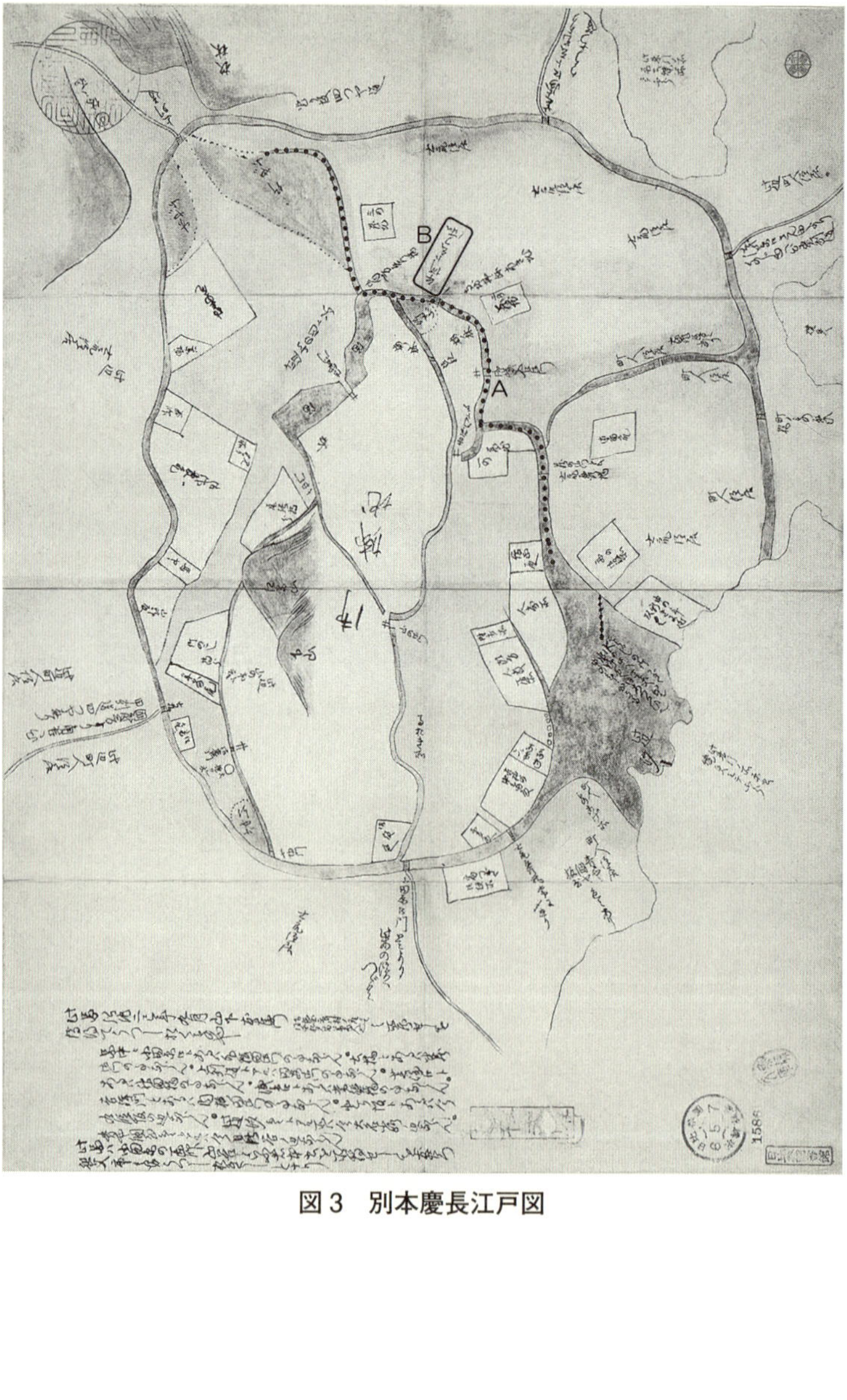

図３　別本慶長江戸図

本橋川が隅田川方面に延びるようには描かれていないので、隅田川方面への開削は、「別本慶長江戸図」が描かれた以後なのか、それともあえて描かれていないのか、判断する材料も乏しくにわかに決めがたい。

掛かる問題の根源は、家康の江戸入部時の江戸城とその周辺の状況を太田道灌時代の姿をトレースしてイメージしていることに問題があり、家康以前の少なくとも太田道灌時代→小田原北条氏時代→徳川家康の江戸入部時の江戸城という変遷過程を抑えた上で議論する必要があろう。太田道灌が誅殺された文明一八年（一四八六）から家康が江戸に入部する天正一八年（一五九〇）までの百年近く、城の縄張りも変えず、景観的にも変わらずに維持されたというのであろうか。小田原北条氏時代の江戸城とその城下の姿を求めてこそ、家康の江戸城と城下の開発の実態が明らかになるのではないだろうか。

3　隅田川東岸地域の開発

家康・秀忠と進められた江戸城と城下の整備も三代将軍家光の代に一応の完成を見たが、城下はさらに拡張し続ける。それを推し進めたのは、参勤交代と災害だといわれている。寛永期（一六二六～四三）には参勤交代が制度化され、大名の妻子を江戸に住まわせることが義務化したことにより、屋敷には家臣や奉公人の住居が必要となり、さらに江戸の武家屋敷での暮らしは様々な商工業者によって生活が支えられていた。この需要と供給の拡大は、すなわち人口とそれに伴う住居地の増加を促し、さらに土地の造成や建築などに従事する人々やそれらの開発に携わる人々を賄う人や物などが江戸に集うことになり、武家地や町人地の拡大という形で城下の開発を推し進めることになった。

寛永期には、江戸東方の隅田川以東の領域の改編も行われ、後項で触れるが、武蔵国と下総国の国境が隅田川から太日川（後の江戸川筋）に変更され、隅田川以東の葛西地域は下総国から武蔵国の一部に編入され、武蔵国葛飾郡葛西領に属するようになった。

新たな政権都市としての偉容を整えた江戸城とその城下は、もろくも大災害によって幻影と化してしまう。明暦三年（一六五七）一月一八・一九日にかけて起こった世にいう明暦の大火によって、江戸城の天守とともに誕生したばかりの近世都市江戸の約六割に及ぶ町場を焼失する大惨事となった。

焼け野原となった江戸の城下の復興作業によって、江戸の町場はさらに拡大する。武家地や寺社地は郭外へ移し、新たな武家地や町人地の確保のために埋め立てなどの造成工事を行った。また、火除地や道路の改修などの火災に備えた町づくりが行われることになる。その後も江戸は火災だけでなく地震などの災害に度々見舞われ、その都度復興を遂げながら都市域を拡大させることになる。

江戸前島をはじめとする隅田川西岸の下流域は、寛永期までに、江戸の都市生活を維持するための経済活動の要地として整備されていたが、明暦の大火によって灰燼に帰してしまった。幕府は、この大火を契機に隅田川東岸の本所・深川の低湿地の開発に本格的に動き出す。

隅田川から中川の間の低地帯は、中世までは現在のＪＲ総武線辺りが海岸線だった。江戸時代になっていわゆる江戸ゴミや災害時の瓦礫、掘割の開削土などを使った埋め立て干拓が進み、新田開発も盛んになって、海岸線が次第に南へと延びて行った。

隅田川から中川沿いや造成された掘割が縦横に走る臨海部は、水運の利便が良く、隅田川沿いには、元和六年（一六二〇）に幕府が天領の郷村から納められた年貢米や買上げ米を保管する浅草御蔵（台東区蔵前）が造られ、対岸には後年の享保一九年（一七三四）に本所御蔵が設けられ、幕府の倉庫が隅田川両岸に建ち並ぶ。隅田川と

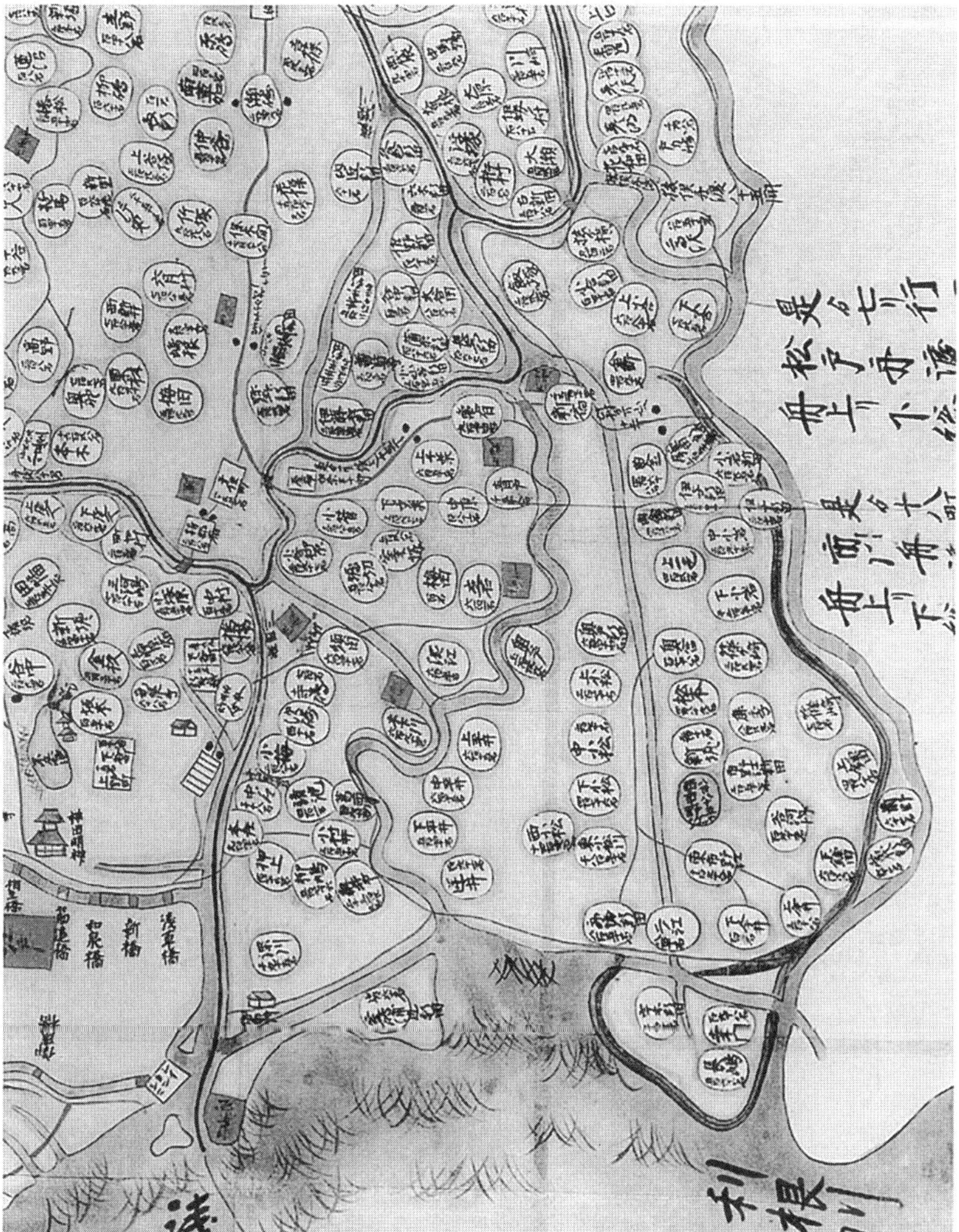

図４　武蔵国図

沿岸地域が幕府にとっていかに物資の運搬や集積にとって重要な場所であったかがうかがえる。

幕府は、万治二年（一六五九）に隅田川の両岸地域の連絡を確保するために両国橋を架けるとともに、悪水の排水と水運の便のために竪川や大横川、北十間川、横十間川などの堀割を開削し、排水とその掘削土を用いて低湿地の造成を行った。また臨海部の低湿地は、飲料水に供する良質な水が無いため、本所上水を引くなど生活環境も整えていった。寛文期（一六六一〜七二）には、新たに造成整備された本所・深川の土地は武家や町人に下げ渡され、江戸の都市領域に組み込まれることになる。

軌道に乗ったかに見えた隅田川東岸地域の開発も、度重なる火災や水害を被り、なかでも延宝八年（一六八〇）の大風水害は開発に大きな影響を与えたという。天和三年（一六八三）には、開発は一時中断され、造成された土地は幕府によって召し上げられ、「江東撤退」と呼ばれる事態が生じることとなる。

その後、元禄期（一六八八〜一七〇三）になると開発が再開され、土地の下げ渡しが再び行われるようになった。文政元年（一八一八）に幕府が作成した江戸の範囲を示した朱引図によると、隅田川東岸地域は中川から古綾瀬川までが寺社奉行の管轄する地域となっている。幾度となく襲いかかる江戸の災害とその復興によって、隅田川以東に広がる江戸の東郊地域も開発が促され、現在の墨田・江東区域までが江戸の都市領域として組み込まれていったのである。特に海沿いには、米や雑穀・油・干鰯などの集積地として倉庫が建ち並び、建築材となる材木の一大集積場である木場も整備された。本所・深川界隈をはじめとする隅田川と中川の間に広がる地域は、江戸時代から近世都市江戸の都市機能を維持するための重要な役割を担った地域となっていく。

葛西領でも南西部の臨海地域の開発は著しかったが、他の葛西領でも新田開発が促された。文禄から慶長期には古利根川筋の亀有と葛西新宿のところに仕切り土手を築いて上流部に亀有溜井を設けて、下流域への水源としている。慶安二・三年（一六四九・五〇）に作成された『武蔵田園簿』には、中世に比べ生産高が増加した葛西領の村々の様子がうかがえる〔中野一九九五〕。

4　鷹狩りと青戸御殿

徳川将軍家は、江戸城と江戸城下を整備するとともに、本拠とする江戸周辺の民意や地形地理などの状況を把握するために鷹狩りを催し、巡遊したといわれている。家康や秀忠の頃に、特定の鷹場が設定されていたかどうかは不明だが、放鷹にあたって行く先々にお触れが出されて御留場（禁猟区）とされたらしい〔本間一九八一〕。寛永五年（一六二八）一〇月、江戸周辺の葛西・岩淵・戸田・中野・目黒・品川筋の六つの場所が鷹場と定められた。なかでも葛西は、河川や池沼が多く、蘆荻が繁茂し、水鳥などの好適地だったため、鷹場としては最も大きなものであった。

葛西城の跡には、徳川家康・秀忠・家光の三代にわたって鷹狩りの際などに使われた御殿が建てられている（『新編武蔵風土記稿』）。この古城跡に建てられた御殿は、葛西御殿とか青戸御殿と呼ぶ場合がある。しかし、よく葛西城と葛西御殿を混同することも多いため、近世の御殿を青戸御殿として呼び分けて取り扱うようにしている。(3)

史料的に、葛西ではじめて鷹狩りをしたことが確認できるのは徳川秀忠である。松平家忠の日記によると、文禄二年（一五九三）、正月三日に家忠が葛西で秀忠と会ったことが記されている（「家忠日記」）。しかし、この時に青戸御殿が利用されたかは定かではない。

記録上、青戸御殿を利用し、はじめて宿泊したのは家康である。慶長一〇年（一六〇五）一〇月に葛西で鷹狩りを行った記事があり、一一月には越谷などを訪れた後、青戸で二泊してから、江戸に帰ったとされている（「駿府記」・「台徳院殿御実紀」二二四〕。これによって葛西城が落城してから一五年経った城跡には、宿泊できる施設が設けられていたことが確認できる。

『新編武蔵風土記稿』によると、青戸御殿は寛永一九年（一六四二）に古城を廃却し、その跡に御殿を新造したと記されている。しかし、『寛政重修諸家譜』や『徳川実紀』には、寛永一六年（一六三九）と慶安二年（一六四九）の二回にわたる青戸御殿の改修が記されており、寛永一九年に新造されたとする『新編武蔵風土記稿』の記事への疑問が提示されている〔中野一九八九〕。また、『寛政重修諸家譜』に記されている慶安二年に荒川重政・水上正勝の両名が葛西御殿の作事奉行に任ぜられたとする記事についても疑問があるという〔加藤一九七四、中野一九八九〕。この年に青戸御殿のみ作事奉行が定められ、他の御殿等には見られないのである。

『寛政重修諸家譜』の水上正勝の家譜では、日光社参に当たって任じられたとする。しかし、家光の世子家綱の日光社参に伴って千住・草加・越谷・岩槻・栗橋・古河などの日光道中の諸施設は御旅館や御憩息所と定められ、葛西には入っておらず、誤りであろうと指摘している。

ところで青戸御殿は、いつ頃造営されたのであろうか。青戸御殿は、少なくとも寛永一六年に改修が施されている。この時に、瓦を葺いた本格的な造営が行われ、御殿と呼ぶに相応しい体裁を整えたらしい。

しかし、前述したようにそれ以前の慶長一〇年に休憩・宿泊する施設があったことが知られている。文禄から慶長期にかけて家康や秀忠は、鷹狩りのために千葉・東金方面にしばしば訪れている。既述したように、葛西での徳川家の鷹狩りの初見は文禄二年となっているが、記録上残らずとも、葛西は江戸から千葉・東金方面に行き来する通過地点であるので、葛西へ立ち寄ったことも十分考えられる〔中野一九八九〕。あくまでも憶測の域を出ないが、天正一八年の葛西落城後も城内には建物が残っており、それに手を加え、或いは大規模でなくとも新造などにより、休憩・宿泊する施設が存在していたのと考えられるのである。

家康・秀忠の二代に亘って利用された青戸御殿も三代将軍家光の頃になると、「新宿の御茶屋」（『新編武蔵風土記稿』）や、小菅の伊奈半十郎忠治の別邸（「大猷院殿御実紀」七二・後の小菅御殿）などが新たに利用され、青戸御殿の利用は少なくなり、やがて廃止されてしまう。

御殿の廃止時期については、いままで明暦三年（一六五七）に取り壊されたといわれてきた（『新編武蔵風土記稿』）。その後、寛文一二年（一六七二）に御殿番が置かれていたとする『竹橋余筆』の記述が確認され、貞享五年（一六八八）に幕府巡見使に差し出された『新編武蔵風土記稿』の「貞享年中（一六八四～八七）御殿蹟図」（図5）との関連から、寛文一二年から貞享五年の間に御殿が廃止されたと指摘されてきた［中野一九八九］。

近年、『江戸町触集成』（第一五一二号）に、延宝六年（一六七八）一〇月二九日に青戸古御殿の払い下げを知らせるお触れが出されていることが判明し、この時期に御殿が取り壊されたことがほぼ確定されるに至った。

5　青戸御殿の構造

先に記したとおり『新編武蔵風土記稿』には、御殿廃止後の跡地を描いた「貞享年中御殿蹟図」（図5　以下「御殿蹟図」と略す）が掲載されており、青戸御殿の規模・構造をある程度知ることができる。絵図によると、敷地には中心となる御殿、御厩屋舗、御賄屋舗の施設があったことが描かれている。御殿は「長サ三拾五間」（東西　六三メートル）と「三拾一間」（南北　五五・八メートル）の広さを持ち、御殿の北側に御厩屋舗、さらにその北側には御賄屋舗などが位置する。御殿の周りには樹木がめぐり、堀らしい帯状のものが取り囲み、御殿主郭部北側に表御門がある。御厩屋舗、御賄屋舗の周りにも線で区画された中に樹木や橋らしきものが認められ、「御殿蹟図」絵

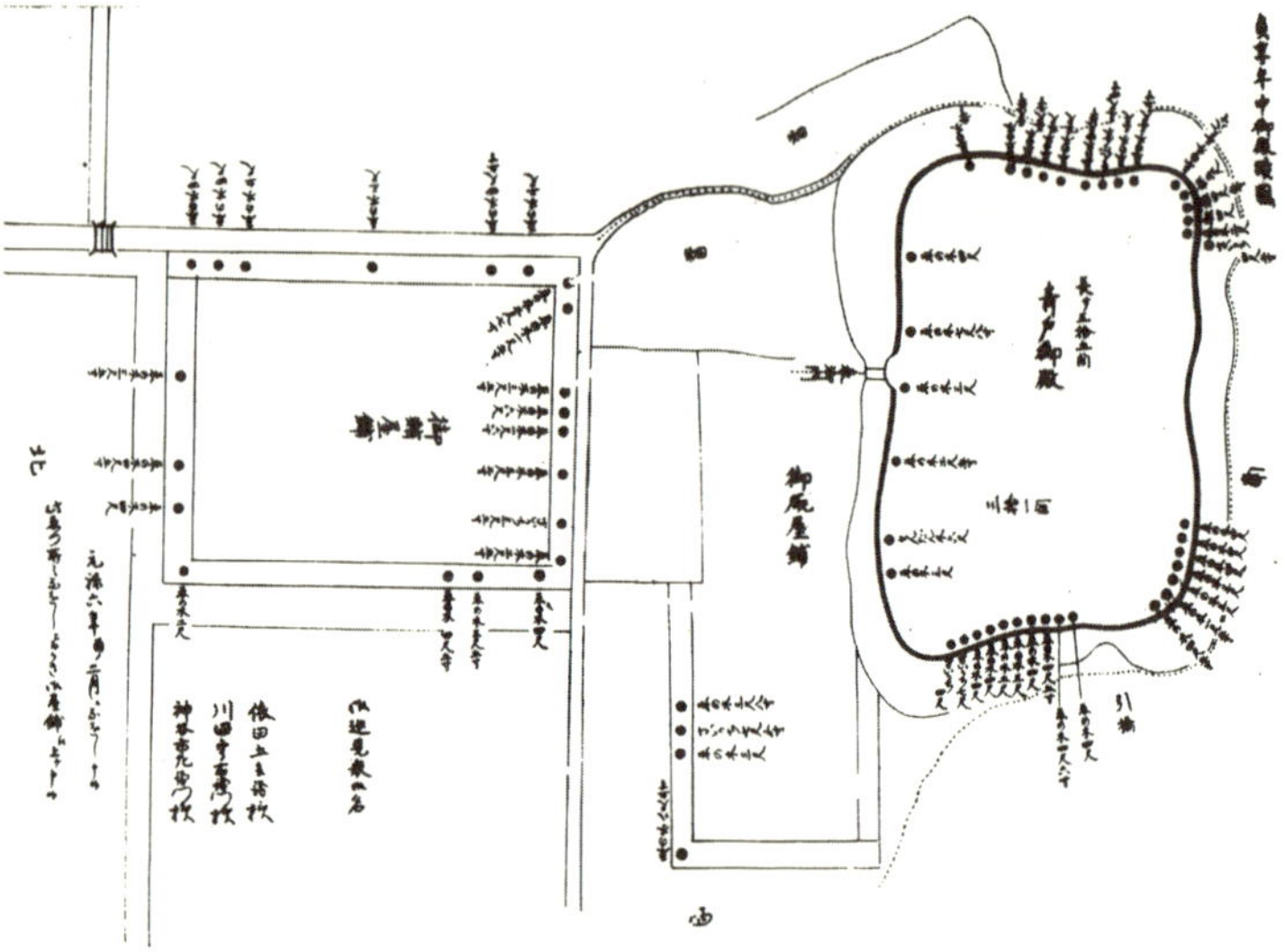

図５　貞享年中御殿蹟図（『新編武蔵風土記稿』）

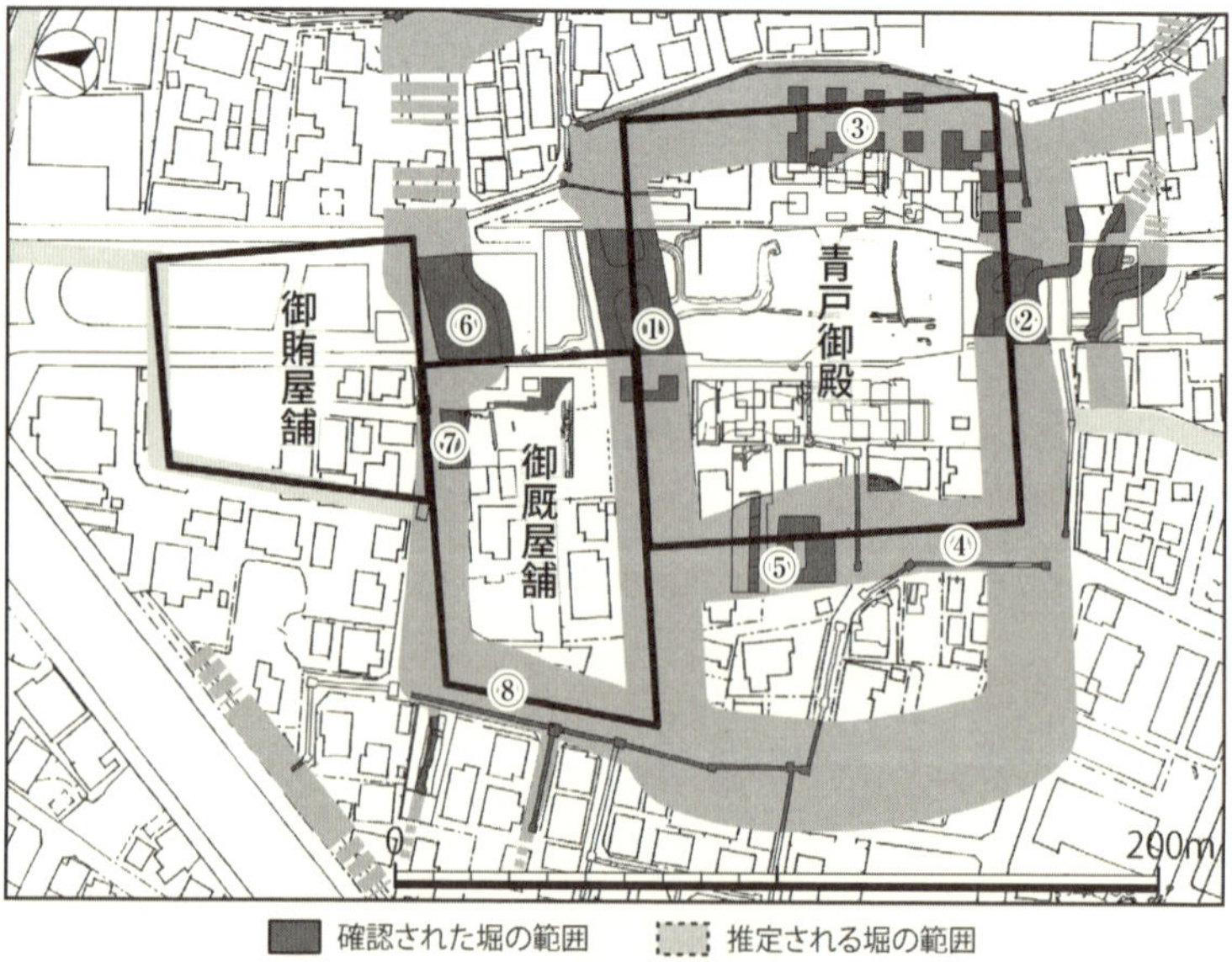

図６　青戸御殿想定図

図には明記されていないが、線で帯状に区画された範囲はおそらく土塁や溝を表したものと思われる。

今日まで発掘調査の成果からは、青戸御殿の建物などの諸施設の様子を事細かく復元するまでには至っていないが、青戸御殿の主郭部は戦国期の葛西城の本丸を利用しており、御殿造営には大幅に手を加えるのではなく基本的には城の縄張りを活かした普請がおこなわれていることがわかっている［加藤一九七四、宇田川一九七五］。

青戸御殿

「御殿蹟図」と確認された遺構とを対比させて想定した青戸御殿の範囲を図6に示した。御殿の主郭部を堀は、北側はⅡ区E堀①、南側はⅣ区A堀②、東側は一号堀（公園東地区）③、西側は四号遺構（下水道西地区）④・三号堀（青戸七丁目二二番地御殿山公園地点）⑤が該当するものと想定される。

規模は、東西約八二メートル、南北約七四メートルとなり、「御殿蹟図」の数値とは隔たりがある。しかし、「御殿蹟図」と発掘から求められた数値の差は、東西が約一九メートル、南北が約一八・二メートルとなり、双方とも似通った差となる。「御殿蹟図」には御殿をめぐる堀の内側に土塁を線で表現しているので、土塁の幅を差し引いた内側の広さを「御殿蹟図」では表記しているものとみられる。つまり、一八〜一九メートルという数値は土塁の幅であり、幅五間（九メートル）前後の土塁がめぐらされていたものと想定されるのである。

御殿北側を区画するⅡ区E堀には橋脚が発見されており、「御殿蹟図」の「表御門」と連絡する橋跡と考えられている。御殿南側を区画するⅣ区A堀にも橋脚が発見されているが、「御殿蹟図」には描かれていない。位置的には、表御門と対をなす裏御門と考えられ、「御殿蹟図」が描かれた貞享五年段階[4]にはすでに取りはずされていたものと考えられている。

橋跡以外に御殿の堀に関わる遺構として、Ⅱ区K遺構がある（図7）。平面的には先の表御門と連絡する橋跡

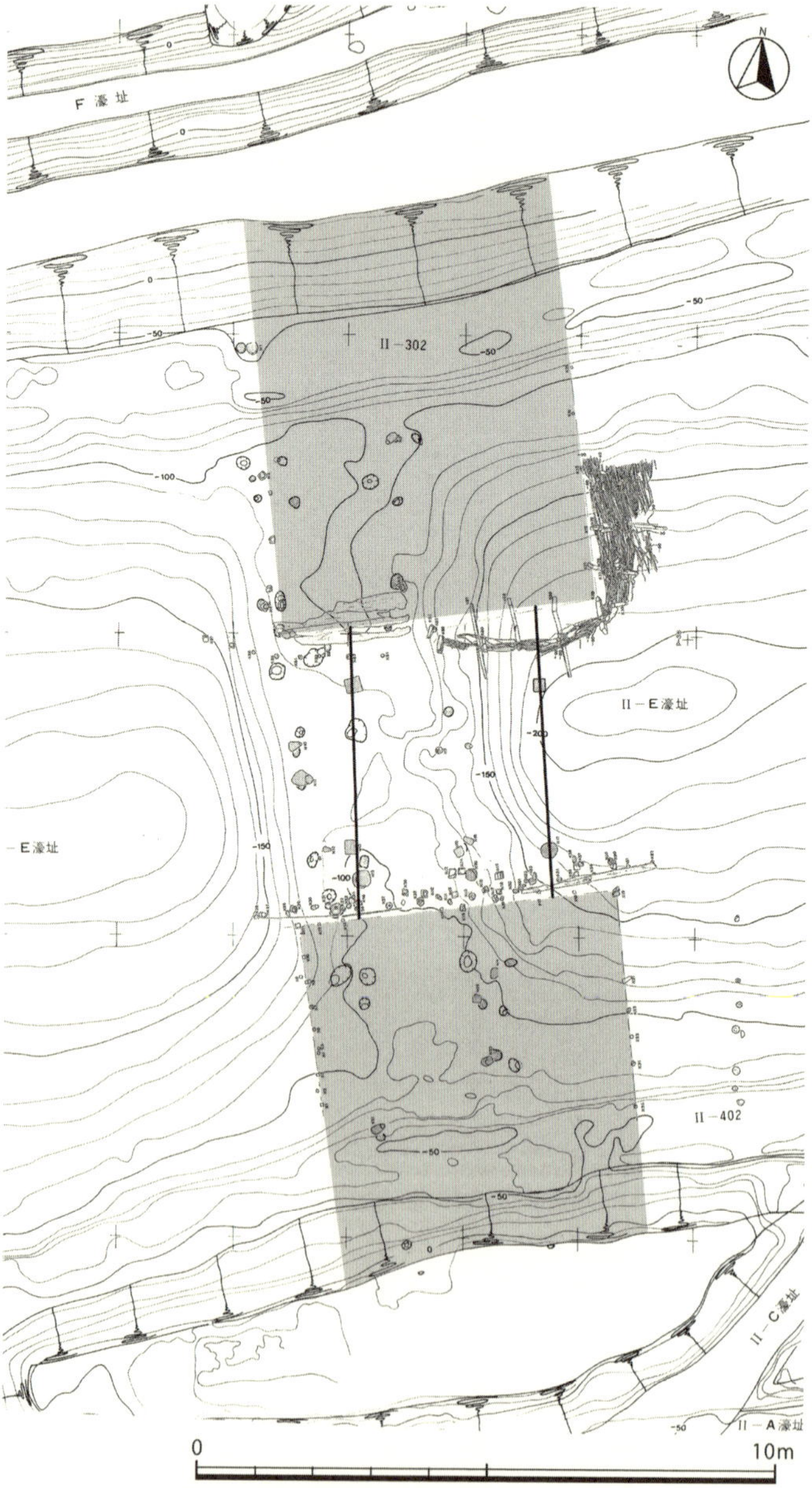

図７　青戸御殿主格部北堀Ⅱ区Ｋ遺構
アミの部分は埋立てられて岬状に突出した範囲を示す。

と重複するが、層位的にはMf層堆積後、橋を取り外した後に構築されているもので、南と北側から双方から凸状に五メートル程張り出しを設け（図7のアミ部分）、橋などの渡御施設を設けたものと想定される。御殿側の張り出しと御厩屋舗張り出しの間の四角に配置された太目の柱は、橋を支える支柱であったものと推察される。「御殿蹟図」を見ると、表御門にかかる橋が描かれているが、その部分は両岸が張り出して堀幅が狭まっている様子が観察される。まさにⅡ区K遺構は、この図の状況と合致するのである。

このほか「御殿蹟図」には、御殿西側の堀に引橋の記載があるが、現在までの発掘調査では未確認である。御殿内部の御殿に伴う明確な遺構としては、木枠の井戸側を備えたⅢ区第八五号井戸がある。多く確認されている柱穴の一部は御殿の施設を構成するものと思われるが、調査範囲内では削平が激しく、建物を復原することは出来ていない。

御厩屋舗部分

南側はⅡ区E堀、北側はⅠ区G堀⑥・二号堀（青戸七丁目二一二番第二地点）⑦、西側は二号遺構（下水道西地区）⑧、東側は1号堀（青戸七丁目二三番第二地点）もしくはⅡ区F堀（南北溝）に囲まれた範囲が該当するものと想定される（図6）。このエリア内から「御殿蹟図」に「御厩屋舗」とあるとおり、南北方向に長軸を有する八間×一間の礎石建物の厩跡が発見されている（図8）［永越二〇〇二］。厩のほか、Ⅱ区E堀と並行して掘られてⅡ区F堀（東西溝）・溝（青戸七丁目二三番第二地点・一号溝）や木枠と桶の井戸側を備える井戸（青戸七丁目二三番第二地点・一号井戸）などがある。

御賄屋舗部分

御厩屋舗の北側に隣接する施設で、施設内部にあたる所の発掘調査は実施されていない。範囲は、環状七号線道路建設前の既存の水路と「御殿蹟図」を参考にして図6のように想定をしている。

その他、Ⅰ区G堀とされる遺構は、御賄屋舗の南側に線で表さええている突き出た長方形の区画と合致する可能性がある。「御殿蹟図」の貞享五年段階では、Ⅰ区G堀の水域は堆積土や遺物の出土状況から御殿廃止とともに埋められたものと判断される。

6　青戸御殿の変遷と遺物の一括廃棄

青戸御殿に関連する遺物は主に、御殿の主郭部をめぐる堀及び御厩屋舗と御賄屋舗の間に位置すると考えられるⅠ区G堀から出土している。御殿をめぐる堀の堆積物のうち、Mf層と呼ばれる上部は『寛政重修諸家譜』や『徳川実紀』に見える寛永一六年頃の御殿改修の時期と考えられている。(5) その上に堆積するMc層が御殿が廃止される明暦三年頃と考えられている。それらの層から建物関係の瓦、屋根材や陶磁器類、かわらけ、木製品類のほか、貝類や鳥・獣類などがあり、動物遺存体は御殿での調理の残滓や

図8　発掘された御厩屋と見られる建物跡

鷹狩りとの関係が想定されている［加藤一九七四］。

御殿を特徴づける遺物としては、葵の御紋を配した瓦（図9―1）であろう。かつて青戸の地には、「永享四年」（一四三二）の紀年を刻む瓦が出土するなど［古泉一九八三］、一五世紀代に瓦葺の寺院があった［谷口一九九五］。一世紀半以上も前とは異なり、徳川将軍家の権威の象徴である葵の御紋を配した近代的な瓦葺の建物の出現は、葛西の地に大きな時代の移り変わりを明確に告げるものであった。

従来、葛西古城の地に瓦葺の近代的な青戸御殿が造営されたのは、先にも記したように寛永一六年と考えられている。堀から出土した瓦（図9）を見ると、9―2は巴文の施された軒丸瓦で、3～6の軒平瓦に見られる単線の唐草文様は、いわゆる紀州系とされる種類で、3・4に比べ、5・6の方が、左右の縁が狭く、古式に位置付けられる。(6) 3・4がⅠ区G堀出土、5がⅡ区F堀、6がⅡ区E堀出土である。例えば、5・6の資料は千代田区丸の内一町目遺跡の寛永一三年（一六三六）を下限とする一括資料のなかに求められる［金子二〇〇五］。

寛永一六年よりも前に位置付けられる瓦の存在は、寛永一六年以前に瓦葺の建物が青戸御殿に建造されていた可能性を示すのかも知れない。また、3・4と5・6の異なった瓦の出土地点の在り方は、時間的な問題だけではなく、建物によって違う種類の瓦が葺かれていたことも考慮に入れる必要があるのかもしれない。

改めて青戸御殿関連の遺物の出土状況をみると、御殿主郭部の南側を区画するⅣ区A堀の裏御門に連絡する橋跡付近で、かわらけ溜りや動物遺存体をはじめとする堀内への一括廃棄行為が行われている。Ⅳ区A堀のかわらけ溜りは、葛西城時代ではなく、青戸御殿時代の行為であり、御殿での饗宴や儀礼の様子を物語るものとして注目される［宇田川一九七五、谷口一九九四］。御殿主郭部をめぐる堀と遺物の出土状況をみると、表御門の位置するⅡ区E堀ではかわらけ溜りなどの堀内への一括廃棄行為が顕著ではない。このことを考慮すると、表御門は

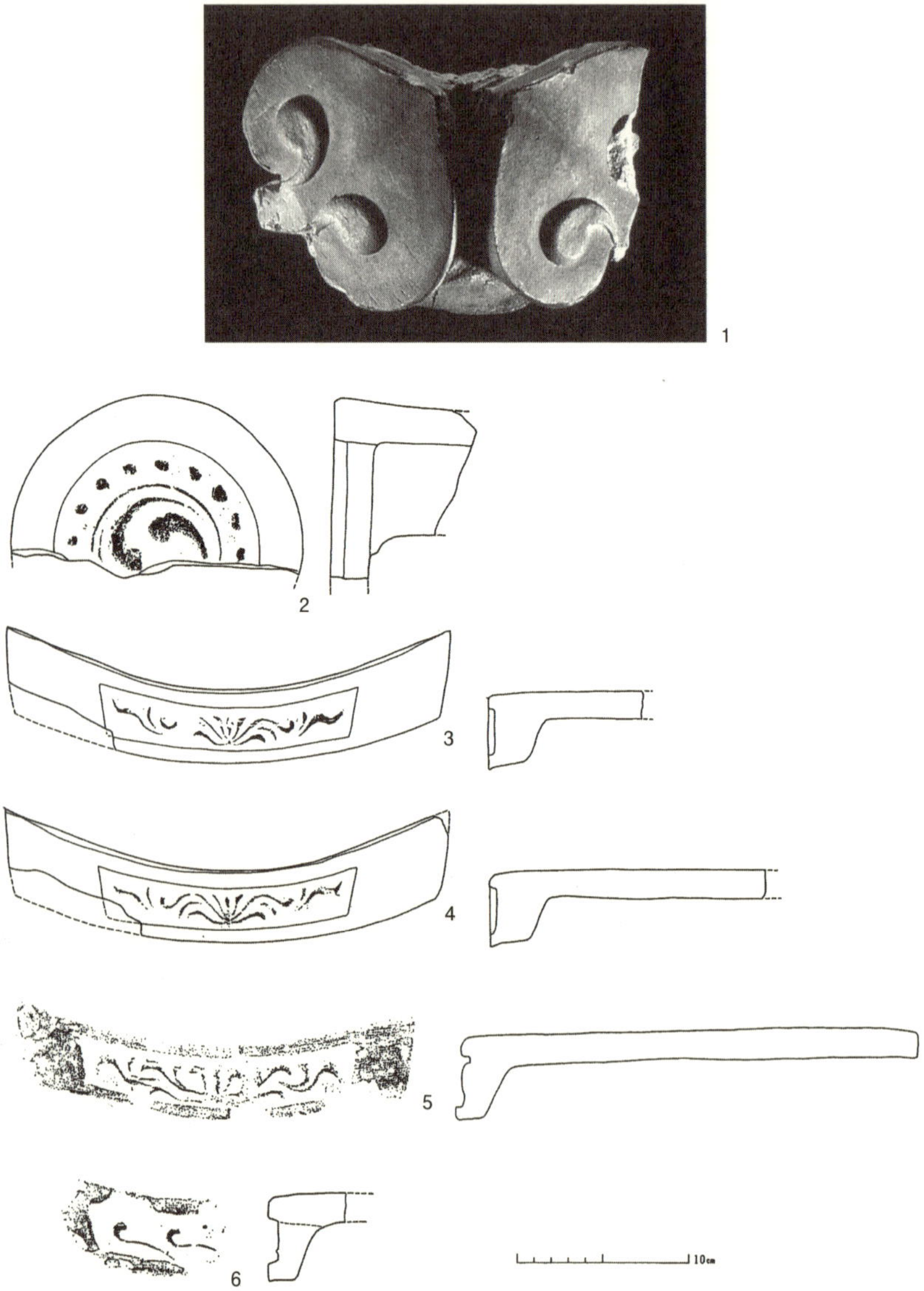

図９　青戸御殿に使われた瓦

「ハレ」、裏御門は「ケ」という空間利用の差異があったものと考えられるのである〔谷口二〇〇九b〕。

かわらけ溜りからは図10に示したように、1「あミた＝阿弥陀」、2「くわんおん＝観音」、3・4「ふとう＝不動」、5「こんからとうし＝矜羯羅童子」、6「大こくてん＝大黒天」、7「さあミたふ＝左カ阿弥陀仏」、8「くヵこくいん＝救ヵ国院」、9「すいしゆいん＝不明」、10「きたうとう＝祈祷堂」、11「おんめうしやう＝陰陽場ヵ」、12・13「せうしゆ＝成就」、14「一月」などと書かれた墨書かわらけが出土している[7]。これらの墨書かわらけからは、祈祷や季節的な行事を連想させ、修験道等の宗教的色彩が強く感じられるとされている〔長瀬一九七五〕。

さらに、注意したい点は、饗宴や儀礼に伴う堀内への一括廃棄行為がいつ行われたのかということである。そのことを探るために今少し、Ⅳ区堀内の遺物の出土状況を報告書から確認してみたい（図11）。Ⅳ区堀からは第二次調査と第三次調査を合わせて総数二四三三点のかわらけが出土し、そのうち完形及び実測可能な資料は三九六点にのぼる。層位的には、かわらけの八〇％以上はMf層に集中し、さらに完形の九五％以上がMf層の出土となっている。報告書によるとⅣ区堀内のかわらけの出土状況は次のように整理されている。

①橋脚ライン上にはほとんど出土せず、橋脚の両側に濃い分布を示す。

②かわらけ溜りといえる密度の高い集中地点がA・B・Cの三地点に認められた。

③分布からは、かわらけはタイプ別にある程度まとまりを持ち、一部はセットとなって投棄された傾向がうかがえる。

これらのことから橋が機能している段階でかわらけ等の遺物が廃棄されたもので、遺物の分布が北側に集中することから堀の北側、つまり主郭部側からの廃棄であることを物語っているという〔長瀬一九七五〕。この三地点のかわらけは溜りのかわらけは、坏型で構成されていることが特徴で[8]、後で取り上げる上千葉遺跡や柴又帝釈天遺

図10　Ⅳ区堀出土墨書かわらけ

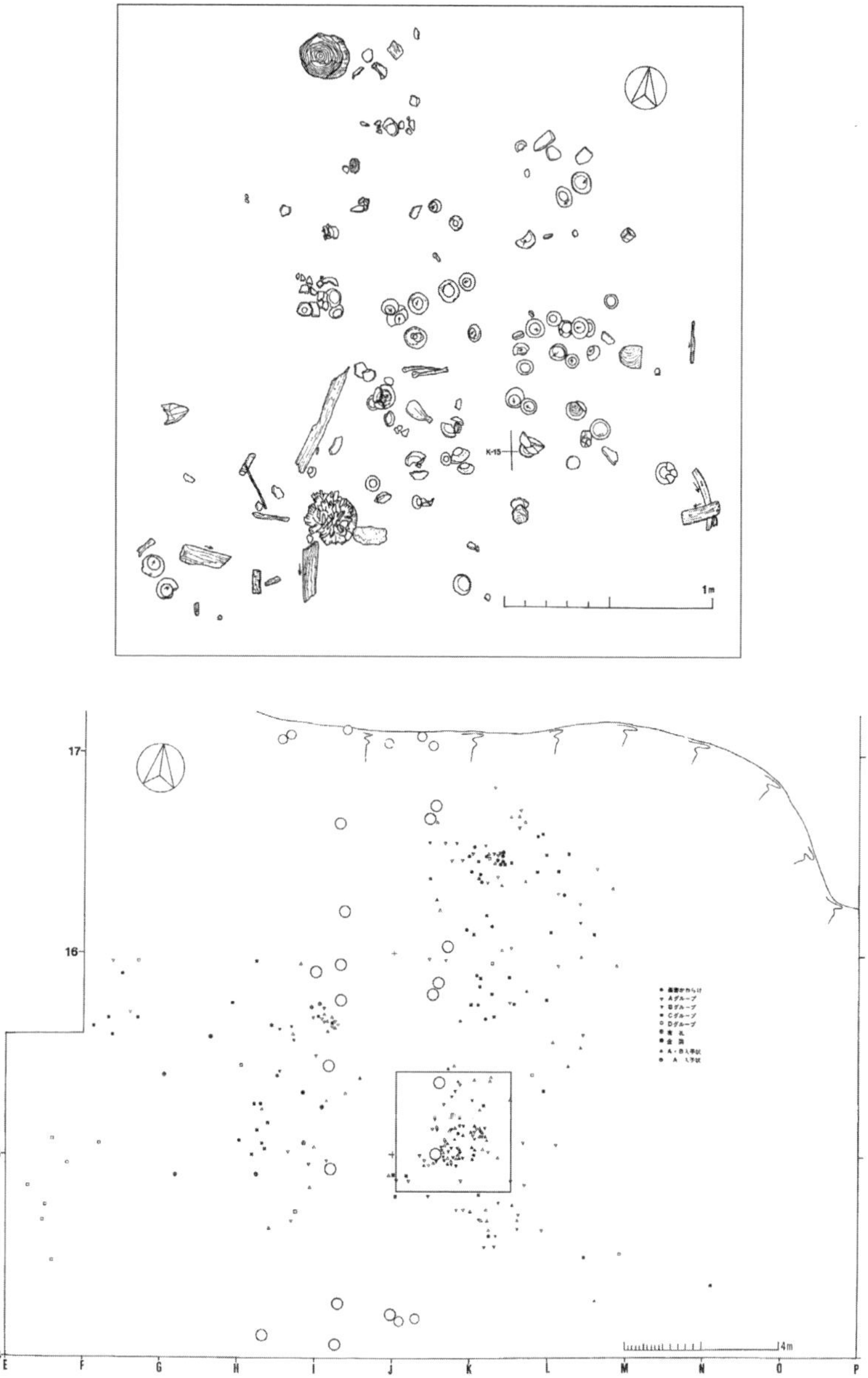

図11　Ⅳ区堀内の遺物出土状況

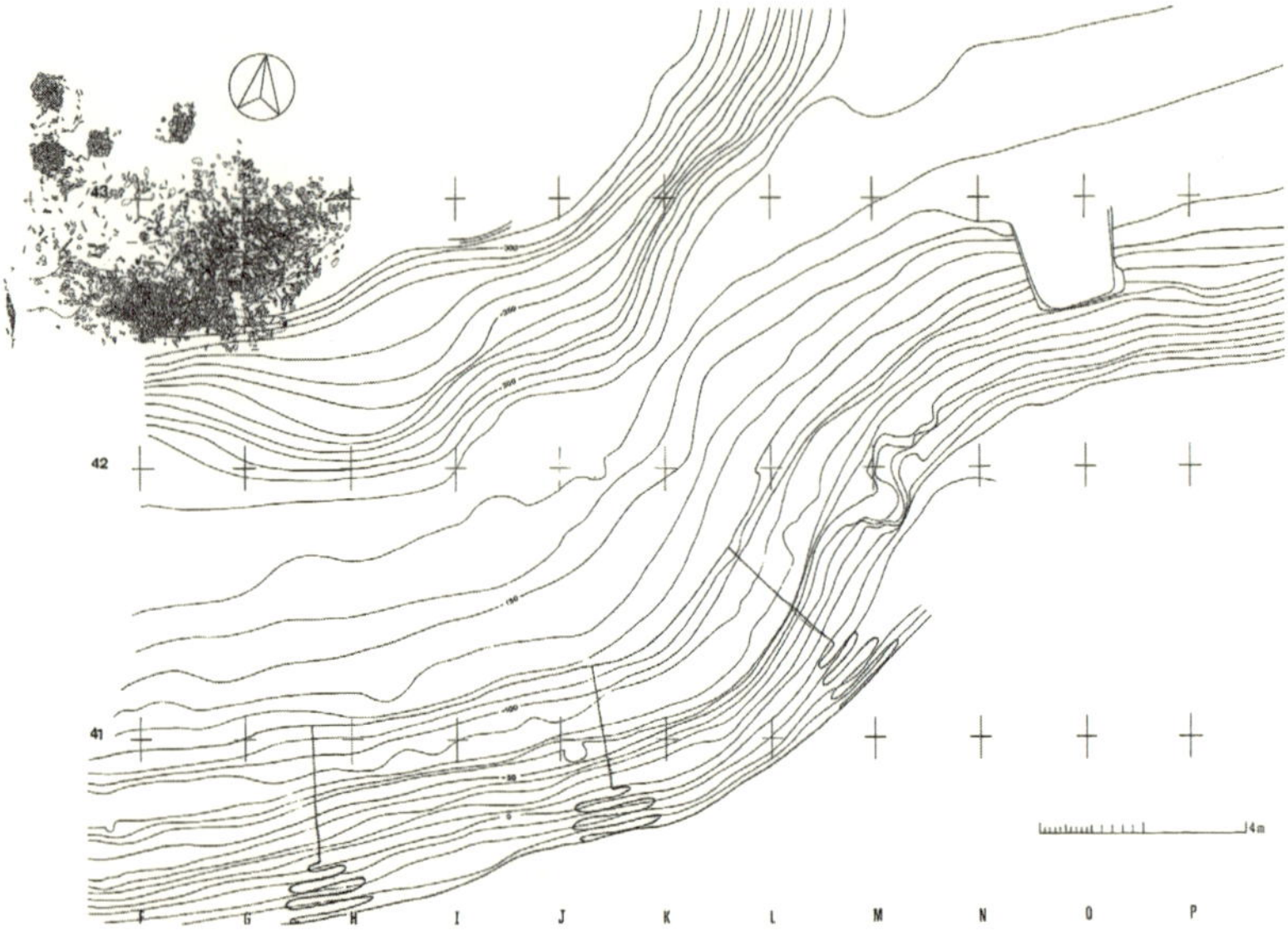

図 12　Ⅰ区 G 堀内の青戸御殿関係部材

跡の一括出土のかわらけが皿形を主体とすることとは様相を異にしていることが興味深い。

Ⅳ区堀内の三地点のかわけ溜りの形成された時期は、かわらけの形状や出土層位から葛西城時代ではなく、天正一八年の葛西落城以降と考えられる。その下限は、Ⅳ区堀の瓦の出土がMf層からは少なく、Mb・Mc層から多くなることと、古寛永通宝（一六三六〜五九まで鋳造）の出土が明暦三年（一六五七）頃とされているMc層までで、Mf層から一点もないことを参考にすると、一七世紀前半、それも寛永一六年の青戸御殿が新造以前に位置付けられる可能性が高い。徳川将軍家の青戸御殿が利用を考慮すると、家康もしくは秀忠の時期に対比されよう。

徳川将軍家の御殿の裏御門と連絡する橋脚から堀へかわらけをはじめとする遺物が一括廃棄される行為の背景としては、鷹狩りの際の饗宴、あるいは御殿の作事や普請などが想定されるが、その主体者の姿と行為の背景については、今後とも追求していかなくてはならない問題として残る。しかし、戦国の城の堀に遺物を一括廃棄するのではなく、青戸御殿の裏御門に接する堀の水場が宗教的色彩を強く感じさせる儀礼行為の場として使われていることに、近世的な風景が読み取れよう。

また、青戸御殿の終焉を物語るものとして、Ⅰ区G堀の遺物出土状況があげられる（図12）。Ⅰ区G堀では、Gs層を主体に御殿の構造物に用いられた瓦（一三一三点）、屋根材（約六〇〇点）、礫（三二五四点）がまとまって出土しており、明暦三年の御殿廃止時の行為と考えられている［松田一九七八］。このほかⅠ区G堀からは、箸がGs・Gc層を中心に一組と五六九本、杓子状木製品など食関係の資料も多く、堀の北側に想定される御賄屋舗との関係が注意される。

二　中世から近世的風景へ

1　下総国から武蔵国へ

前項でも記したが、三代将軍徳川家光治世の寛永期には、隅田川と太日川に挟まれた葛西地域は、下総国から武蔵国へ所属替えになった。これには国境が、隅田川から太日川に変更されたという単純な問題ではなく、その前段として隅田川の付け替えがある。

文政四年（一八二一）に著わされた『葛西志』の「請地村」（巻之一七　西葛西領　本田筋之一）によると、「古川跡　土人是を請地の古川と唱ふ、南の方十間川より、なゝめに西に貫き秋葉社の北を通じて、洲崎寺島両村の境を歴、夫より浅草川につゝけり、此川昔は餘ほどの水流にして、夏雨秋霖の此は、水かさもいよまし、水溢の患ありし事は、今の鶴土手あるにても證すべしといひ傳へり」とあり、以下鶴土手と古川跡のことが記述されている。

「浅草川」とは隅田川の別称で、隅田川は「洲崎寺島兩村の境」となるところにかつて大河であった「古川跡」があり、『葛西志』が著わされた頃には、「よしかやのみはへりし小溝」となっており、鷂鷹場とされているが、夏・秋季の雨で増水する様子を見ても、「古川」と呼ばれる大河の跡や「鶴土手」の存在がうかがわれるとし、「鶴土手」については、幅も広く、高さ一丈程（約三メートル）もある堤であると記している。

『葛西志』では「請地村」について「その名義も詳ならず」としているが、『新編武蔵風土記稿』「請地村」（巻之二二　葛飾郡之三）の項をみると、「請地は浮地なり、元大河に邊せし地なれば浮地の義を以村に名つけしを、假借して今の字を用ゆ」と記し、続いて「小名に沖田一本木等の名残れり、沖田は蒼海の變より起り一本木は船埋まり帆柱の残りたるより唱へ來ると云、今も艮の方寺島村入會の地に古の潮除堤遺れり」とある。

そして「請地村」の「古川」の項には、「坤の方にあり村内にて北十間川に屬す、今は萱生茂りて鷂の御鷹場となれり」とあり、さらに「鶴土手」の項には、「艮の方寺嶋村入會の地にあり、往古の邊大河なりし頃の潮除なりしと云」と記されている。

これらの記載により、請地村の「請地」とは、「浮地」のことで、仮借して「請地」と書かれていることがわかる。そして、「浮地」は元は大河だったところで、小字名の沖田や一本木も海や船などとの関わりで名が残ったとしている。

この「古川（跡）」とされるかつての流路跡が、家康の江戸入部時に存在していた隅田川の流路であり、それが本流であった。慶長年中に本流が仕切られて西に落ちる流路を新たな本流とする付替えが行われ、現在の須崎

（墨田区）から下流の隅田川の川筋となったのである。(9) 江戸時代の「古川跡」とされるところに設けられた請地村の範囲がかつての隅田川の東側の流れの川筋や河原の範囲を示すものと考えられる〔谷口二〇一五〕。家康江戸入部時の隅田川と現在の隅田川の流れは同じではなく、江戸城下の東方の景観も異なっていたのである。

文政九年（一八二九）に幕府によって編纂された『御府内備考』の「両国橋」（巻之七　御曲輪内之五）の項を見ると、「此橋萬治三年庚子に初てかゝれり。（略）本所は古へ下総に属せし地なれば、その因をもて後に両國橋

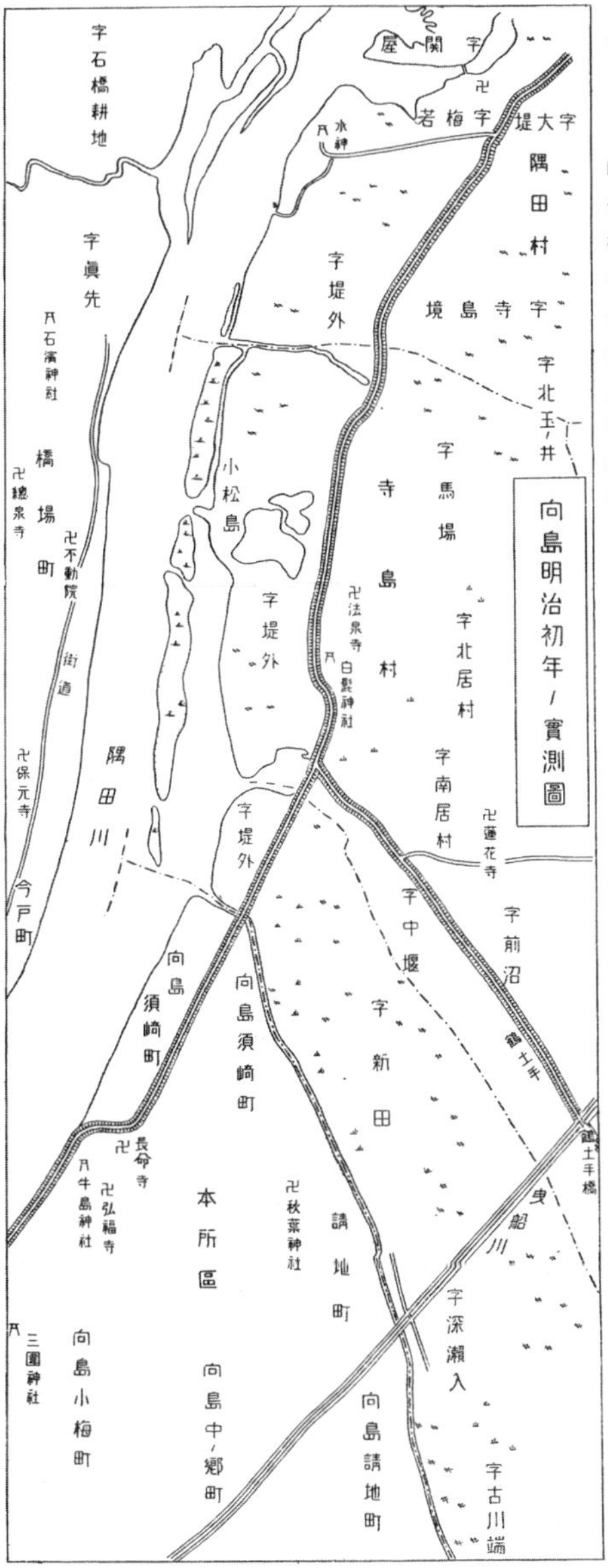

山哉圖

図 13　明治初年の向島実測図

と名付けられしといふ。」と記されている。萬治三年は西暦一六六〇年で、一説に両国橋は萬治二年（一六五九）に架け初め、翌三年に出来たともいわれているが、家康が江戸に入部してから七〇年経っての架橋である。すでにその頃になると家康入部の頃の江戸の姿は美化され、忘却されてしまったようだ。国の境である隅田川の流れも正しく伝わらず、ただ隅田川がかつての武蔵と下総の国境であったという精神性だけが心象風景として記憶されていたのである。

隅田川の付け替えとともに、幕府は上流部の利根川の治水事業を積極的に進めた。承応三年（一六五四）に赤堀川が開削され、利根川の流れが常陸川へ落ちるようになる。寛文五年（一六六五）に権現堂川・江戸川・赤堀川・常陸川を繋ぐ逆川を開削して、北関東から江戸、さらに太平洋沿岸部と江戸を結ぶ舟運の大動脈が完成する。これを利根川東遷事業と呼ぶ。

家康が行った須崎から東西に分流していた隅田川の川筋の東側を仕切り、西側一筋に付替えを行った隅田川の改修はあまり評価されず、利根川東遷事業のみが注目されているのが現状である。天正期から慶長期の隅田川改修と一連の利根川東遷事業は、個別の治水事業ではなく、江戸建設の一大プロジェクトとして取り組まれた事業であるという視点が重要であると考える。

そして、この事業の過程の中で武蔵国と下総国の国境が隅田川から太日川筋へシフトし、葛西地域は下総国から武蔵国葛飾郡葛西領へと所属替えになる。葛西領は、葛西川の東を東葛西領、西を西葛西領と呼び、東・西葛西領の境を流れることから葛西川は中川と呼ばれるようになったといわれている。[10]

隅田川から江戸川に挟まれた葛西地域が武蔵国に編入された時期について、『新編武蔵風土記稿』「総説」（巻之二〇　葛飾郡之一）は、「国界の今の如く改まりしは最近き世のこと」、国境が改められたのは最近の事だと述べ、その年代については「異説多し」と決定打がないことを記し、寛文年中（一六六一～七三）説、貞享三年（一六八六）説などを紹介している。他の史料などから武蔵国に編入されたのは貞享三年まで下らず、江戸時代の初期の寛永年間中と考えられる(11)。

寛永一六年（一六三六）に幕府が検地を行っているので、これを契機とし、さらに明確になるのは幕府の「正保改定図」の作成の時からと考えられ、慶安元年（一六五八）に葛西全般にわたり本格的に行われた検地の際にはいずれも武蔵国としている［葛飾区一九八五］。

では、新しく武蔵国と下総国との国境となった太日川は、何時頃から江戸川と呼ばれるようになったのであろうか。『葛西志』では、「されど此江戸川といふ名は最近き此よりの唱とみえて、正保元禄改定の地圖には、みな利根川としるせり。」とあり、正保・元禄の改定図などには記されていない、新しい呼び方だと述べている。

史料的に江戸川の初見とされるのは、明暦三年（一六五七）の「小流寺縁起」（春日部市指定有形文化財）に「江戸河」と見えるのが最も古い史料といわれている［樋口二〇〇六］。

文禄三年（一五九四）に、会の川締切りによって利根川の流れが太井川に流れ込むようになったことから、太井川を利根川の一派ととらえるようになった。そして、一七〇〇年代以降には、幕府役人と名主の間の文書には、ほとんど「江戸川」と書かれるようになるといわれている。

文禄三年に会の川締切りによって太井川に利根川が流れ込み、慶長八年（一六〇三）の江戸幕府が開かれた後に、太井川の流れが、そのまま江戸川として生まれ変わるのではなく、利根川東遷事業の過程で、関宿から野田辺りの江戸川上流部にあたる丘陵部を開削して江戸川筋が完成した。いわゆる江戸川筋が完成する承応三年以降、一七世紀中頃には「江戸川」という呼び方が記録上確認できる。

その後、北関東だけでなく、東北方面と航路が確保され、江戸川がそれらの地域と江戸とを結ぶ動脈として重要な位置を占めていくなかで、一八世紀になると「江戸川」という名称が一般化していく。そして、江戸の人々は「江戸川」という名称ともに、利根川東遷事業によって、利根川の水が江戸川筋にも落ちていることにより、「小利根川」「新利根川」、そして「坂東太郎」という通称も生まれていく。江戸時代後期には、曲亭馬琴（滝沢馬琴）の大長編『南総里見八犬伝』にも江戸川が描き込まれるなど、文学作品でも舞台として登場するようになり、江戸東郊の景観を構成する重要な要素として江戸川は欠かせない存在となっていく。

家康が江戸に入部し、江戸城とその城下を整備するとともに、隅田川の付替えが行われ、葛西地域が下総国から武蔵国へ所属替えとなり、河川名も葛西川から中川、太日川も江戸川と呼び代わるなど、それまでの中世的な領域や景観を構成する河川は、寛永期以降には近世的なものへと変わって行くことになる。次項から以降や遺物など考古資料から中世から近世への時代の転換を探ることにしたい。

2　板碑の終焉と転用

葛西城からは環状七号線道路建設に伴う調査だけで、破片も含め九〇〇点余りの板碑が出土している。出土の板碑を分析すると以下のような傾向を指摘することができる［谷口一九九三・二〇一〇b］。

板碑は、環状七号線道路建設に伴うどの調査区からもまんべんなく出土しているのではなく、Ⅲ区と呼ばれる本丸を中心とした地域に集中し、それ以外のところでは、板碑の出土は希薄であった。板碑の出土は全体的に遺構外からの出土は少なく、その大半は遺構内からの出土で、特に遺構内出土の八〇パーセント強を占める量がⅠ区G堀、Ⅱ区E堀、Ⅳ区堀などの堀から出土している。また、葛西城の板碑の特徴は、九九パーセントが破片で、完形品の占める割合は一パーセント程度と非常に少ないことである。葛西城出土板碑の過半数の六五パーセントを占める堀出土でも、三点しか完形品が確認されていない。

葛西城の環七調査及びその後の調査事例から出土板碑のうち紀年銘のわかる資料の時期と出土量を整理すると、時期的に以下の二つの画期が認められる。

①応永期

葛西城の板碑は、貞和～文和期（一三四五～五五）の一四世紀中葉から出現するが、量的に安定するのは応永期となる。この時期は、まだ葛西城は築かれておらず、葛西は山内上杉氏が治めていた。

②天文期

小田原北条氏が葛西へ進攻する前夜の永正から天文期にあたる一五二〇年代にかけて葛西城出土の板碑はピークを迎えるが、天文後半からは急速に姿を消していく。天文期は、天文七年（一五三八）に小田原北条氏が葛西城を奪取し、小田原北条氏の進出期にあたる。

葛西城における天文七年以降の板碑として、Ⅳ区堀から後北条氏奪取後の天文一一年銘（一五四二）の板碑が一点出土している。葛西城以外の状況は、『葛飾区板碑調査報告』［葛飾区教育委員会編　九八五］によると、葛飾区全体では東金町の半田稲荷神社と堀切の宮田家が所蔵しているものに天文一一年（一五四二）、東金町の矢島家に天文一三年（一五四四）、立石の南蔵院に天文一九年（一五五〇）、新宿の宝蓮寺に天文二一年（一五五二）、西新小岩の東光寺に天文二四年（弘治元年・一五五五）、東水元の大川家に天正五年（一五七七）、奥戸の宝蔵院に元文二年（一七三七）銘の板碑がある。

このうち東水元の大川家のものは、先祖が信濃から将来したもので、立石南蔵院のものも他地域からの採集品

表１　葛西城の板碑の造立傾向

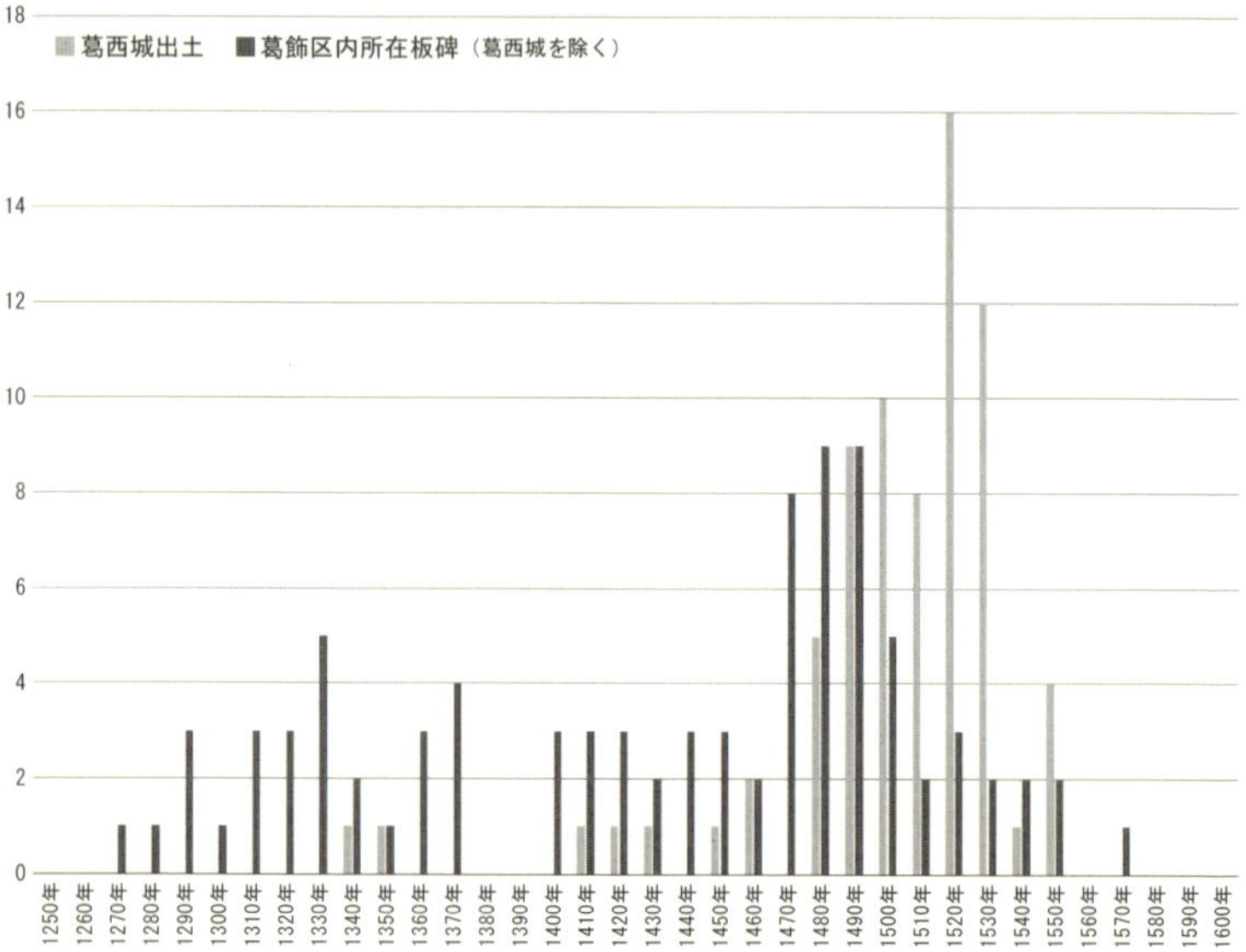

図14　第６次調査第81号井戸から出土した板碑

といわれている。また、奥戸の宝蔵院のものは追刻である。従って葛西城以外の葛飾区内でも、小田原北条氏の葛西進攻以後の板碑は、葛西城を含め五点ということになる。

葛西城での出土板碑の年代と葛飾区の板碑の造立状況を重ね合わせると、先に記した板碑造立の画期のひとつ天文後半が板碑造立の終焉時期と捉えることができる（表1）。まさにその時期は、小田原北条氏が葛西進出を果たした時期であり、この時期以降、葛西城において板碑の転用が確認される。

板碑が造立されている時期（上杉氏時代）では、同時期の遺構からの出土はⅡ区B堀だけで、遺構へ板碑を廃棄する顕著な行為は認められない。しかし、小田原北条氏時代になると板碑が造立されなくなるだけでなく、遺構内に廃棄したり、転用したりする行為が現れる。一六世紀以降は板碑の造立が減少する時期ではあるが、板碑本来の造立目的が失われ、板碑としてではなく、井戸の石組みの部材、砥石や硯に加工した道具、石飛礫などの武器として転用されている。

葛西城の場合、大永から享徳にかけて板碑を造立した人々の姿が天文期以降は見えてこない。なぜならば、板碑造立の縁者が先人の造立した板碑を廃棄するであろうか。供養し保護するのが常であろう。戦乱という災害が引き起こした現象なのであろうか、天文期を境に板碑が造られなくなるだけでなく、葛西城では板碑が立つ風景は小田原北条氏が入部してからは失われてしまったということになる。そのことを葛西城の出土板碑は語っているように思う。

この他、地域的な特徴として、井戸から板碑の特異な出土事例が認められている［谷口一九九三・二〇一〇b］。葛西城では、堀に三点だけ完形品が出土しているが、石材として転用された事例を除いて、全体的な傾向として遺構内に完形の板碑を廃棄することはしていない。そのような状況のなかで、完形板碑が一点だけ出土す

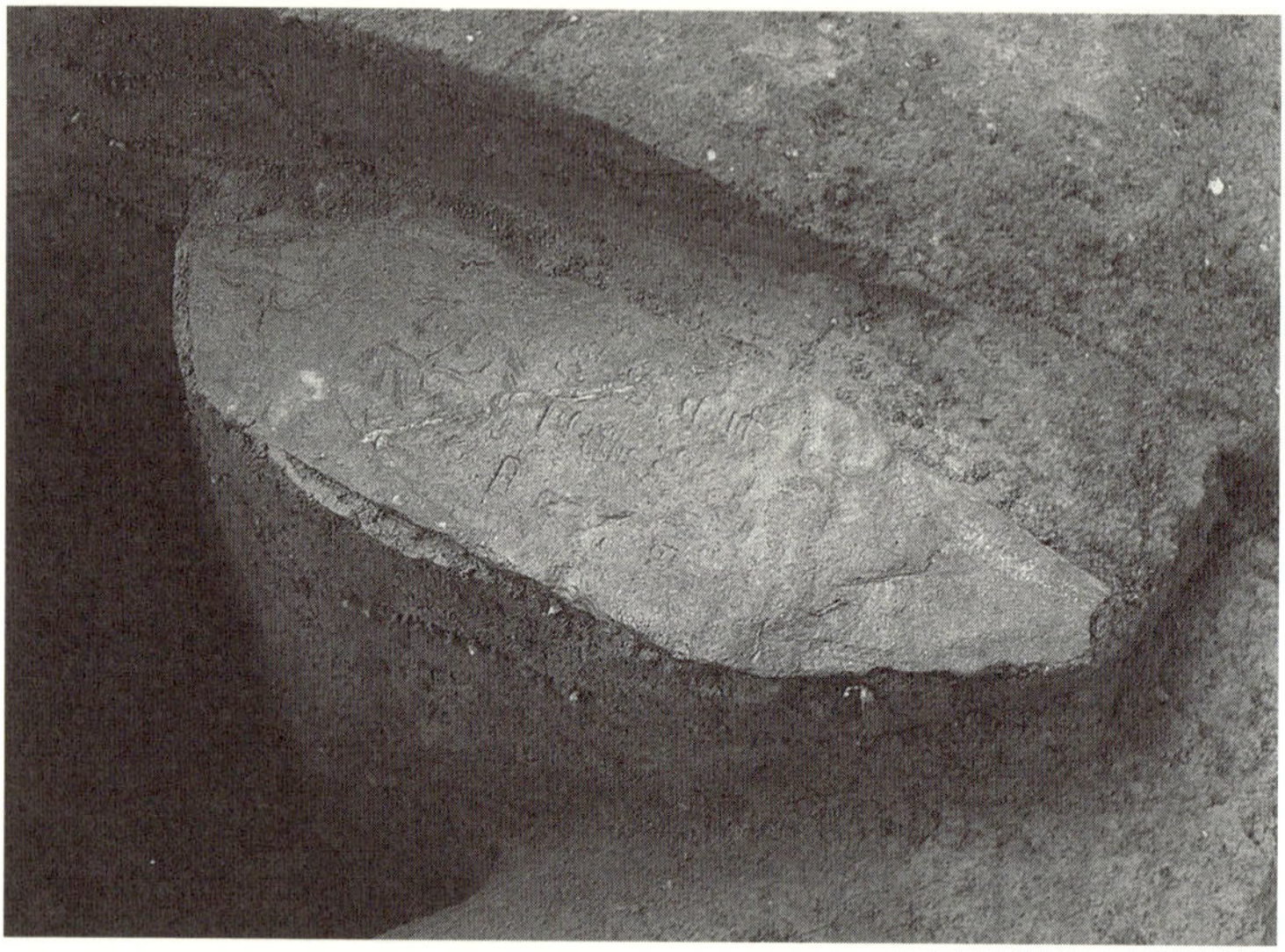

図 15　井戸埋めの際に納められたと思われる板碑

る青戸七丁目一四番地点三号井戸（図15）、青戸七丁目二一八番地点一号井戸は特異な存在である。なぜ特異なのかというと、完形が一点ということとともに、斜めではなく、水平に出土しているのである。つまり、廃棄するために投げ込まれたものではなく、自然に流入したものでもない。井戸埋めの際に故意に板碑を入れているという行為が想定されたのである。井戸埋めに際して、竹を刺すなどの儀礼を行うことは知られているが、このような出土事例についても「地域的な井戸埋め儀礼の一形態」と指摘した［谷口一九九三・二〇一〇b］。「地域的な」と判断したのは、その当時、葛西城と上小岩遺跡（江戸川区）からしか出土事例が見られなかったためである。その後、同じ葛西地域の鬼塚遺跡（葛飾区）一二号井戸からも同様の類例が確認されている［三宅・五十嵐二〇〇七］。

いずれの事例も、近世に入った一七世紀代のものである。板碑は中世の資料であるが、葛西城では小田原北条氏時代に造立されなくなるだけでなく、廃棄されたり、転用されたりして、板碑本来の意味は失われている。しかし、近世には板碑は本来の造立意図とは異なるが、別の意図を持って井戸の中に納められるようになる。葛西地域ならではの近世になって行われる儀礼行為と捉えられよう。

3　スッポンと内耳土鍋

青戸御殿の主郭部をめぐる堀からは、イヌ、ネコ、鳥類、貝類などの動物遺存体も多く出土している。分析をした金子浩昌氏によると、出土したイヌの骨には切り傷があることから、鷹の餌として解体されたものと考えられている。鷹狩りに利用された青戸御殿ならではの遺物といえよう。

その他、注目すべきものとしては、スッポンがある。スッポンという動物は、分類上は、脊椎動物亜門、爬虫類、かめ目、スッポン科、スッポン属で、亀に比べ、甲羅が平らで柔らかく、文様がないのが特徴という。淡水性で、シベリアを北限として、日本中国などアジア東部やアフリカ、北アメリカに生息している。現在では、日本各地にスッポンは生息しているが、それは江戸時代以降のことであるという。スッポンは元々西日本にしか生息しておらず、生息域の東限が東海地方あたりとされている。

つまり、金子氏によると青戸御殿から出土したスッポンは東日本でも最も古い部類に属する資料なのであるという［金子一九九四］。それも出土した資料には、解体時についた刃物の傷が認められることから、食に供されたものであることがわかっている（図16）。青戸御殿にもたらされたスッポンは、三河出身の徳川家か、あるいは家臣が郷土で食しているスッポンを食材として葛西の地へ持ち込んだ可能性が考えられるのである。

鷹狩りは、主に冬場に行われていた。鷹狩りの後は、宴席が設けられ、将軍やお供の重臣はご馳走に舌鼓を

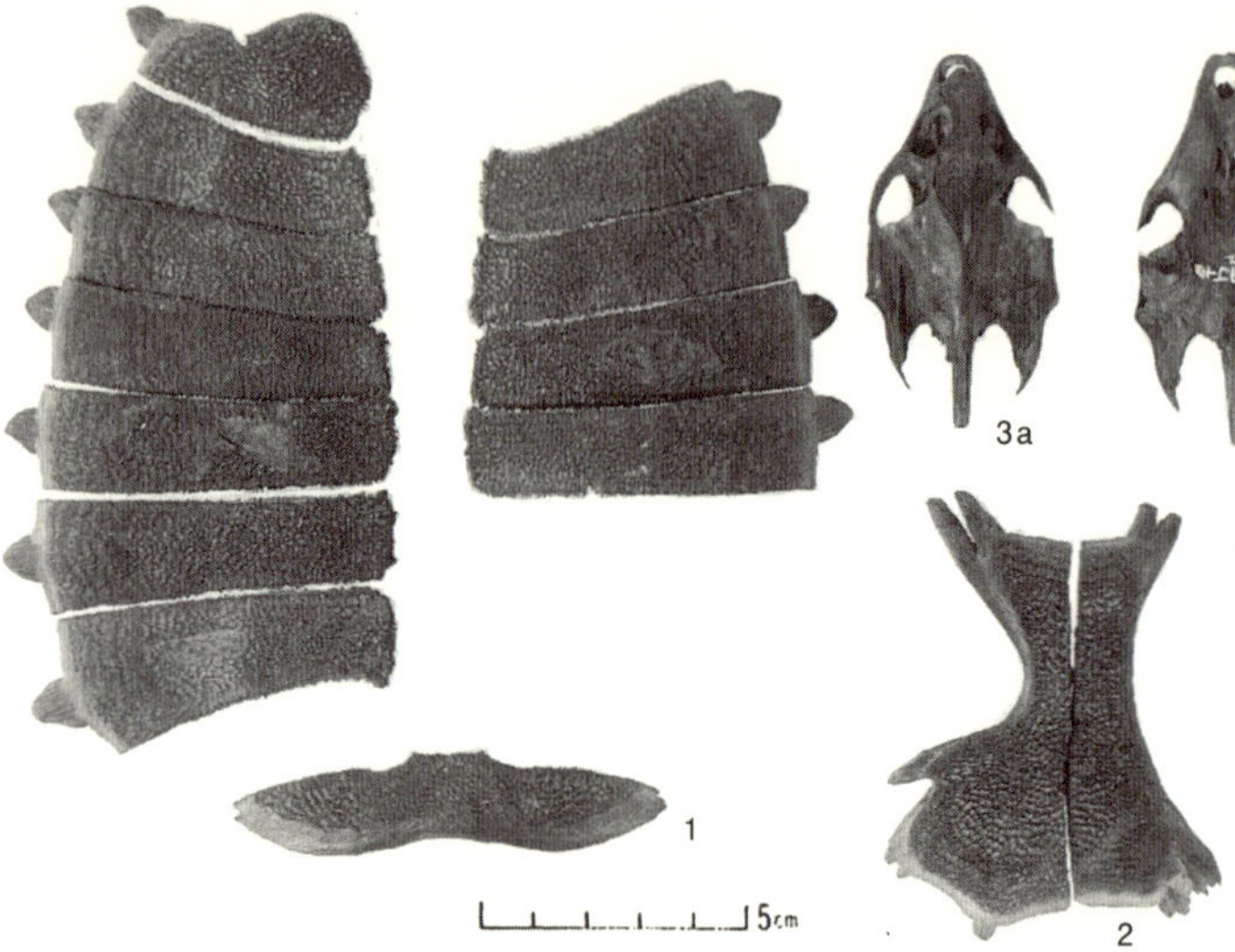

図 16　出土したスッポン

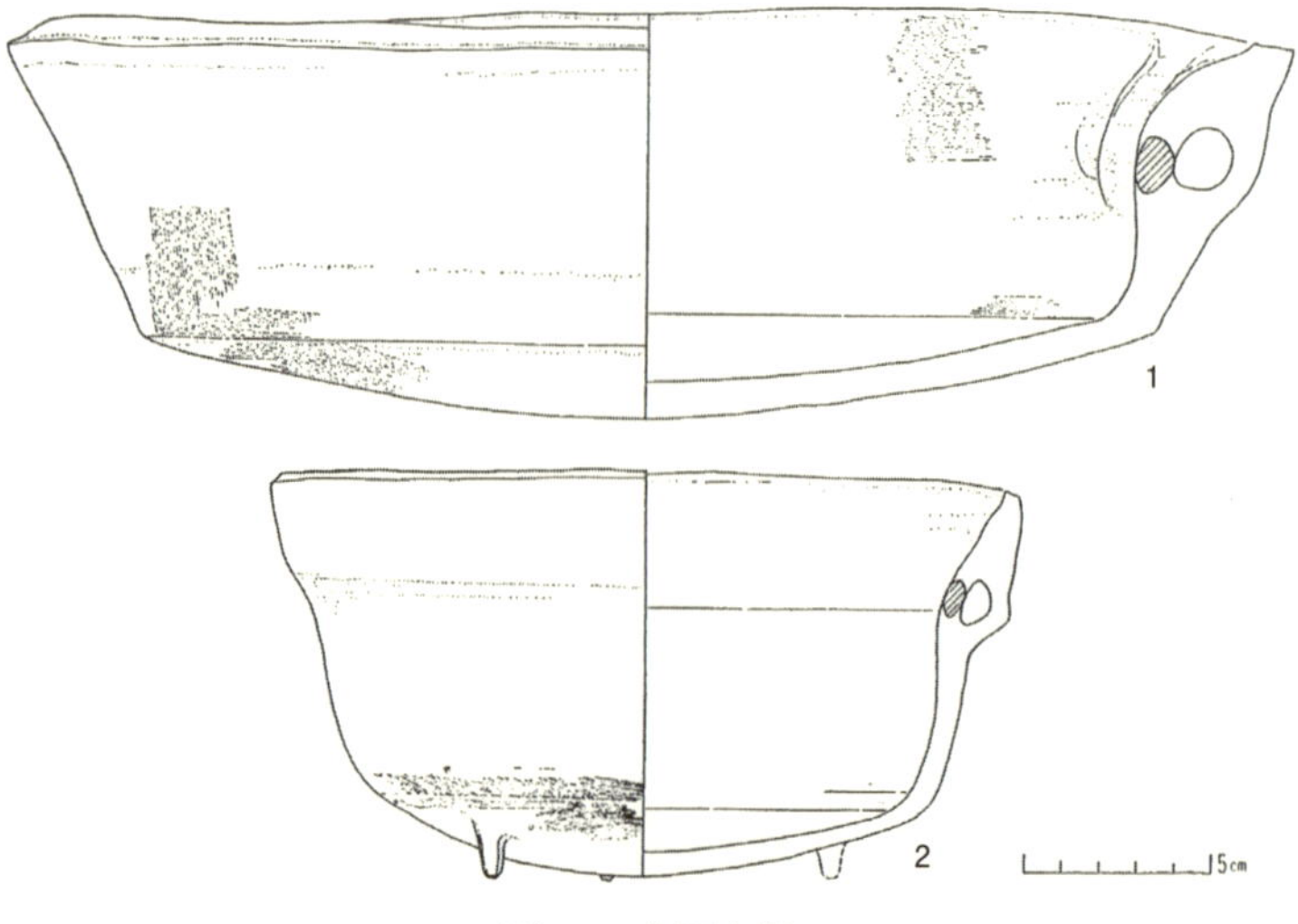

図 17　内耳土鍋

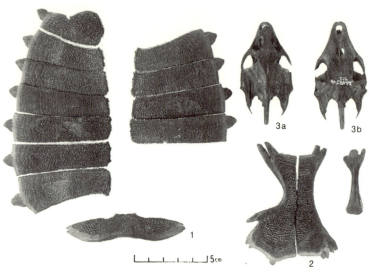

打った。ご馳走のひとつとしてスッポン料理が食膳に出されたことを出土したスッポンは物語っているようだ。どのような調理方法だったかはわからないが、寒い時期の鷹狩りであるから鍋にして食べたのかもしれない。青戸御殿のスッポンは、家康の江戸入部以後もたらされた新たな食の産物といえる。スッポンの葛西お目見えも近世の幕開けを告げているのである。

鍋といえは、青戸御殿からはBタイプ（図17―1）とDタイプ（図17―2）と呼ばれる特徴的な内耳土鍋が出土している［宇田川一九七六］（図17）。Bタイプは三耳式の土鍋で、底部は丸底状を呈し、胴部外面に縦方向、内面は横方向、底面は同心円状に刷毛目調整痕が残っている。Ⅱ区K遺構に伴うもので近世初頭に位置付けられている。Dタイプは底部に三足が付される鉄鍋を模したもので、胴部外面の下半から底部付近に斜め方向の刷毛目調整痕がみられるもので、一点のみの出土である。

Bタイプは、両角まり氏によって葛西城タイプとも称されているが［両角一九九六］、すでに指摘したとおりBタイプは葛西城からだけの出土ではなく、上千葉遺跡・柴又帝釈天遺跡でも出土していることから葛西城と冠するのは馴染まない。あえて呼称するならば城をとって葛西タイプとでも呼ぶべき地域的特徴を有する内耳土鍋である［谷口一九九九］。

このBタイプとDタイプの内耳土鍋を検討した佐々木明氏によると、Ⅱ区K遺構を構成するK層以後、Bタイプは出土せず、直接的な発展形態は知られていない。鉄鍋がようやくこの地に普及した結果、Bタイプは消滅したとされ、中世葛西城もしくは青戸御殿との直接的な結びつきではなく、御殿周辺の農村で一般的に用いられていた鉄鍋の代わりの内耳土鍋の姿として位置付けている［佐々木二〇〇二］。

4　埋められる遺構

葛西地域の葛飾区上千葉遺跡・同区柴又帝釈天遺跡・同区鬼塚遺跡では、一七世紀前半から中頃にかけて溝や井戸の埋め立てによる機能の停止がみられる点に注意したいと思う。

上千葉遺跡では、普賢寺の北側に位置する調査地点から中世から近世に至る資料が出土している。なかでも一三～一七号溝はコの字状に構えられた溝で、溝内から一六世紀後半から一七世紀前半の資料が多く出土している。五条の溝とも下層からの遺物の出土は少なく、そのほとんどは中層ないし上層からの出土である。溝のなかでも一五号溝は、溝の幅は、最大で四二〇センチメートル、深さは確認面から約一五〇センチメートルで、かわらけやホウロク（内耳土鍋含む）を一括廃棄した状態がうかがえ、中央部にはかわらけ溜りが形成されている（図18）。出土遺物の平面分布からおよそ中央部とそれよりも北側で一ないし二ヶ所の遺物のまとまりがあり、垂直分布の状況からすると、西側から溝内へ遺物を廃棄した様子が読み取れる。出土した一五〇〇点にのぼる遺物のうち、五八〇点ものかわらけが出土している。そのほか瀬戸・美濃焼（天目茶碗、志野皿、灰釉皿、すり鉢）、肥前焼（茶碗）、漆器椀、下駄などの木製品、石臼などが認められる。一三～一七号溝出土の遺物の様相から、調査地点付近に土豪層の居住を想定している［永越ほか一九九六a］。

柴又帝釈天遺跡では、柴又帝釈天の北西にある真勝院の西に隣接する調査地点で五五号溝から一六世紀後半から一七世紀前半の良好な資料を出土している（図19）。L字状に屈折する溝跡で、長さ四八メートル、幅は最大で四三〇センチメートル、深さは約一二〇センチメートル、覆土中程から上部にかけて遺物が集中して出土している。遺物は、瀬戸・美濃焼（天目茶碗、志野皿、灰釉皿、すり鉢）、唐津焼（皿）、肥前焼（茶碗）、かわらけ、

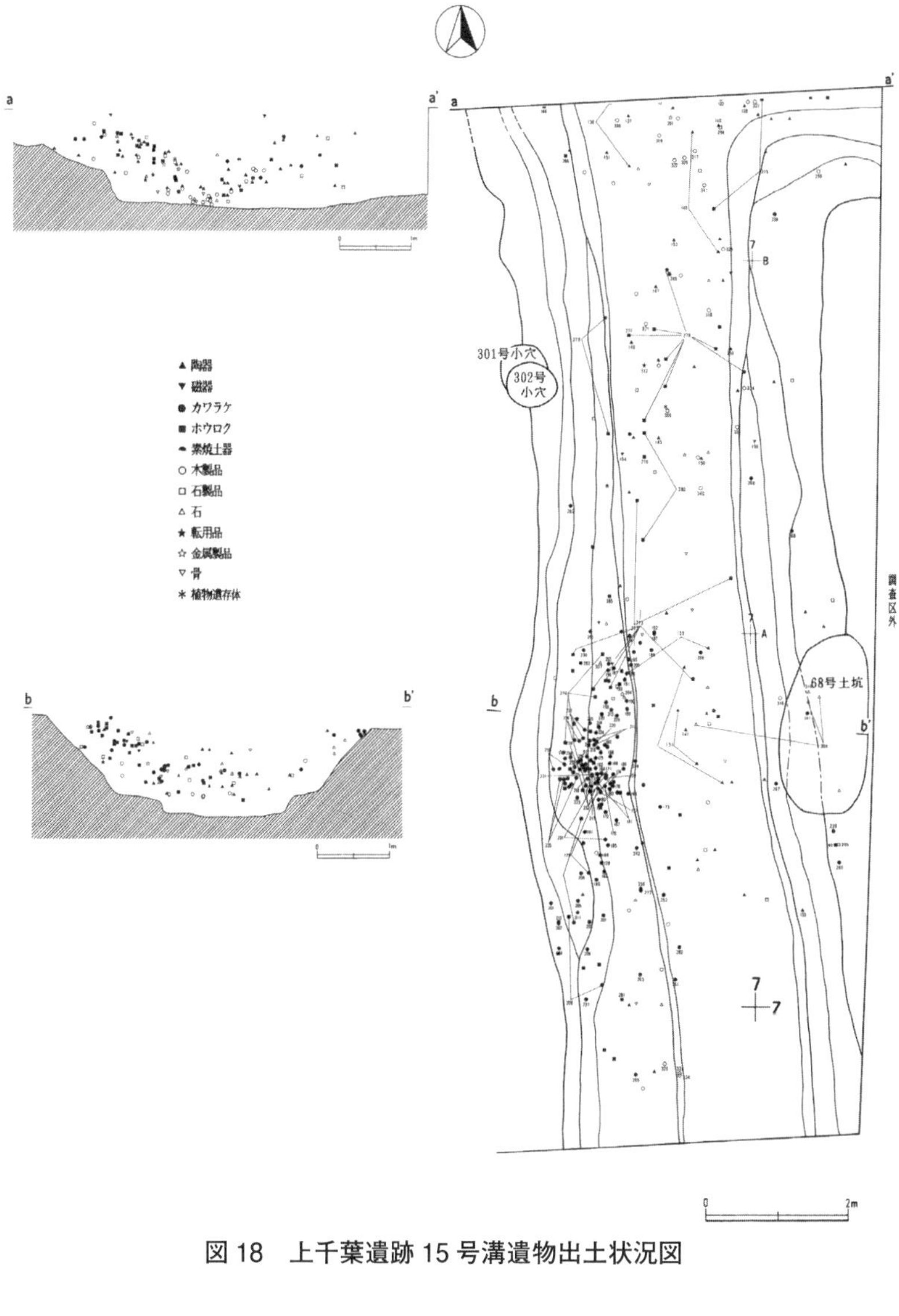

図 18　上千葉遺跡 15 号溝遺物出土状況図

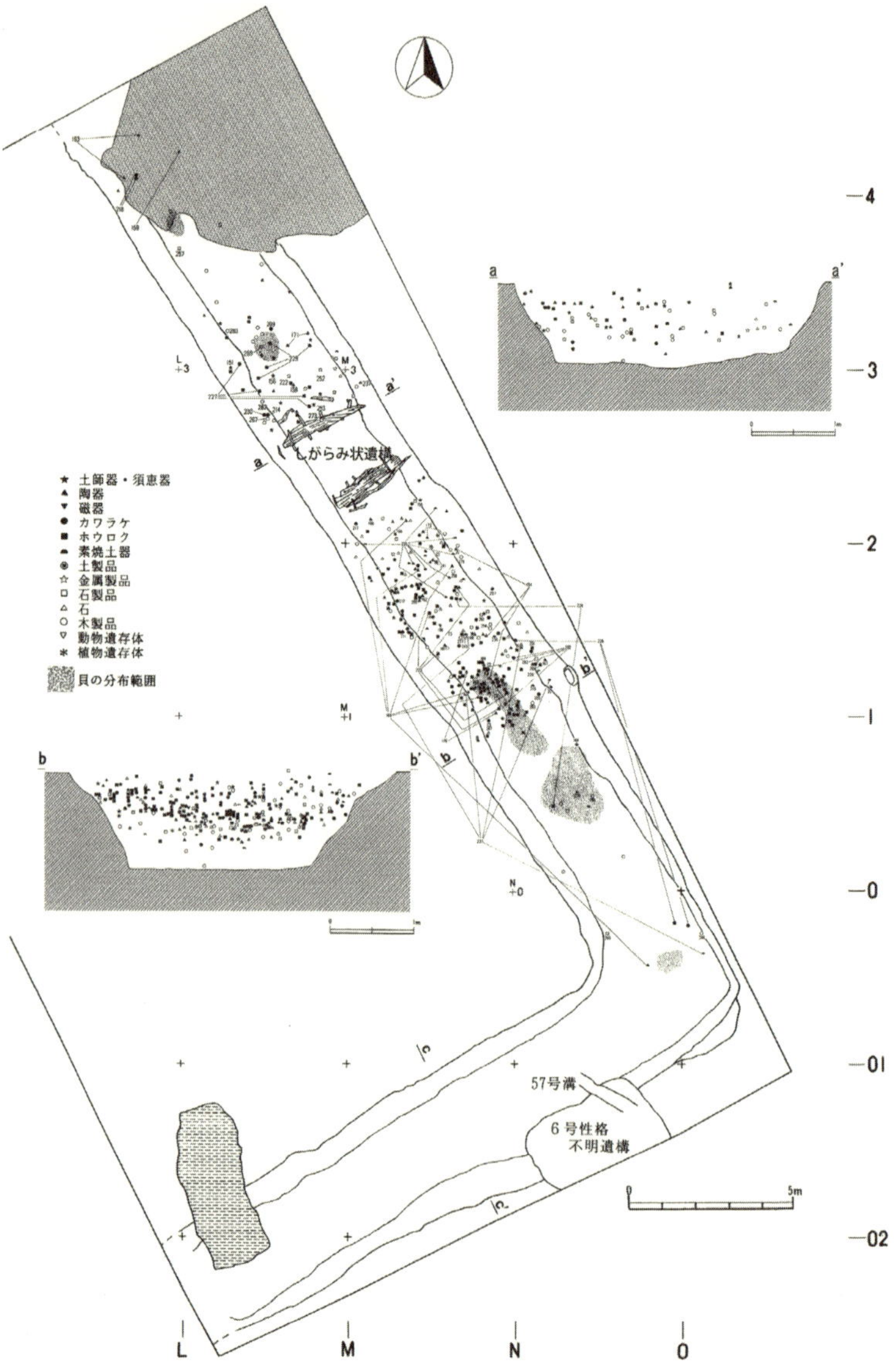

図19　柴又帝釈天遺跡55号溝遺物出土状況図

ホウロク（内耳土鍋含む）、漆椀や下駄・折敷などの木製品が認められる。

報告書では、五五号溝は水が流れ、しがらみ状の遺構が流水を調節する用水機能として推測されている［永越一九九六b］。しかし、二条確認されているしがらみ状遺構は流水の調節のためのものではなく、しがらみ状の柵で仕切られた間に土を盛るための土留めの施設であり、土橋状の構造となっていたものと考えられる(12)。当初の機能は水の流れる溝であったが、その後、溝を渡るための土橋状の施設が設けられたことにより、水の流れは止まって滞水したものと想定されるのである。出土遺物は、土橋状の遺構を挟んで北側と南側に二つの大きなまとまりがある。平面や垂直分布の状況からすると、どちらかといえば西側から廃棄された傾向がうかがえるが、土橋状の遺構上から南と北方向へ廃棄されたものと想定される。

鬼塚遺跡では、遺跡の名の起こりとなった鬼塚の所在する畠地から、一七世紀中頃に廃棄された井戸が多数確認されている［三宅・五十嵐二〇〇七］。三・四・六・九号井戸などはその代表的な事例で、これらの井戸は埋め土に貝層を伴っていることで共通している。三号井戸では、下層はハマグリとアサリが主体で、上層に行くにしたがってアサリが遠くなり、さらにヤマトシジミが主体となっていく。これらの井戸は、切り合い関係はなく、一七世紀中頃に焼物が廃棄されるだけでなく、貝も一緒に埋められている。井戸が同じ時期に埋められ機能を停止することから調査地点の土地利用の変化がうかがえる。

〈註〉

（1）「別本慶長江戸図」は、最古の江戸図としても知られ、芳賀啓氏によると、「この最古の江戸図は「日比谷入江」がまだ「入江」として残されていた状態を記録した唯一の古地図であり、慶長2ないし3年まで遡る可能性」が指摘されている［芳賀二〇一三・二〇一四]。

(2)「平川」や「高橋」などの太田道灌時代の江戸城については拙稿を参照されたい［谷口二〇一七・二〇一八］。

(3)『新編武蔵風土記稿』に掲載されている「貞享年中御殿蹟圖」に「青戸御殿」と明記されている呼称を用いることにする。

(4)「御殿蹟図」の左手下には元禄六年（一六九三）に写された旨が記されており、この図が製作された下限といえる。拙稿において裏御門が取り払われる下限として広く抑えるために元禄六年としたが、実際は「御殿蹟図」が提出された貞享五年まで遡るものと思われる。

(5)『新編武蔵風土記稿』には、地元の史料から寛永一九年に「古城残ナク廃却セラレ。跡に御殿ヲ建ラルトアリ。」と記されているが、これに対して中野達哉氏が疑義を示していることは、すでに本文中で触れたとおりである。寛永一六年には江戸近郊の御殿の改修が一斉に行われ（『寛政重修諸家系譜』『徳川実記』）、寛永一八年には徳川家光が青戸御殿に立ち寄っていることが伝えられている［中野一九八九］。寛永一九年というのは、寛永一六年の誤りと考えられている。

(6)青戸御殿の瓦については、金子智氏からご教示を賜った。

(7)環状七号線道路建設に伴う第二次調査報告『青戸・葛西城址調査報告Ⅱ』［長瀬一九七四］では、墨書かわらけのなかに「阿部殿」と判読できそうな資料（第二一九図七一八）があると報告されているが、第三次調査の報告書『青戸・葛西城址調査報告Ⅲ』［長瀬一九七五］では「せうしゅ＝成就？」（第六一一図一〇八・第七表）と読み直している。判読にあたっては大石泰史氏からご教示を賜った。

(8)A地点のかわらけは坏型（A―2・3類、B―3・4類）に限られ、B地点は墨書かわらけは坏型（A―5・6類）のみで、墨書かわらけ以外は大形坏型（A―2・8類）が主体となり、皿型（C―3類）をわずかに含む。C地点は大形坏型（A―2・3類）で構成されている。分類は［長瀬一九七五］によるもの。

(9)菊地山哉氏は、『天正日記』八月十二日条に見られる「ほり長千五百七十間」もの「つゝみふしん」、つまり堤普請をした場所について『葛西志』に記されている「鶴土手」と推定している。さらに、三囲神社の縁起に慶長年間の洪水で三囲神社が今の地へ移ったとあることと、『文政寺社書上』の延命寺の記事に注目し、隅田川の流れが寺島のところで二つに分流していたが、東の流れを堤で仕切り、西側の一筋の流にしたと論じている［菊池一九三五］。

（10）『新編武蔵風土記稿』「総説　中川」（巻之二〇　葛飾郡之一）及び『葛西志』「中川」（巻之二）。一方、『江戸名所図会』「中川」（巻之七　揺光之部）や『江都近郊名所一覧』「中川」では、隅田川と利根川の間に挟まれていることから名付けられたとする。

（11）左に掲げたものは寺社に伝わる棟札に記されている国名等を表にしたものである。誤記・誤認があるが、傾向として寛永一〇年から寛永一八年の間に下総国から武蔵国への所属替えがあったことがうかがえる［谷口二〇一六］。

寺　社	所　在　地	年　号	国　名　等
八劔神社	奥戸八丁目	寛永六年（一六二九）	下総国葛飾郡葛西郷
高砂天祖神社	高砂二丁目	寛永十年（一六三三）	下総国葛飾郡葛西郷
奥戸天祖神社	奥戸二丁目	寛永十八年（一六四一）	武州葛西奥戸村
円成寺	西新小岩五丁目	元禄二年（一六八九）	武蔵国葛飾郡上平井村
蓮昌寺	小菅四丁目	明暦二年（一六五六）	武州豊島郡上千葉村

（12）五五号溝は、報告書掲載の自然科学分析でも、場所によっては水が流れなかったか、滞水していた可能性があるとされている。しかし、報告書では水が流れていたものと推測しており、「柵状の付帯施設」（しがらみ状遺構）は溝内の水管理を行うための施設である可能性が高いとしているが、本文中でも記しているように、二条のしがらみ状遺構の内側に土を充填して土橋状に設えたものと判断される。しがらみ状遺構の潰れ方も土が充填されていたことを物語っているものと思われる。

参考文献

宇田川　洋　一九七五　『青戸・葛西城址調査報告』Ⅲ　葛西城址調査会
宇田川　洋　一九七六　『青戸・葛西城址Ⅱ区調査報告』　葛西城址調査会
永越信吾ほか　一九九六ａ　『上千葉遺跡』葛飾区遺跡調査会
永越信吾ほか　一九九六ｂ　『柴又帝釈天遺跡Ⅶ』　葛飾区遺跡調査会
永越信吾　二〇〇一　『葛西城址XX—青戸七丁目二一二番第二地点—』　葛飾区遺跡調査会
永越信吾　二〇一二　「下総と江戸東郊のかわらけ」『江戸在地系カワラケの成立』　江戸遺跡研究会

葛飾区　一九八五　『増補葛飾区史　上巻』葛飾区役所
葛飾区教育委員会編　一九八五　『葛飾区板碑調査報告書』葛飾区教育委員会
加藤晋平　一九七四　「V　まとめ」『青戸・葛西城址調査報告書Ⅱ』葛西城址調査会
金子　智　一九九八　『丸の内一丁目遺跡』日本国有鉄道清算事業団・丸の内一―四〇遺跡調査会
金子　智　二〇〇五　『丸の内一丁目遺跡Ⅱ』東日本旅客鉄道株式会社・千代田区丸の内一丁目遺跡調査会
金子浩昌　一九九四　「3　葛西城跡出土の動物遺存体の研究」『葛西城XVIII』葛飾区遺跡調査会
菊池山哉　一九三五　『沈み行く東京』上田泰文堂
菊地山哉　一九九二　『五百年前の東京』批評者（初刷一九五六）
北区　一九九五　『北区史』史料編　古代中世2（所収第三編　中世記録41）
古泉　弘　一九八三　『葛西城―葛西城址発掘調査報告―』葛西城址調査会
齋藤慎一　二〇一〇　『中世東国の道と城館』東京大学出版会
佐々木　彰　二〇〇二　「葛西城出土の内耳土器の研究―いわゆる「Bタイプ」を中心に―」『中近世史研究と考古学』岩田書院
鈴木理生　一九七五　『江戸と江戸城―家康入城まで―』新人物往来社
鈴木理生　一九九一　『幻の江戸百年』筑摩書房
谷口　榮　一九九三　「葛西城から発掘された板碑―その出土状況の検討―」『博物館研究紀要』創刊号　葛飾区郷土と天文の博物館
谷口　榮　一九九四　「葛西城出土のカワラケ」『江戸在地形土器研究会通信』四二　江戸在地形土器研究会
谷口　榮　一九九五　「東京低地の中世遺跡」『東京低地の中世を考える』名著出版
谷口　榮　一九九九　「江戸と東郊」『第一二回江戸遺跡研究会大会　江戸と周辺地域』及び配布資料　江戸遺跡研究会
谷口　榮　二〇〇九ａ　「葛西城と古河公方足利義氏」『東京都江戸東京博物館研究報告書』第一五号　東京都江戸東京博物館
谷口　榮　二〇〇九ｂ　「堀から出土した遺物（1）」『東京考古』第二七号　東京考古談話会
谷口　榮　二〇一〇ａ　「葛西城と小田原北条氏」『葛西城と古河公方足利義氏』雄山閣
谷口　榮　二〇一〇ｂ　「出土板碑の一視点―造立の「場」と「時」を失った葛西城出土の板碑―」『考古学ジャーナル』通巻

六〇二号　ニューサイエンス社
谷口　榮　二〇一四「青戸御殿の調査」『考古学ジャーナル』通巻六五一号　ニューサイエンス社
谷口　榮　二〇一五「歴史舞台地図追跡Vol.一七　家康以前のすみだ川」『地図中心』第五一八号　一般財団法人日本地図センター
谷口　榮　二〇一六「しばまた拾遺28　江戸川の歴史風景を探る（9）」『柴又』第一九四　帝釈天題経寺
谷口　榮　二〇一七・二〇一八「歴史舞台地図追跡Vol.四〇～四三　家康以前の江戸前島と日比谷入江　其の一八～二一」『地図中心』第五四三～五四六号　一般財団法人日本地図センター
中野達哉　一九八九「葛西御殿と近世前期の鷹狩り」『葛西城XIII』第3分冊　葛飾区遺跡調査会
中野達哉　一九九五「東京低地の耕地と集落」『東京低地の中世を考える』名著出版
長瀬　衛　一九七四「III―2　カワラケ・灯明皿」『青戸・葛西城址調査報告書II』葛西城址調査会
長瀬　衛　一九七五「V―2　かわらけ」『青戸・葛西城址調査報告III』葛西城址調査会
芳賀ひらく　二〇一三『古地図で読み解く江戸東京地形の謎』二見書房
芳賀ひらく　二〇一四「芳賀ひらくの《東京時層地図》紀行」『地図中心』通巻五〇七号　一般財団法人日本地図センター
萩原達夫・水江漣子校注　一九六七「江戸史料叢書　落穂集」人物往来社
樋口淳司　二〇〇六「江戸川の名称変遷について」『論集　江戸川』「論集江戸川」編集委員会
藤本　強　一九九〇『東京大学本郷校内遺跡　医学部附属病院地点』東京大学医学部附属病院
本間清利　一九八一『御鷹場』埼玉新聞社
松田　猛　一九七八「I―501」『青戸・葛西城址調査報告書V』葛西城址調査会
宮滝交二　二〇〇〇「竹芝伝説（『更級日記』）」『隅田川の伝説と歴史』東京堂出版
三宅俊彦・五十嵐聡江　二〇〇七「V　遺構・遺物」『鬼塚・鬼塚遺跡VII』葛飾区郷土と天文の博物館
両角まり　一九九六「内耳鍋から焙烙へ―近世江戸在地系焙烙の成立―」『考古学研究』第四二巻第四号　考古学研究会

［史料凡例］

『北区史』資料編古代中世2　第三編中世記録　北区　一九九五　→（北2三・○）

『戦国遺文後北条氏編』第二巻　東京堂出版　一九九○　→（戦北二・○）

終章　新たな東京低地の歴史像を求めて

東京低地の自然環境と景観的特徴

武蔵野台地と下総台地の間に広がる東京低地は、その両台地が張り出し、関東平野が扇の要のように絞り込まれるような地勢を呈していた。天正一八年（一五九〇）に徳川家康の江戸入部以前は、関東地方の諸河川は、その扇の要へ流れ込むように東京低地に集められ、海へと注いでいた。

東京低地には、いわゆる下町と呼ばれる地域が広がっており、武蔵野台地の「山の手」に対して「川の手」とも呼ばれる地域でもある。その下町の範囲は、時代とともに変化していることに留意しなくてはならない。近世以来、下町の範囲は拡張し続けており、歴史的に下町をテーマに研究する場合、あらかじめ何時の時代・時期の下町を取り扱っているのかを明確にする必要が生じる。歴史的に下町の範囲を扱うには、そのような繁雑さが伴うため、東京低地という地理学の用語を用いることにしている［谷口一九九五］。

東京低地は、河川沿いに自然堤防、海岸線沿いに砂州が形成され、それらの微高地上を古くから居住域とし、畠作などの生産域としても利用してきた。上流部の低地帯における微高地の発達に比べ、東京低地は比高差が少なく、近代以前は景色を隔てる障害もない土地の起伏の乏しい開けた平坦な地平が、東京低地の景観的な特徴であった。そのような自然景観のなかでひときわ目立った存在だったのが、河川沿いに構築された堤防であった。堤防は、少なくとも鎌倉時代には築かれ、それ以降も維持拡張されてきたもので、景観的に東京低地における人間による開発の象徴的な存在として注目される。

木曽三川地域では堤をめぐらせた輪中方式の開発が有名であるが、木曽三川地域と東京低地は、同じ低地環境にあり、農業・漁業などの生業活動だけでなく、「長嶋」「一色」「一（市）之江」「二之江」などの共通した地名や、両地域とも境界地域であるなど地政的にも似通っている。東京低地のような海に面した低地の開発や暮らしぶりを研究するには、木曽三川地域との比較検討も今後重要な作業となろう［谷口二〇一三］。

東京低地の自然環境としてもう一つ重要なことは、南側は海に面した臨海部で、潮の満干の影響によって汽水と淡水とが混じる水環境であった。河川や沼など水域も多く、漁猟を生業とする人々も居た。

隅田川以東の葛西地域は、近世には障害物もなく見晴らしの良い「打闢きたる曠地」に営まれた耕地や河川景観など葛西の「天然」が江戸の人々に好まれ、葛西に所在する寺社への信仰とも相まって、癒やしを求めたり、釣りを楽しんだりする人々が訪れる江戸近郊の行楽地となっていく。その近世からの行楽地としての名残は、国の重要文化的景観に選定された葛飾区柴又に求めることができよう。江戸に近く、東京低地の自然環境なくしては、江戸近郊の行楽地として江戸の人々に親しまれることはなかったであろう。

東京低地の境界性

東京低地に流れ込む河川は、古代から国境などの境界となり、同じ低地という地形環境でありながら異なる領域が接する境界地帯になっていた。

東京低地に設けられた境界の変遷を概観すると、古代・中世においては葛西川（中川筋）・古隅田川・隅田川ラインが武蔵国と下総国の国境となり、近世以降には両国の国境が江戸川にシフトする。近代以降になると、江戸川はそのまま東京都と千葉県の境として存続する。

例えば、東京低地やその周辺での弥生時代末の土器の在り方を見ると、基本的には広く関東南部の土器様相に包括されながらも、関東南部以外の土器の出土状況を細かく見ると、東京低地を挟んで西側と東側とでは異なった様相が認められる。

葛飾区御殿山遺跡からは、茨城県の十王台式土器や千葉県江戸川以東から印旛・手賀沼地域に分布する臼井南式土器に類似する土器が出土している。これらの土器などは、葛西川・隅田川・古隅田川よりも以西の東京低地北・西部からは出土していない。東京低地は、当該期における東・西関東地方の土器分布の最前線であり、かつ接触する、境界地域という面を待ち合わせていることが出土した土器の様相から確認することができる。律令期になって葛西川・古隅田川・隅田川を境に下総と武蔵の国に分かれる素地は、すでに弥生時代末までさかのぼることができるのである。

東京低地の古代の境界性は、東京低地に分布する古墳からも確認することができる。東京低地東部の古墳は、武蔵野台地上の古墳との関係ではなく、下総台地南西部の松戸市や市川市域に築かれた古墳との関連がうかがえる。

柴又八幡神社古墳から出土した埴輪は、下総型埴輪と呼ばれる地域性の強い埴輪であるが、その分布圏の西のはずれに位置している。柴又八幡神社古墳が位置する東京低地東部よりも、葛西川・古隅田川・隅田川を隔てた西岸地域には、下総型埴輪の分布は認められていない。東京低地北部の足立区域の古墳から出土する円筒埴輪は、二本の突帯がめぐる武蔵地域の様相を呈している。このように古墳時代後期においても葛西川・古隅田川・隅田川ラインが埴輪分布の領域の境界をなしているのである。

埴輪の分布でも示された領域の境としての葛西川・古隅田川・隅田川ラインが、武蔵・下総両国の境として律令期から中世、そして近世はじめまで維持される。寛永一〇年（一六三三）から一八年（一六四一）の間に、葛西地域は下総国から武蔵国に編入され、両国の境が葛西川・古隅田川・隅田川ラインから江戸川にシフトするのであるが、注意しなくてはならないのは武蔵国と下総国の境が隅田川筋から江戸川筋へ近世になって急にシフトするのではない。すでに隅田川以東の葛西地域は、一六世紀後半の段階で小田原北条氏の江戸城を本拠とする江戸衆の支配下にあり、江戸地域の一部として経営されていたのである。近世になって葛西地域が武蔵に編入され、武蔵国と下総国の境が江戸川になるのは、近世以前の小田原北条氏によって準備されていたことを見過ごしてはならない。

国境の川筋がシフトしても東京低地はエリア的に境界性を保ち続けており、その特性は今も維持されたままである。このように東京低地は常に領域の境が位置し、また異なった領域を繋ぐ境界地域であることも、この地域の歴史を紐解く上で重要なポイントのひとつであると考える。

「昔は海だった」という都市伝説

東京低地の歴史を調べると、必ずと言っていいほど「昔は海だった」「洪水の頻発地域だった」ということを見聞きする。識者も含め多く人が、東京低地は人の住みにくく、歴史的にも新しい地域だというイメージが強く、この地域が発展したのは天正一八年（一五九〇）の徳川家康の江戸入部によってなされたと理解しているようだ。

しかし、東京低地が大海原になったのは、東京の地に人々が暮らしはじめた旧石器時代から現在に至る長い時間の中で、今から七千年前頃の縄文時代前期からのことで、縄文時代全般に亘って東京低地が海だったわけではない。江戸川区興宮から出土した縄文時代早期末の条痕文系土器は、当該期には武蔵野台地と下総台地の間に、まだ部分的に陸域が残っていたことを示す資料として注目される。

縄文海進のピークとなる縄文時代前期を過ぎると、地域的に陸化の状況は異なるが、武蔵野台地沿いの東京低地西部では縄文時代中期から陸域が広がり、東京低地北・東部も利根川水系と荒川水系からの土砂の供給によって陸化が進行する。東京低地北部では、縄文時代後期には陸化して生活領域に組み込まれ、東京低地東部でも微高地の基盤層となる有機質を多く含む粘土層の年代測定から、今から二千年前の弥生時代中期頃には植物が繁茂するような環境を呈していたことが知られる。

三世紀後半から四世紀の弥生時代末から古墳時代前期には、北区豊島馬場遺跡、荒川区実揚遺跡、足立区伊興遺跡、葛飾区御殿山遺跡、江戸川区上小岩遺跡など東京低地に大規模な集落が営まれ、環境的にも安定した状況がうかがえる。東京低地が形成され、人間活動が展開された古代・中世の様相の一端は前章までに記してきたとおりであり、決して未開だったわけではない。

古代以降も中世までは、東京低地の陸化は上流部から河川による土砂の堆積によって沖積化が進み陸域を広げていった。しかし、近世になると、江戸城や江戸の都市整備のために人工的な埋め立てや巨大都市江戸から出されるゴミ等も加わり、湾岸部の造成が進められ、海岸線の改変が著しくなる。近代以降、江戸が東京に変わっても都市生活に伴う大量のゴミ等の処分のため埋め立てが継続しており、現在も陸域を拡大させている。

水の道 ―南北を結ぶ―

東京低地に集中する河川についても、洪水というマイナス面だけが強調され、川の恩恵について積極的に語ろうとはしなかった。東京低地の歴史を学ぶには、現代社会にどっぷり浸かっている頭では恐らく不可能だろう。頭の中の先入観を払拭してニュートラルな状態にして、東京低地の形成をしっかり抑えた上で「交通」、特に「水の道」というキーワードから読み解くことによって、従来説かれている歴史像とは異なった歴史風景が見えてくる。

東京低地に形成された微高地上に、前項で記したように弥生時代末から古墳時代前期の大規模な遺跡が営まれるようになる。これらの遺跡から出土する土器を観察すると、在地産とともに他地域のいわゆる外来系土器の出土が目立つ。地域的には、東海地域のものが多く、畿内や北陸地域の影響を受けたものも認められる。

東京低地における東海地方をはじめとする外来系土器の出土は、弥生時代終末から古墳時代前期の開発は台地上の人々が陸化した低地へ降りて開墾していくという単純なストーリーではなく、当時の低地開発のノウハウなど先端技術を持った東海地方を中心とする人々が船を操って東京低地に到来し、低地を開発してムラを形成していったことを物語っている。

また、外来系土器の分布は東京低地に注ぐ河川の上流部にかけて多く認められている。このことは、東京低地に注ぐ河川がいかに重要な交通路だったかを教えてくれている。巨視的に見ると西からの新しい文化の波が太平洋沿岸地域を経て関東地方やその内陸部へ伝播する上で、東京低地は玄関口的な役割を果たしたといっても過言ではない。そして、それは東京低地から上流部へという一方通行的な動きではない。文化の伝播は、中部高地経由で関東地方の上野や下野などの内陸部へもたらされるが、古利根川など東京低地へ注ぐ諸河川を使って舟で行き来することによって、両地域は結ばれ、相互交流が図れたのである。まさに伊興遺跡・豊島馬場遺跡・実揚遺跡・伊興遺跡・御殿山遺跡・上小岩遺跡などは、東京低地の開発と交通を支えた遺跡だったのである。

水上交通という視点から見た東京低地の重要性は何も当該期に限ったことではない。古墳時代後期には、東京低地にも古墳が築かれるようになる。そのひとつ葛飾区柴又にある柴又八幡神社古墳は、遺体を安置する横穴式石室を造るために、わざわざ磯石と呼ばれる千葉県鋸山周辺の海岸に産出する凝灰岩を用いている。同じ石材を使った古墳は、北区赤羽台古墳群三・四号墳や市川市法皇塚古墳など東京低地を見下ろす台地上に認められるが、驚くことに遠くは東京低地を越え産出地から一〇〇キロメートルも離れた上流部の行田市埼玉古墳群の将軍山古墳までも運ばれている。

石材の運搬は、陸上ルートでなく、海と河川を舟運で行き来した結果であり、古代を通して舟を用いた水上交通がいかに重要な交通手段であったかがわかる。さらに最近の調査で、柴又八幡神社古墳は前方後円墳であることが判明した。東京の下町に前方後円墳が築かれたということは、それだけの有力者がこの地域を統治していたことを示している。磯石の分布などからこの古墳の被葬者は、房総地域や武蔵地域とも関係を有し、交通にも深くかかわった人物であったことが想定されるのである。

後述するが、中世においても海と関東の内陸部とを繋ぐ重要な交通手段として舟運が機能していた。河川が集中し、海へと注ぐ東京低地は、水の道が備わった水上交通の利便性の高い地域としてとらえることができる。

陸の道 ―西と東を結ぶ―

東京低地の交通は「水の道」だけでなく、陸上交通も重要な役割を担っていた。東京低地は南北に流れる河川を使った水上交通とともに、河川と結節するように東西に幹線道路が貫いているのである。つまり、東京低地は水上と陸上交通の交わる交通の要衝といえるところなのだ。

例えば、東海道というと日本橋を起点に京都までの街道と思いがちであるが、それは江戸時代以降の姿なのである。宝亀二年（七七一）から古代の東海道が東京低地、東京の下町を横断していた。葛飾区の立石の地名の起こりとなった「立石様」は、古墳時代後期に柴又八幡神社古墳と同じように古墳造り（おそらくは立石南蔵院裏古墳）のために磯石が運び込まれ、奈良時代以降、東海道の道しるべとして転用利用されたものと考えられる。古代東海道と「立石様」との関わりは、全国各地に分布する「立石」地名の多くが古代の幹線道路沿いに認められることからも裏付けされよう。

『伊勢物語』や『更級日記』の古典作品にも、東京低地を横断する古代東海道に関わる風景が記録されている。古代の東海道の渡河地点として在原業平が「名にし負はばいざ事とはむ宮こ鳥わが思ふ人はありやなしやと」を詠んだ「すみだの渡し」が隅田川にあった。『伊勢物語』では、「すみだの渡し」は物寂しい場所のように描かれているが、それは文学的な筆使いであって、承和二年（八三五）の「太政官符」などから渡河地点は人や物資が集まる繁華な場所であったことが知られる。

古代の東海道は、都と常陸、さらに陸奥方面まで連絡する幹線道路であり、東京低地はそれらの地域を繋ぐ位置にあったのである。

中世になると、東京低地の古代東海道は鎌倉へ連絡する鎌倉道として存続しており、古代・中世を通じて幹線道路が東京低地を横断し、武蔵と下総を繋ぎ、さらに西方地域、東方地域と連絡していたのである。この交通の方向性の在り方は、近世以降、現代に至ってもかわることがない。ＪＲ常磐線やＪＲ総武線という鉄道と、水戸街道（国道六号線）や京葉道路・千葉街道（国道一四号線）という道路の存在がそれを雄弁に物語っている。

境目に位置し、海と内陸を繋ぐ

葛西城は、地政的にも武蔵と下総両国の境界地域に位置する境目の城であり、南北に河川を利用した交通、東西に陸上交通が交差する、水陸交通が交わる東京低地という交通の要衝に位置する城でもあった。また、葛西城が築かれた葛西地域は、内海と関東の内陸とを結ぶ要地でもあった。

平成五年（一九九三）、葛飾区郷土と天文の博物館で開催された特別展「下町・中世再発見」や特別展記念シンポジウム「東京低地の中世を考える」では、東京低地が交通上、水陸交通の結節点であるとともに、関東の内陸部と海とを繋ぐ位置にあり、考古学的な成果も踏まえ、東京低地への歴史学的な関心を喚起するために、東京低地を「関東の玄関口」と捉えて、その重要性をシンポジウム等で提起してきた［谷口一九九五］。

また、長塚孝・湯浅治久両氏によっても同様に東京低地の重要性が強調されている。長塚氏は、葛西が「広い意味で鎌倉府の直轄領」であることを指摘し、上流部の直轄領との関係から「袋の口」に例え、葛西の重要性を述べている［長塚一九九五］。湯浅氏は、東京低地は「そこに流れ込む古利根川や江戸川により、二つの「内海（江戸内海と香取の海）」をつなぐ重要な地域」と論じている［湯浅一九九五］。

中世の東国水運については、峰岸純夫氏によって利根川・常陸川両水系の接続問題、伊勢から関東の太平洋水運の諸問題などの研究史が整理されているが〔峰岸一九九五〕、一九九〇年代以降、東京低地に対する研究者の関心も高まり、市村高男氏、吉岡康暢氏、佐藤博信氏による論考も提示されてきている。

市村氏は「下総の葛西は、武蔵の隅田・今津などと共に古利根川・太日川水系の内陸水路と内海の結節点として古くから発展」した地域であるとして、「江戸海―古利根・太日川水系―関宿―下総川・鹿島香取海という大動脈」の存在を強調している〔市村一九九二〕。

吉岡氏は、葛西地域は鎌倉時代において、「鎌倉と東北を結ぶ流通の中継地点と目される」とし、「相模湾と東京湾の地回り経済圏を再編・統合した、鎌倉を核とする政治色を濃厚に備えた二次的な港湾園とワーク」を想定し、それを鎌倉経済圏と捉え、葛西地域もそれに組み込まれているとした〔吉岡一九九五〕。

また佐藤氏は、「葛西城は、まさに陸上交通・河川交通の交差する要衝の地に存在した」と述べている〔佐藤二〇〇二〕。

中世の中でも特に戦国期の水上交通で注目されるのは関東公方との関係である。関東公方は、足利成氏以降古河城を本拠にしたので古河公方と尊称され、下総西部、下野南西部や武蔵東部に広がる下総古河庄・同幸島郡、下野小山領、武蔵太田庄・同崎西郡一帯を中心に、領国を形成していた。永禄二年（一五五九）の「小田原衆所領役帳」によると、義氏の所領は他の上記以外の武蔵や相模地域にも分布しており、「品川南北」と武蔵の品川湊にも権益を持っていた。佐藤氏は、上杉禅秀の乱後、品川を鎌倉公方足利持氏が鎌倉府御料所とするなど、江戸湾内外の権益を鎌倉府が掌握する動きが確認され、足利成氏段階になると再編成が行われ、さらに足利義氏段階には「葛西様御領」が成立するという〔佐藤二〇〇〇〕。

市村氏によっても、古河公方家臣簗田氏と品川や東国の内海水運との関わりなどが指摘され［市村一九九五］、また佐藤氏によっても古河と東京湾を挟んで上総・武蔵湾岸の関係が指摘されている［佐藤二〇〇〇］。長塚氏も上総国西部に展開する古河公方領の存在に注目して、葛西城および葛西地域が、公方の本拠である古河地域と上総地域の二つの古河公方領を結びつける、「扇の要」に相当すると指摘している［長塚一九九五］。この指摘により、古河公方と古利根川・太日川水系および江戸湾交通の存在が、より一層鮮明になったといえよう。

古河公方領と葛西城や葛西地域との関係も、まさに東京低地が古代から連綿と続く海と内陸とを結びつける要となる地域として理解することが可能であり、古河公方の領国の維持のためには葛西地域は重要な地域としてみなされていたものと考えられる。また、古河は武蔵・下野・常陸国とも近接する境界地帯にある下総国の旧葛飾郡の最北部に位置し、古利根川・太日川水系を掌握する要地でもあった。

古河公方の品川湊との関わりとともに、いま少し古河公方と水上交通との関わりについて考えてみると、例えば、足利義氏が重臣簗田氏へ宛てた「（弘治四年＝永禄元年、一五五八）足利義氏条書」（「簗田家文書」戦古八三七）では、「利根川舟路并古河へ通商人船」「舟役」と記され、義氏が古河周辺の利根川筋の水上交通に深くかかわっていることが確認できる。また、「（天正四年〈一五七六〉）北条氏照判物写」（「下総舊事三」戦北三・一八七二）では、氏照が栗橋・関宿城を抑え、佐倉や葛西へ水上交通を掌握した様子がうかがえるが、古河は含まれていない。小田原北条氏が利根川筋を抑えるなかで、古河周辺はまだ義氏の管轄として残されていたためであろうか。

古河公方は、旧葛飾郡という領域を基盤とした河川などに関わる権益を管轄しうる立場にあったとも考えられ、まさに古河の玄関口となった葛西地域が重視されたと推測される。このように捉えるならば、今後の古河公方領の研究にあたって、キーワードとして「旧葛飾郡」という存在も重要なのではないだろうか。

江戸は一日にして成らず

繰り返しになるが、東京低地と呼ばれる東京下町は、古くから東西方向には下総と武蔵を結ぶ陸路、南北方向は河川による関東各地と連絡する水陸交通の結接点であった。東京低地は「水の道」によって関東の内陸部と海を繋ぐターミナルとして中継基地的役割を担った地域であり、交通の要衝となる「戸」地名の集中する東京低地は、まさに「関東の玄関口」として重要な位置にあったと私は考えている。葛西御厨の経営も、葛西城をめぐる攻防もこの視点抜きにしては語れないのではないだろうか。東京低地の人間活動を通史的に見通すことで、このような歴史的特性を捉えることができる。

とかく江戸・東京の下町が位置する東京低地は、近世以前の歴史に馴染みが薄い地域のようである。近世に著わされた諸書によると、徳川家康が江戸に入部する前の江戸城周辺は、「東ノ方平地ノ分ハ爰モカシコモ汐入ノ芦原ニテ、町屋侍屋敷ヲ十町ト割付ヘキ様モナク、扨又西南ノ方ハヤウビヤウと萱原武蔵野ヘツヅキ、ドコヲシマリト云ヘキ様モナシ御城ト申セバ昔ヨリ一国ト持、大将ノ住タルニモ非ズ」（『岩淵夜話別集』）、「町屋なども茅ぶきの家百ばかてていりも有かなしの体」（『慶長見聞集』）と評され、家康によって幕府が開かれ発展したと説明されている。

葛西城は、東京の下町が家康入部以前も未開の地ではなく、戦国期には関東の将軍と呼ばれた関東公方が御座（＝葛西御所）するなど、東京低地は東国の戦国期の一頁を飾る重要な地域であったことを教えてくれているのである。そして、それは古代から連綿と刻まれたこの地域ならではの地政なのであり、境界地域にあり、海と内陸を繋ぐのが東京低地なのである。

徳川家康は、小田原北条氏が治めた関東に入部して、どこに本拠を構えるのか、熟慮の末、関東支配の拠点として選ばれたのが、小田原北条氏が関東内陸の統治の出先機関として重視していた「江戸」であった。古代以来の東京低地の「関東の玄関口」という歴史的特性をも家康は江戸入部以前から把握していたのである。

いにしえから低地故に災害に見舞われてきた東京低地ではあるが、古代から近世にかけては、「川による苦しみ」と「川の恵み」という相反する関係を、東京低地に暮らす人々は経験と英知によってうまく折り合いをつけて暮らしてきた。しかし、近代以降は土木技術力で災害を防ぐ手法を取り、特に荒川放水路の開削と関東大震災以降の復興によって、それまでにはない大規模且つ急激な開発のなかで、近世以前の東京低地での暮らしぶりは次第に失われてしまったようだ。いまだに徳川家康の江戸入部以前の歴史を軽視する背景の一つには、そのようなことが影響しているのかもしれない。

家康の江戸入部以前と以後とを、ことさらに対峙させて遺徳を鼓舞するのは、源頼朝の鎌倉入部にも通じるトリックが働いていることに気づくべきであろう。まさに「江戸は一日にしてならず」である［谷口二〇〇〇］。先入観に囚われない東京下町の歴史像を求めたいものである。本論が東京低地の新たな歴史像を紐解く一助となれば幸いである。

参考文献

市村高男　一九九二　「中世東国における房総の位置―地域構造論的視点からの概観―」『千葉史学』第二一号　千葉史学会
市村高男　一九九五　「中世東国における内海水運と品川湊」『品川歴史館紀要』一〇号　品川区品川歴史館
佐藤博信　二〇〇〇　『江戸湾をめぐる中世』思文閣出版

佐藤博信　二〇〇二「古河公方足利義氏論ノート―特に「葛西様」をめぐって―」『日本歴史』第六四六号　吉川弘文館
谷口　榮　一九九五「東京低地の中世遺跡」『東京低地の中世を考える』名著出版
谷口　榮　二〇〇〇「江戸は一日にしてならず」『アサヒグラフ別冊　関東学発見』朝日新聞社
谷口　榮　二〇一三「低地の景観と開発―下総国葛西荘を事例として―」『水の中世―治水・環境・支配―』高志書院
長塚　孝　一九九五「鎌倉・室町期の葛西地域」『東京低地の中世を考える』名著出版
峰岸純夫　一九九五「中世東国水運史研究の現状と問題点」『中世東国の物流と都市』山川出版社
湯浅治久　一九九五「東京低地と江戸湾交通」『東京低地の中世を考える』名著出版
吉岡康暢　一九九五「東国の都市と物流をめぐって」『中世東国の物流と都市』山川出版社

［史料凡例］
（戦古八三七）→『戦国遺文 古河公方編』東京堂出版　二〇〇六
（戦北三・一八七一）→『戦国遺文 後北条氏編』第三巻　東京堂出版　一九九一

あとがき

本書の表題は「東京下町」となっているが、古代編の「はじめに」でも記したように、本文では「東京下町」と同じエリアを表わす「東京低地」という地理学用語を用いて記述している。東京低地は一般の人にはまだ馴染みが薄く、多くの人の手にとってもらうために東京下町を表題としている。

本書は古代編冒頭に記したように、平成二六年（二〇一四）七月に駒澤大学に提出し、平成二七年三月一六日に博士（歴史学）の学位を授与された学位請求論文『東京低地の古代・中世の開発と景観―主に東京低地東部（葛西）を中心に―』（主査　酒井清治先生、副査　久保田昌希先生・寺前直人先生）に基づき、その後の研究成果などを踏まえ、旧稿を基に大幅な補訂を加えて一書にまとめたものである。各章ごとに主だった論考を記すと以下の通りである。

第一章　「東京低地東部の景観」『国立歴史民俗博物館研究報告』第一一八集（国立歴史民俗博物館二〇〇四）「東京低地の遺跡分布と特質」『江東区史』上巻（江東区一九九七）

第二章　「東京低地の形成を考える五　東京低地東部の形成と環境変遷」『地理』通巻五七八号（古今書院二〇〇三）

第三章　「大嶋郷の住人と生業活動」『古代王権と交流2　古代東国の民衆と社会』（名著出版一九九四）地域史フォーラム・地域の歴史を求めて「古代東国と柴又八幡神社古墳」（葛飾区郷土と天文の博物館二〇一二）・同「古代国家形成期の東京低地」（葛飾区郷土と天文の博物館二〇一四）・同「古代王権と葛飾」（葛飾区郷土と天文の博物館二〇一五）」での報告を増補

第四章　「大嶋郷故地の調査」『東京低地と古代大嶋郷―古代戸籍・考古学の成果から―』（名著出版二〇一二）

地域史フォーラム・地域の歴史を求めて「古代王権と葛飾」（葛飾区郷土と天文の博物館二〇一五）」での報告を増補

第五章　「葛西清重の軌跡」『秩父平氏の盛衰―畠山重忠と葛西清重―』（勉誠出版二〇一二）「低地の景観と開発―下総国葛西荘を事例として―」『水の中世―治水・環境・支配―』（高志書院二〇一三）

第六章　「葛西城と古河公方足利義氏」『東京都江戸東京博物館研究報告』第一五号（江戸東京博物館二〇〇九）「小田原北条氏と葛西城」『葛西城と古河公方足利義氏』（名著出版二〇一〇）「廃棄された威信財―葛西城本丸跡出土遺物から―」『関東足利氏と東国社会』（岩田書院二〇一二）

第七章　「徳川家康の江戸入部と葛西」『江戸の開府と土木技術』（吉川弘文館二〇一四）地域史フォーラム・地域の歴史を求めて「徳川将軍と御殿」（葛飾区郷土と天文の博物館二〇一〇）」での報告及び「青戸御殿の調査」『考古ジャーナル　特集徳川将軍家と御殿』六五一号（ニューサイエンス社二〇一四）

学部しか出ていない不肖の私が博士号を授与され、その論文を基に本書を上梓することができるとは、五十歳を迎えた時点では思いもよらなかった。平成一五年（二〇〇三）頃、勤務先の大矢雅彦名誉館長と二人で、月一回程度の割で東京低地の勉強会を行っていた。場所は館長室を使い、勉強会というよりも大矢ゼミという感じで、聞き上手の大矢先生にうまく乗せられ、考古学的な調査事例を報告していた。「谷口君は今までに多くの論考を書いているけれど、そろそろ先を見据えてまとめることも考えた方がいい」というアドバイスをいただいた。このアドバイスがなかったら論文博士のことなど意識もせずに定年を迎えていただろう。本書の最後に筆を執るにあたり、走馬灯のように去来するいくつもの思いがある。私事も含め、本書に書き添えさせていただくことをお許しいただきたい。

〈研究拾遺〉

現在の私があるのは、両親と妻佳代子と息子太郎、そして多くの人と出会い支えられてきた賜物と心から深く感謝している。すでに何度か記していることであるが、小学校五年生の時に荒川放水路の河川敷グランドで縄文土器を拾ったことから歴史が好きになった。中学生になって葛飾区内の葛西城址の発掘調査を見学したのがきっかけで発掘にも参加させていただくことができた。その時、宇田川洋さんの優しさと、橋口定志さんの厳しさが肌身にしみた。週末には、千葉県市川市や松戸市にある貝塚に行き、夏休みには母方の田舎の山梨県富士吉田市や、リュックサックを背負って大月市から都留市まで歩きながら表面採集に明け暮れた。

高校は、考古学クラブがある学校に進学した。考古学クラブの顧問は、日本大学で考古学を学ばれた飯島正義先生で、夏休みには静岡県三島市の山中城址の発掘調査に参加し、日大の大学生に紛れてスコップと移植ゴテだけを頼りに主に堀の調査に従事した。その調査を指導されていたのが日本大学三島高校の山内昭二先生だった。高校生は、夕食が済むとすぐに部屋へ戻され、宴の賑わいを聞きながら床につくのであるが、早く大人になって宴席に参加したいという思いが毎年募っていった。

合宿が終わると、山梨県都留市の日本大学と都留文科大学の合同調査に参加させてもらった。調査担当は市職員の奈良泰史さんで、高校生の私をよく面倒見てくれた。忘れられないのは、東京へ帰るので両親が奈良さんにお礼を言うために現場を訪れた時、「ちゃんと考古学を勉強したいのなら大学に進学させてあげてください」と両親にアドバスしてくれたことだ。両親も私も大学ということを余り意識していなかったが、このことがあって大学で考古学を勉強しようと思うようになった。

こう見えても高校時代はそこそこ勉強はできた方なので、入試ではなく推薦で大学へ進学できるものと高を括っていたのがいけなかった。考古学専攻のある大学の書類選考には受かり、あとは面接となった。面接の時に口頭試問があり、英語は何とかクリアーしたが、漢詩が書かれた紙を見せられた時には、頭が真っ白になってしまった（古典の授業は受けたが、漢文は勉強していないぞ…）。訳すこともできないし、漢詩のタイトルもわからない。

一月に結果が出たが、自ずと知れたことで、それから受験勉強しても間に合うはずがない。願書の受付が間に合う日本大学と国士舘大学を受験した。日本大学の試験中にはお腹が痛くなり、途中で棄権していまい、国士舘大学だけは何とか合格することができた。

合格はしたが、浪人して別の考古学専攻のある大学へ入学したいという希望が強く、躊躇していたところ、母方の祖母の説得と伯父の「もし大学に馴染まなかったら他の大学を受け直せば良いのだから」という進めもあって、国士舘大学文学部史学地理学科国史専攻考古学コースに入学した。

研究室は上下関係が厳しく、新入生は居心地がとても悪かった。大川清先生の直接の指導というよりは、先輩達が大川先生の意向を付度して、新入生の指導にあたっていた。私は先輩達に対してつい反抗的な態度をとっていたのだろう。夏には、あこがれの大人の世界を体験できる山中城の調査へ参加するつもりでいたところ、谷口は大学の調査よりも他の大学の調査に参加するらしいという話を、大川先生に伝えた先輩がいたらしい。

ある日、研究室の書庫で本を見ていると、大川先生から「君は何を勉強したいんだ」と問われ、「縄文時代晩期の亀ヶ岡文化です」と答えたところ、「文化ってなんだね」と再び問われ、「うまく説明できません」と答えると、「わからない言葉を使うのではない。君はほかのところで発掘調査をするらしいね」といわれ、「高校時代からお世話になっているので…」、どうも大川先生は私が金目当てに発掘に行くと思ったらしい。後は取り付く島もなく、「考古学ボーイはいらない、出てけ！」といわれ、「ハイ」で研究室を辞することになった。

それから考古学の授業には出ず、しばらくは考古学の「こ」の字も頭に浮かばない日々を過ごし、大学を受け直そうと思いながら後期を過ごした。年末頃、ふとなにやら悔しい気持ちが体に充満し、このまま他の大学を受け直したら負け犬みたいで後悔が残るという脅迫観念めいた思いが強くなった。そこで一から出直すことに決心し、二年生に上がって一年生で取らなければならい考古学の授業を大川先生には内緒で取り直した。一・二年生は町田の鶴川校舎、三・四年生は世田谷の梅ヶ丘校舎になるが、考古学の勉強が一年分遅れているので、三年生になっても鶴川校舎へ通う羽目になっていた。ある時、鶴川駅で時間もないのでタクシーに乗って大学に行こうと乗り場で待っていると、大川先生が一緒に乗ろうと声を掛けてくれた。タクシーの中で「今どうしている」と聞かれ、「地元の葛西城の発掘調査に参加しています」と答えると、「そうか、しっかりやりなさい」と激励してくれた。大川先生は、下級生に混じって授業を受けている私をちゃんと見ていてくれていたのだ。そして、「たまには世田谷の研究室にも顔を出しなさい」とおっしゃってくれた。

その言葉を真に受けて研究室に行くと、「卒業論文はどうするのか、私が見てあげるから」と言われ、事務室に卒業論文の指導教授の手続きに行くと、「君は考古学コースをやめたことになっているから、大川先生は主査にはなれない」ということだった。そのため古代史の北村文治先生が主査、大川清先生が副査ということで指導を受け、「東京低地における古代文化—主に東部域を中心として—」と題する卒業論文を昭和五七年（一九八二）一二月一〇日に提出した。

卒業論文の口頭試問は、思い出したくないほど散々だった。途中、せつなくて涙が出そうになったが、最後に大川先生が「君のこれからを期待して卒業論文を通す」と口頭試問を締めてくださった。

卒業後、担当した発掘調査の調査報告書が刊行するとと大川先生に持参するのであるが、とても喜んでくれ「もっとこういうことも勉強してみなさい」と必ずアドバイスをしてくださった。栃木県馬頭町の小砂のご自宅兼研究所にも何度もお伺いした。結婚式にも出席いただいたので、その後の報告も兼ねて妻と息子を連れてうかがうと、帰り際に「息子さんに栄養のあるものを食べさせてあげなさい」と地元のハムの詰め合わせを持たせてくれた。先生に心遣いをただいたことが印象深く思い出される。本書に目を通していただき、いたらない点をいつもの大川節で喝破していただけないことが残念でならない。国士舘大学に入学し、大川清先生と出会わなかったら、どんな研究者になっていただろうかとふと思うことがある。

先に記したように大学時代は、山中城址と葛西城址、都留市内の遺跡の発掘に参加し、山中城址では積年の夢だった宴席にも参加できた。昼間の重労働の後の宴席は明日への活力とも成るのであるが、狩野川の花火大会の夜にお酒の怖さを知ることにもなった。宴席で、酔いながら原位置論とかを肴に日大の先輩方と大いに議論できたことは良い思い出となっている。

山中城址で知り合った先輩が、千代田区の国立近代美術館の発掘調査を紹介してくれた。江戸城の一角を掘る好機に恵まれたが、調査はなんと夜間だった。疲れと眠気で朦朧としながら移植ゴテを握っていたが、若いからできた現場だった。そこの調査担当が東京都教育庁の古泉弘さんだった。その後、東京都の主導で葛西城址第6次調査が行われることになり、幸運にも中学生以来の葛西城址の発掘を手伝うことになった。

調査担当は千葉基次さんと古泉さんだった。葛西城址でも昼間の重労働の後、古泉さん方と青戸で一杯やるのであるが、焼酎ハイボールともつ焼（もつ焼は幼い頃から馴染みであったが、焼酎ハイボールの相方として無くてはならない存在となった）にすっかり魅せられてしまった。焼酎ハイボールの一升瓶ボトルキープというのもブルーカラーの町ならではのルールだった。全点ドット、コンタ測量、レベリング記入など他の調査では行われていなかった調査方法を学ぶことができた。調査事務所にはコピー機があり、一枚一〇円でコピーさせていただくことができたことも助かった。まだ湿質のコピーの時代で、コピーそのものが貴重で高額だった。古泉さんには何かと卒業論文の相談にものっていただき、図版まで手伝ってもらった。

都留市内の発掘では、奈良さんからチャイルド先生の『考古学の方法』や杉原荘介先生の『原史学序論』を進められ、方法論を学ぶ指導を受けたことも忘れられない。

大学を卒業してから考古学の専門職採用の口もなく、遺跡調査の調査員をして糊口を凌いでいた。北区中里遺跡、品川区大森貝塚、伊豆大島・新島・式根島・八丈島・小笠原諸島などの島嶼地域の発掘調査に参加した。

島嶼地域の発掘に参加できたのは、下津弘君が大島の下高洞遺跡の発掘調査に誘ってくれたことがきっかけだった。下津君は、中里遺跡と並行して行われていた北区赤羽台遺跡の調査に参加していた國學院大學の卒業生で、何かと馬が合いよく飲んだ。私が婚約したとき一番初めに紹介した友人が下津君だった。平成五年（一九九三）、下津君は北硫黄島の調査中、水難事故に遭って亡くなってしまった。実は私はこの調査に参加するはずだったが、公務多忙となり、やむなく参加を取りやめた。北硫黄島に出発する前日に職場に下津君から電話が入ったが、あいにく留守にしており話をすることができなかった。きっと彼のことだから「谷口が行けない分も調査してくるから」と、参加できなくなった私への気遣いの電話だったのであろう。

突然の訃報を聞き、色を失った。高校二年生の時に担任の金子嘉幸先生と、大学一年生の時のジョン・レノンの訃報に接した時に味わった喪失感が再び体を包み込み、消沈してしまった。彼が発見されるまでの数日間は「嘘であってほしい」と願うばかりだった。

島嶼地域の発掘では、東京都教育庁の川崎義雄・小田静夫・早川泉・小林重義さんの指導を受けた。下高洞遺跡の調査中、川崎さんから大森貝塚の調査を手伝わないかと誘われた。今は「大森貝塚」の碑のある品川区側のところがモースの発掘した大森貝塚で、近代日本考古学の発祥の地として知られているが、平成になる前は大田区の「大森貝墟」の碑とともにどちらがモース縁の大森貝塚なのか論争があった。国鉄の民営化に伴い品川区が「大森貝塚」の碑のある旧国鉄官舎の敷地を取得し、昭和五九年（一九八四）に遺跡の範囲確認調査が行われることになった。この調査でモースが発見した大森貝塚の所在が確認され、後に品川区大森貝塚公園として整備されることになる。

その後、早川さんの紹介で府中市清水ヶ丘遺跡の調査に参加した。縄文時代中期を中心とする集落で奈良時代の掘立柱建物なども発見されたが、まだ大学生気分が抜けず主任調査員の中野良一氏には何かとご迷惑を掛けてしまった。

昭和六〇年（一九八五）、板橋区西台に所在する五段田遺跡（調査中、円福寺西方遺跡から名称変更）の都営住宅建替に伴う発掘調査が計画され、川崎さんから調査を担当してみないかと声を掛けられた。約五〇〇〇平方メートルの調査で、初めての主任調査員ということで、心配もあったが熟慮の末、お受けすることにした。調査団長は、伊藤玄三先生だった。伊藤先生が一時サバティカルの期間には、小林三郎先生が副団長になってくださった。未熟者の私が調査を担当することになり、さぞや心配だったことと思われるが、伊藤・小林両先生のご指導のお陰で無事に調査を終えることができた。

五段田遺跡は、確認調査で弥生時代の集落とみられ、中央部に窪地地形が有り、そこには富士山の宝永噴火の火山灰が堆積しているということであった。当初は予想どおり弥生時代の集落が確認され順調に調査が進んでいたが、窪地地形の調査になると、宝永噴火の火山灰が堆積する近世の畑跡が見事に遺存していることが判明し、更に掘り進めると、その下から中世の遺物が出土する面が確認された。精査していくと、所々に深く落ち込んだ穴状の遺構が数ヶ所有り、穴を埋めている土を除去すると、見たこともない縦方向の穴とその下部には横に部屋を穿つ室状の遺構となり、未知の遺構との遭遇となった。しばらくしてそれがいわゆる地下式坑（壙）と呼ばれる中世の遺構と判明する。東国における中世の地下式坑の代表的な調査事例のひとつとして注目される遺跡となった。

そして、昭和六一年（一九八六）から葛西城址の公園造成工事と下水道敷設工事に伴う発掘調査が行われることになり、調査団長の加藤晋平先生の許で葛西城址調査会の主任調査員として調査を担当することになった。なかでも下水道の調査は、至難を極めた現場だった。生活道路での調査という環境下で、壁面にシートパイルが打たれた幅一〜一・五メートル、長さ三〇メートル前後の調査区を一週間以内で掘り上げるのであるが、掘り上がりの深さが浅ければ楽なのだが、葛西城の堀跡が埋まってそのまま道路と成っているので、調査区の多くは堀に位置し、深ければ三メートル近く掘り下げなければならなかった。低地遺跡ゆえ湧水が激しく、かといってむやみやたらに排水を続ければ、水だけでなく砂も吸い込み、調査区周辺部の沈下現象を生じさせてしまう。家の建ち並ぶ生活道路でそのような事態になったら大変である。そうでなくとも地域住民の方には、調査とその後の工事でご日常生活に不便をかけているのである。

ありがたいことに地域住民と工事関係者のご理解と協力、そして鈴木康浩、甲斐博幸氏など調査スタッフの苦労の甲斐あって多くの貴重な資料が出土し、葛西城についての新たな知見を得ることができた。この間、公共事業だけでなく葛西城内の民間の開発に伴う調査も行うことになり、昭和六二年（一九八七）に調査会の主任調査員から葛飾区の非常勤職員となった。

遺跡はできるだけ現状のまま保存した方が良い。保存できずにどうしても開発をしなければならない場合、遺跡を調査して記録保存しなくてはならない。その一方で、遺跡を調査して記録保存することは、その土地から遺跡の存在を消し去る行為、つまり遺跡を破壊する行為でもあるが、しかし、そのお題目だけで遺跡を保護することはできない。地下にどのような状態で遺存しているのかを把握してこそ、保存に向けた対策を講じることができる。遺跡の破壊に及ばない開発だからと言って、地下の状況を確認もせずに恒久的な構造物の建設を許可してしまうことは、遺跡の保護ではなく、遺跡に蓋をして開発を容認しただけであろう。

埋蔵文化財行政を実践することがいかに大変なことなのか。相手側に理解してもらうためにどのように説明し、取り組んだらよいのか、この時期に鍛えられた。それとともに人生の機微を知ることになる。

昭和六三年（一九八八）に葛西城址調査会を発展解消して、新たに葛飾区遺跡調査会が組織され、埋蔵文化財担当の柏崎裕紀主査と小野貴司係員の許で、埋蔵文化財担当の非常勤職員として、葛西城址の調査と区内の遺跡有無確認調査に毎日追われる日々を送った。公園造成に伴う確認調査では、公園課の担当者と調査方法や、なぜ調査しなくてはならないかということで、よく議論した。どちらかというと担当者は当初あまり好意的ではない感じだった。

仕事量も多く、埋蔵文化財専門の非常勤ではなく正規職員が必要であるとの判断から次の年に専門職員の採用が決まり、公募することになった。何とか関門を通過させてもらったが、柏崎主査は異動となり、何と公園課の担当者だった高橋修さんが主査として着任することになった。はじめはどうなることかと思ったが、着任草々、遺跡調査の委託行為で調整が難航しているお宅へ行ったきり返ってこない。職場で皆が心配していたところ、遺跡調査の了解をもらって帰ってきた。配置された職場で、法律に則り、公務員として職務を遂行する公務員魂を感じた。個々の好き嫌いではなく、公務とは、公務員とはどうあるべきなのかを知る良い手本だった。

博物館の開館もあり、埋蔵文化財と博物館の仕事を一人で兼務するのは難しいことから、専門職をもう一人要求しようということになり、高橋主査から「谷口、馬車馬のように働け」と命じられた。つまり、それだけの仕事量があることを人事当局にも提示するために頑張れということなのであった。奮闘努力の結果、一名採用されることになり、私は開館する博物館の準備に専念することになった。

平成三年（一九九一）に博物館が開館するのであるが、それからのことは担当した展示会の図録を手にすると、様々な思い出が脳裏を駆け巡り、筆端に尽し難い。私と一緒に仕事をしてくれた非常勤専門調査員の三宅俊彦、内田宏美、牛丸岳彦、野口良也、鈴木育子、そして一〇年余にわたり博物館ボランティア活動を支えてくれた五十嵐聡江の諸氏、それから水山昭宏、杉本千絵、田川憲、伊藤宏之、今野春樹はじめ調査員として従事してくれた同じ学問を志す多くの友人なくして博物館活動は継続できなかった。

また博物館では、開館に伴う事前調査や開館後の企画運営など、木村礎、小林三郎、熊野正也、大矢雅彦、関忠夫、久保純子先生方にご指導・ご鞭撻を賜ることができたことも博物館学芸員として仕事をしていく上で大きな励みとなった。特に能野先生ご夫妻には媒酌の労をとっていただき、公私ともにご指導いただいている。博物館の講演会には、坂詰秀一、佐原眞、関和彦先、金子浩昌、千々和到先生をはじめ多くの先生方にご登壇いただき、区民に向けて考古学や地域史の学び方、学ぶことの意義・楽しさなどについてお話しをしてもらい、私自身碩学の話を直にうかがうことができスキルを磨く良い勉強の機会となった。

博物館での仕事だけでなく、公務を離れて樋口州男先生には、私なりに学んできたことをアウトプットする機会と楽しみを教えていただいた。樋口先生のお誘いで東京堂出版の松林至孝氏主宰の勉強会で、戸川点、鈴木彰、小野一之氏と膝を交えてお互いの専門分野からの丁々発止は刺激的な学ぶ場となった。その勉強会の中で、佐藤和彦先生と『吾妻鏡辞典』を制作する企画が立ち上がり、今野慶信氏の協力を得て上梓することができたのであるが、佐藤先生が刊行を前に急逝されたことが、返す返す残念でならない。合掌。

このように筆を進めていると、小学五年生の時に荒川放水路の河川敷グランドで土器を拾ったことで、人との出会い、調べる楽しさを知り、中学生になって葛西城という地元の城跡の発掘調査に参加することができたことが、現在の研究者としての源泉になっていることを改めて思い知らされる。

葛西城址からは戦国時代だけでなく、弥生時代末から古墳時代前期や築城以前の中世の考古資料、落城後の近世の考古資料が出土しており、そのお陰で考古学＝先史考古学とはならず、中世や近世などの新しい時代の考古学も分け隔てなく、考古学として捉える下地ができた。そして、葛飾や東京下町には「遺跡は無い」「古い歴史は無い」と語る研究者や大人たちの歴史観がいかに根拠のない絵空事なのかを痛感した。その反動もあってか、葛飾や東京下町に刻まれた歴史全般に興味があったので、ある時代だけを切り取って学ぶのではなく、いつから人間の生活が始まり、どのような変遷を経て現在に至っているのかをまず考古学的な手法で学びたいという欲求へとなった。そして考古学の手法を駆使して地域の歴史を通史的に読み解く「地域考古学」を目指すようになった。

学生時代に新しい時代の考古学に親しむ環境にあったことがいわゆる歴史考古学に違和感を持たずに取り組むことができたのであろう。大学時代の葛西城址の発掘調査では、文献史学を専攻する学生も居た。居たというより、加藤晋平団長の薫陶を受けた古泉さんによって、調査には考古学だけでなく、文献史学や動物遺存体などの他の分野の研究者が参加してスコップを奮っていた。

当時学生だった長塚孝氏の胸を借りて、文献的にわからないこと、おかしいと思うことをぶつけたりした。ハイボール片手にもつ焼を頬張りながらの話ではお互いかみ合うはずもないのであるが、何度も話していくうちにいつしか頭の中で整理されていくのであろう、時間は掛かったが博物館時代に「足利義氏はなぜ葛西様と呼ばれるのか」「なぜ葛西城から威信材が出土するのか」という学生時代からの答えを展示として開陳することができた。

長塚氏には、先に記した今野氏をはじめ、小松寿治、大石泰史、黒田基樹、西岡芳文氏らの研究者と知り合うきっかけをつくっていただいた。博物館で開催したシンポジウム等で、入間田宣夫、佐藤博信、山田邦明、野口実、鈴木哲雄先生方にご講演していただくことができたのも長塚氏のご尽力があってのことだった。

歴史考古学だから文献史学を視野に入れた調査研究は当然といえば当然なのかも知れないが、専門性という変な壁を創ってしまう前の学生時代に、文献史学をはじめとする他分野を専攻する学生と葛西城で同じ釜の飯を食べることができたことは、刺激的で視野を広めることになった。学生時代に専攻を異にする友人を得たことは、その後の私にとって大きな財産となった。

平成二二年（二〇一〇）頃から葛飾柴又の文化的景観の調査が始動し、文化財保護審議会の山本光正・加藤貴・西海賢二先生や調査団の伊藤毅・清水敦重・福井恒明・初田香成先生、文化庁の鈴木地平・青木達司・市原富士夫調査官には大変お世話になった。葛飾柴又を文化的景観という捉え方で読み解くという未知のジャンルに踏み込むことができたのは、地域の風土的特徴と人間活動の始まりから現在に至る営みを対象とした地域考古学を目指していたからであろう。総合地域歴史学とでも呼べるような文化的景観に携われたことは、今までの研究手法を総括的に試みることができる機会ともなった。

平成三〇年（二〇一八）二月一三日に葛飾柴又の文化的景観が国重要文化的景観に選定され、学芸員としてこの仕事に携われたことが大きな喜びとなっている。従来のモノを対象とする文化財行政ではなく、どのようにして地域の歴史的な価値を保存し、どのように活用していけば良いのか試行錯誤しているときに、当時文化庁鑑査官だった松村恵司氏からアドバイスをいただけたことがそもそもの始まりだった。そして、地元の帝釈天題経寺や柴又八幡神社、葛飾区観光協会、柴又神明会、柴又自治会や、区の関係部署のご理解と協力なくして選定どころか調査もできなかっただろう。この場をお借りして、関係各位に感謝申し上げたい。葛飾柴又の重要文化的な景観は、これからが正念場で具体的な保全の仕組みを早急に整えなくてはならない。

それにしても人生とは不思議なものだ。不思議と言うよりは、「怖い」と表現した方が当を得ているのかも知れない。今まで記したことの「人」「場」どれひとつ欠けても、今の私へたどり着くことができなかったであろう。

そういえば五十代になってふと気づいたことがある。なんだかおぼろげながら感じていたモノの正体がはっきりしたのだ。それはビートルズの存在である。ビートルズを知ったことが学問的にも大きな影響を受けたということがはっきりしてきた。特に、中学校一年の時に出会った『ビートルズ事典』が決定的だった。

小学生の頃、赤盤といわれる半透明の赤いレコードを偶然手に入れ、針を落として流れてきた「抱きしめたい」のイントロに衝撃を受け、すっかりビートルズに魅せられてしまった。ただし、その時点ではビートルズとしてではなく、テレビで見たモンキーズの曲と思い込んでいたのである。中学生になって、ビートルズやソロ活動のメンバーを好きな仲間と出会い、もっとビートルズのことを知りたいと思い、『ビートルズ事典』を入手した。

年譜、使用楽器・全曲の解説など、ビートルズを構成する様々な要素が分類整理され、ビジュアルに編集されていた。ビートルズが好きだとか、ビートルズのこの歌が好きだということをイメージで語るのではなく、具体的に要素を見出し説明するためのツールを得ることができたのだ。

よくよく考えてみると、『ビートルズ事典』を受け入れられた下地は、当時としては高価な平凡社の百科事典やオールカラーの動物図鑑が幼い頃から身近にあり、系統的に分類された記述などに親しんでいたことも功を奏したらしい。

しかし、どう考えてみても当時のうちの家計では、百科事典や図鑑は簡単に手に届く品物ではなかったはずだ。母のやり繰りがあってのことだと思う。平成元年（一九八九）に家を立て直すのに百科事典が邪魔なので処分してしまったが、その時の悲しそうな母の顔が忘れられない。もう少し母の気持ちを汲んで対処すれば良かったと反省している。雨の中、手を曳いて博物館に連れてってくれた母、そして口数は少なかったがハンドルひとつで家族を養ってくれた父に感謝しなければならない。ビートルズを知ったことが、考古学を学び、文化的景観に取組む上で重要な役割を果たしてくれたと私は思っている。

今日までの歩みを振り返えると葛飾に生まれ育ち、実に多くの方々と出会い、葛飾区郷土と天文の博物館ボランティア「葛飾考古学クラブ」・「葛飾探検団」の方と一緒に調査研究を進めてこられたことに感謝している。区民の方々から励ましやご教示をいただいたことも私を育ててくれた。

また五十六歳にして教育部局から観光部局へ異動となり、一番年長者で教育畑の私に、今までのスキルを生かせるよう指導していただいている今井直紀課長、小西・矢内・渋谷係長をはじめ一人一人のお名前は記さないが若い同僚の皆に感謝している。公務員人生の晩期に、チームで仕事をする醍醐味を知り得たことは幸運であった。

今日まで出会った多くの人がいなければ、本書のみならず、今の学芸研究という専門職である学芸員としての私は違う人物になっていたであろう。五十を過ぎ、定年に近づいて善しにつけ悪しきにつけ「葛飾に育てられた」という感謝の思いで一杯である。

それにしても古代編、中世編となった本書の校正などの作業が進まず、雄山閣の桑門智亜紀さんと戸丸双葉さんには大変ご迷惑をお掛けしてしまった。編集担当の戸丸さんの励ましがあってやっとここまでたどり着くことができた。心から感謝を申し上げたい。

最後に、私を産んで育ててくれた両親に感謝するとともに、妻佳代子と息子太郎の支えなくして本書を上梓することはできなかった。本書の表紙のデザインに太郎のアドバイスを得たことも良いメモリアルとなっている。佳代子と太郎、ありがとう。

平成三〇年立冬　勝鹿亭にて記す

図版出典　一覧

第五章

図1　古代・中世の下総国葛飾郡（□□□郡は、古代の郡名）　鈴木哲雄　二〇一二　『平将門と東国武士』吉川弘文館に加筆

図2　秩父平氏略系図　野口　実　一九九七　「東国武士団の成立」『葛西氏とその時代』崙書房より作成

図3　葛西氏系図　今野慶信氏作成

図4　葛西清重夫婦画像　西光寺所蔵

図5　葛西における葛西氏関連図　大正二年　二万分一地形圖　東京近傍六號「千住」を使用　谷口　榮　二〇一二　「葛西清重の軌跡」『秩父平氏の盛衰―畠山重忠と葛西清重―』勉誠出版

図6　立石熊野神社（上）と立石遺跡出土の舶載白磁碗（右下）・常滑焼三耳壺（左下）　立石熊野神社　筆者撮影、舶載白磁碗　葛飾区郷土と天文の博物館、立石遺跡出土常滑焼三筋壺　江上智恵　一九九四　『立石遺跡Ⅳ　葛飾区立石八丁目区道地点発掘調査報告書』、鎌倉出土常滑三筋壺　中野晴久氏提供

図7　古録天東遺跡　葛飾区郷土と天文の博物館提供

図8　葛西御厨田数注文写　国立公文書館所蔵

図9　葛西御厨の郷村分布　「明治三八年東京府南葛飾郡図」をベースとして使用

図10　「葛西御厨田数注文写」の村落と耕地　図9の上に各郷村の耕地を水山昭宏氏の協力を得てグラフ化

図11　「小田原衆所領役帳」の葛西地域の知行地と貫高　図9の上に知行地と貫高を水山昭宏氏の協力を得てグラフ化

図12　東京低地の主な中世遺跡分布　谷口　榮　二〇一三　「低地の開発と景観―下総国葛西荘を事例として―」『中世の水　治水・環境・支配』高志書院

図13　東京低地の「戸」地名と河川交通の要衝　筆者作成

表1　「葛西御厨田数注文写」と「小田原衆所領役帳」の対比　筆者作成

表2　東京低地の主な中世遺跡一覧　谷口　榮　二〇一三　「低地の開発と景観―下総国葛西荘を事例として―」『中世の水　治水・

環境・支配』高志書院

第六章

図1　『新編武蔵風土記稿』「古城蹟目撃図」　国立公文書館所蔵
図2　青戸御殿山旧景（戦前）　一九六六『伝説と奇談』第一八集山田書院より転載
図3　青戸御殿山に祀られた藤綱神社（昭和60年代）　筆者撮影
図4　『上代の東京と其周圍』に掲載されている青戸御殿山の図　鳥居龍蔵　一九二七『上代の東京と其周圍』磯部甲陽堂
図5　環状七号線道路建設に伴う事前調査の様子　葛飾区郷土と天文の博物館提供
図6　葛西城本丸及び葛西新宿位置図　昭和一二年測量　一万分一地形圖　東京近傍四號「金町」を使用
図7　Ⅱ区B堀（上杉氏時代）　葛飾区郷土と天文の博物館提供
図8　本丸遺構配置図　谷口　榮　二〇一〇「小田原北条氏と葛西城」『葛西城と古河公方足利義氏』雄山閣
図9　本丸北側を画するⅡ区E堀（小田原北条氏時代）　葛飾区郷土と天文の博物館提供
図10　葛西城縄張り想定図　谷口　榮ほか　二〇一六『東京都指定史跡　葛西城跡』葛飾区教育委員会
図11　足利氏系図　『尊卑分脈』を基に作成
図12　小田原北条氏略系図（数字は北条氏の当主代数）　小田原市　一九九八『小田原市史』通史編　原始古代中世より作成
図13　第80号井戸　谷口　榮　二〇一〇「小田原北条氏と葛西城」『葛西城と古河公方足利義氏』雄山閣、写真　葛飾区郷土と天文の博物館提供
図14　第81号井戸　谷口　榮　二〇一〇「小田原北条氏と葛西城」『葛西城と古河公方足利義氏』雄山閣
図15　第81号井戸出土かわらけ（ロクロ）　谷口　榮　二〇一〇「小田原北条氏と葛西城」『葛西城と古河公方足利義氏』雄山閣
図16　第81号井戸出土かわらけ（手づくね）　谷口　榮　二〇一〇「小田原北条氏と葛西城」『葛西城と古河公方足利義氏』雄山閣
図17　第81号井戸出土木製品類　谷口　榮　二〇一〇「小田原北条氏と葛西城」『葛西城と古河公方足利義氏』雄山閣
図18　第84号土坑出土元代青花器台と参考資料　青花器台写真　葛飾区郷土と天文の博物館提供、亀井明徳　二〇〇七「コラム

5　葛西城址出土の元青花器台について」『関東戦乱』葛飾区郷土と天文の博物館より転載

図19　第84号土坑出土陶磁器類　谷口　榮　二〇一〇「小田原北条氏と葛西城」『葛西城と古河公方足利義氏』雄山閣

図20　第84号土坑出土茶臼　葛飾区郷土と天文の博物館提供

図21　小田原から搬入されたロクロかわらけ（右）と在地で模倣されたロクロかわらけ（左）　葛飾区郷土と天文の博物館提供

図22　ヒコサンヒメシャラ　箱根湿生植物園提供

図23　葛西城出土の漆椀　葛飾区郷土と天文の博物館提供

図24　小田原城下から出土した漆椀　小田原市教育委員会所蔵

図25　「小田原衆所領役帳」にみる江戸衆知行分布　長塚　孝　一九九三「戦国期江戸の地域構造」『江東区文化財研究紀要』四号　江東区教育委員会に加筆

図26　葛西城及び葛西新宿　明治一三年　二千分一迅速測図「東京府武蔵国南葛飾郡新宿町近傍村落」を使用

第七章

図1　近世葛西周辺図　谷口　榮　二〇一四「徳川家康の江戸入部と葛西」『江戸の開府と土木技術』吉川弘文館

図2　徳川直営の江戸普請　鈴木理生　一九九一『幻の江戸百年』筑摩書房

図3　別本慶長江戸図　東京都立中央図書館特別文庫室所蔵

図4　武蔵国図　国立公文書館所蔵

図5　貞享年中青戸御殿蹟図　国立公文書館所蔵

図6　青戸御殿想定図　谷口　榮　二〇一四「徳川家康の江戸入部と葛西」『江戸の開府と土木技術』吉川弘文館を基に作成

図7　青戸御殿主格部北堀Ⅱ区K遺構　谷口　榮　二〇一四「青戸御殿の調査」『考古学ジャーナル』六五一号　ニューサイエンス社

図8　発掘された御厩屋と見られる建物跡　葛飾区郷土と天文の博物館提供

図9　青戸御殿に使われた瓦　瓦写真　葛飾区郷土と天文の博物館提供、谷口　榮　二〇一四「徳川家康の江戸入部と葛西」『江

戸の開府と土木技術』吉川弘文館
図10　Ⅳ区堀出土墨書かわらけ　谷口　榮　二〇一四「徳川家康の江戸入部と葛西」『江戸の開府と土木技術』吉川弘文館
図11　Ⅳ区堀内の遺物出土状況　谷口　榮　二〇一四「徳川家康の江戸入部と葛西」『江戸の開府と土木技術』吉川弘文館
図12　Ⅰ区Ｇ堀内の青戸御殿関係部材　谷口　榮　二〇一四「徳川家康の江戸入部と葛西」『江戸の開府と土木技術』吉川弘文館
図13　明治初年の向島実測図　菊池山哉　一九三五『沈み行く東京』上田泰文堂
図14　第6次調査第81号井戸から出土した板碑　葛飾区郷土と天文の博物館提供
図15　井戸埋めの際に納められたと思われる板碑　葛飾区郷土と天文の博物館提供
図16　出土したスッポン　葛飾区郷土と天文の博物館提供
図17　内耳土鍋　谷口　榮　二〇一四「徳川家康の江戸入部と葛西」『江戸の開府と土木技術』吉川弘文館
図18　上千葉遺跡15号溝遺物出土状況図　永越信吾ほか　一九九六『上千葉遺跡』葛飾区遺跡調査会
図19　柴又帝釈天遺跡55号溝遺物出土状況図　永越信吾ほか　一九九六『柴又帝釈天遺跡』葛飾区遺跡調査会
表1　葛西城の板碑の造立傾向　伊藤宏之氏集計データを基に作成

■著者略歴

谷口　榮（たにぐち　さかえ）

1961年東京都葛飾区生まれ

国士舘大学文学部史学地理学科卒業

博士（駒澤大学　歴史学）

現在、葛飾区産業観光部観光課　主査学芸員

立正大学・明治大学・國學院大學・和洋女子大学　兼任講師

ＮＨＫ教育テレビ「高校講座　日本史」講師を歴任

日本考古学協会会員　日本歴史学協会会員（文化財保護特別委員）

東京考古談話会会員　東京中世史研究会会員　境界協会顧問ほか

〈主要編著・著書〉

『江戸東京の下町と考古学―地域考古学のすすめ―』『歴史考古学を知る事典』『遺跡が語る東京の歴史』『東京下町に眠る戦国の城　葛西城』『吾妻鏡事典』『人物伝承事典』ほか多数

2018年12月10日　初版発行

東京下町《とうきょうしたまち》の開発《かいはつ》と景観《けいかん》　中世編《ちゅうせいへん》

著　者　谷口　榮

発行者　宮田哲男

発行所　株式会社 雄山閣

〒102-0071　東京都千代田区富士見2-6-9

ＴＥＬ　03-3262-3231／ＦＡＸ　03-3262-6938

ＵＲＬ　http://www.yuzankaku.co.jp

e-mail　info@yuzankaku.co.jp

振　替：00130-5-1685

印刷・製本　株式会社ティーケー出版印刷

©Sakae Taniguchi 2018

Printed in Japan

ISBN978-4-639-02599-3 C3021

N.D.C.210　229p　22cm